모두에게 좋은 사람일 수 없다

모두에게 좋은 사람일 수 없다

가오위안 지음 　　　　　송은진 옮김

과잉관계에 지친 당신을 위한
스마트한 관계의 기술

와이즈맵

나의 인간관계를 되돌아볼 시간

    높은 지능을 소유하고 무리 지어 생활하는 동물인 인간에게 '관계'는 영원한 화두다. 모든 사람은 가족, 친구, 지인 등 '인간'을 떠나 살 수 없다. 그렇기에 인간관계는 반드시 필요하다. 좋은 사람들을 많이 사귀고 관계를 넓히는 행위는 분명히 일과 생활 모두에 유리할 수 있다.

    중국 상하이에서 사업을 하는 리처드는 "지인이 많으면 아무래도 일 처리가 쉽죠. 사업하는 사람에게 그보다 중요한 건 없어요!"라고 늘 말한다. IT 기업을 운영하는 그는 새로운 앱을 개발하는 과정에서 관계가 얼마나 중요한지 뼈저리게 느꼈다고 한다. 사업 당시 여러 면에서 어려운 상황에 직면했지만 오랫동안 쌓아온 인맥을 총동원해 성공적으로 앱을 출시할 수 있었다. 하지만 동시에 그는 '과잉 관계'의 폐해도 실감했다고 했다.

"내 연락처 중 3분의 2는 진짜 관계가 아니에요. 하지만 나를 이끌어 줄 수 있는 사람들이죠. 나는 많은 시간과 비용을 투자해 그들과의 관계를 유지하려고 해요. 다른 의도는 전혀 없는 것처럼 말이죠."

리처드는 관계의 '긍정적 효과'를 누리는 동시에 너무 많아서 생기는 번거로움을 감당해내고 있었다. 무의식적으로 더 많은 사람이 필요하다고 느껴, 일과 생활의 무게중심을 관계 맺기에 두었고 덕분에 더 많은 사람들을 사귀었으며 부지런히 사람들과 연락을 유지했다. 물론 그의 우려처럼 '부정적 효과'도 생겨났다. 그는 매주 수많은 접대와 전화통화를 하고, 틈나는 대로 SNS를 샅샅이 훑고, 문자 메시지와 이메일에 친절하게 답장을 보내야 했다. 정기적인 모임도 빠짐없이 참석했다. 그의 말을 빌리자면 그야말로 '죽을 만큼 피곤한' 지경까지 최선을 다해 인맥을 관리했다.

어느 순간 리처드는 자신의 '관계 전략'을 조정할 필요가 있음을 깨달았다며 나를 찾아왔다. 그는 자신의 연락처에 있는 대부분의 사람들과 지금처럼 빈번히 연락하는 일은 그만두고, 연락처를 분류하고 정리해 소수의 '진짜 관계'만 남길 생각이라고 했다. 그러지 않고서는 정말 중요한 사람에게 집중하기 어렵다는 걸 느꼈기 때문이다.

2014년에 우리 연구팀은 전 세계 9개의 도시에서 '나와 친구들'이라는 제목의 설문조사를 한 바 있다. 이 조사는 크게 다음 세 가지 질문을 주제로 진행되었다.

- 지금 당신에게는 좋은 친구가 몇 명 있나요?
- 지금 당신은 친구가 부족하다고 여기나요?

• 지금 당신은 관계 유지가 부담스러운가요?

6개월 후, 우리는 14만 개의 응답을 수집했고 그 내용을 면밀히 분석했다. 그 결과 응답자 중 86%는 좋은 친구가 4명 이하이며 일과 생활에서 친구가 부족해 외로움을 느끼는 것으로 나타났다. 하지만 동시에 응답자 중 72%가 과잉 관계로 곤혹스러울 때가 있고, 자신이 관계 유지에 너무 많은 에너지를 소모한다고 여기고 있었다. 진짜 친구가 부족해 열심히 사교에 노력하지만 여전히 친구를 찾지 못하는 상황이 대부분이라는 게 현실이었다.

문제 해결의 열쇠는 전통적 사교 방식을 포기하는 것이다. 최대한 멀리 그물을 던지고, 그물에 걸리는 양으로 성공 여부를 따지는 전통적 사교는 그 폐해가 작지 않다. 인터넷이 보급되면서 이러한 '대용량' 사교 전략이 더 크게 확산되었다. 지금 당신이 너무 많은 시간과 에너지를 인맥 관리에 쏟아 붓고 있고 그 때문에 곤혹스럽다면, 바쁘기만 하고 손에 쥐는 것은 하나 없는 '과잉 관계증'을 앓는다고 볼 수도 있다.

이 과잉 관계증에 걸린 사람은 매일 3시간 혹은 그 이상을 각종 사교 행위, 예컨대 모임 참석, SNS 대화, 페이스북과 인스타그램 업데이트 등에 소모한다. 또 시간만 나면 휴대폰으로 각종 SNS와 커뮤니티에 들어가 새로운 소식은 없는지 둘러보곤 한다.

직접 대화를 나누거나 온라인에서 채팅할 대상이 없으면 몇 시간, 아니 단 몇 분만 지나도 불안감을 느낀다는 사람이 적지 않다. 지인 중 한 명은 12시간 정도 SNS를 못하게 된다면 자신은 돌아버릴 거라고 말했다. 내가 볼 때는 아마 12분도 못 견딜 것이다. 그렇다고 그가 SNS로 대단한 일을 하는 것도 아니다. 유명인들의 일상을 둘러보고 쇼핑 또는 의미 없는 잡담을 나누는 것이 전부다.

현대인들은 각종 사교 활동에 빠져 있으면서도 늘 고독감을 느낀다. 이는 매우 심각한 문제지만 그렇다고 모든 인간관계를 멈출 수도 없다. 우리는 반드시 과잉 관계의 악순환에서 벗어나야 한다. 하지만 현대인들에게 SNS를 끊고, 친구들과의 정기 모임에 참석하지 못하게 한다면 끔찍한 형벌과 다름없다. 독자들이 이 책을 읽고 과잉 관계의 폐해를 인식했다고 해서 반대편 극단으로 가기를 원하는 것은 아니다. 각자의 상황에 맞춰 이성적인 사교 전략을 통해 좋은 친구, 우수한 인맥 자원을 얻기 바랄 뿐이다. 이것이 바로 이 책의 주제다.

⦚ 힘들어도 놓지 못하는 관계의 끈 ⦚

최근 몇 년 사이에 가장 많이 접한 사례가 바로 리처드처럼 관계를 '실리적인 관점'으로 바라보는 경우다. 전 세계적으로 성공한 부류에 속하는 사람들 대부분은 일과 생활에서 '필요하다'는 이유로 과잉 관계중을 앓고 있다. 힘들고 두렵지만, 사교로부터 멀어지지 못한다. 특히 마케팅 분야에서 일하는 사람들이 이러한 심리적 모순에서 오는 고통을 많이 토로해온다.

샌프란시스코에서 한 기업의 마케팅 매니저로 일하는 언더우드는 내게 이렇게 말했다. "말수가 적거나 점잖은 영업사원은 살아남지 못합니다. 이 일을 잘해내려면 어떤 사교 현장에서도 스타가 되어야 해요. 쉼 없이 명함을 돌리고, 또 받아야죠. 탁월한 위장술과 연기력으로 사람들을 향해 꼬리를 흔들고 주목받아서 각종 인간관계의 혜택을 손에 넣어야 합니다."

언더우드는 이제 겨우 서른두 살이지만 마케팅 매니저로 일하는 2년간 70만 달러의 연봉을 받는다. 매주 3일씩 쉬고, 1년 중 20일은 장기 휴가를 받아 가족과 함께 하와이나 말레이시아로 여행을 떠난다. 그런데도 언더우드는 늘 힘들고 피곤하다고 했다. 특히 인맥 관리에서 발생하는 스트레스가 마치 커다란 산처럼 그를 짓눌러 종종 호흡이 불편할 정도였다. 언더우드가 하는 사교 활동의 80%는 그의 본심과 달랐지만, 일하는 데 필요하므로 어쩔 수 없이 상대방에게 장단을 맞춰야 했다. 그는 매주 자신의 시간 중 40% 이상을 사람들과 만나거나 사람들에게 연락하는 데 쓴다. 종종 가족 모임까지 열어 그들을 초대하기도 하는데, 그중 어떤 사람은 이름마저 낯설게 느껴질 때도 있다.

언더우드는 이 방식을 멈춘다는 생각만 해도 왠지 모를 죄책감을 느꼈고, 힘들긴 해도 이런 일들이 자신의 커리어에 긍정적으로 작용할 거라고 확신하고 있었다. 정말 그럴까? 단순히 관계를 유지하는 사람들의 숫자가 그 사람의 미래까지 결정할까? 적어도 언더우드는 그렇게 믿었다. 그는 넘치는 인간관계를 유지하기 위해 시간뿐 아니라 정신적 대가까지 치르고 있다. 한번은 해외출장을 떠나 미국 친구들과 연락이 잠시 중단된 적 있었다. 그 며칠 동안 언더우드는 마치 자신이 '방출된 것 같은' 고통스러운 감정에 휩싸였다고 했다.

"갑자기 내가 버려진 것 같은 느낌이 들었어요. 내가 그들에게 도움이 될 수 없고, 그들이 나를 바라볼 수 없다니 정말 끔찍했죠. 페이스북 사용이 불가능하다는 걸 알게 되었을 때, 끔찍한 고독감을 느꼈어요. 정말 견디기 힘들었다고요."

자기 손으로 과도하게 끌어올렸거나 확대한 관계의 수요는 마치 자신을 향해 던지는 '올가미'와 같다. 언더우드처럼 자기 분야에서 어느 정도 성공한 사람조차 이 올가미에 걸린 사냥감이 되곤 한다. 사람들은 무리 속에서 생존하고 발전하기 위해 좀처럼 관계의 끈을 놓지 못한다. 맹목적으로 모든 에너지를 인간관계에 쏟아 붓는다면 응당 있어야 할 사교의 진짜 가치를 맛보지 못한다. 어쩌면 그 '관계'가 당신이 일과 생활에서 느껴야 할 자유를 앗아갈지도 모른다.

⨯ 모든 관계의 기준은 '나'로부터 ⨯

내 동료 스미스는 "나는 모든 사람이 자신을 기준으로 '까다롭게' 인간관계를 맺기를 바랍니다. 오직 자신의 필요에 근거해 범위를 확정하고 그 실효성을 높여야 하죠."라고 말했다. 우리는 2009년부터 함께 '까다로운 사교'에 관한 내용을 체계화하고 강연했다. 스탠퍼드대학과 손잡고 전 세계 각 분야의 인사들을 초청해 관계에 관한 생각과 경험을 나눔으로써 사람들이 좀 더 이성적으로 자신의 인간관계를 바라보도록 도왔다. 미국 LA에서 시작한 이 활동은 작년 연말에 마무리되었다. 총 300만 명이 강연을 들었고 우리 역시 강연을 통해 다양한 사례를 수집할 수 있었다. 이 책을 읽는 독자들은 그 대표적 사례들을 읽으며 과잉 관계의 폐해를 이해하고 효과적으로 조정해서 까다롭게 사교하는 법을 배울 수 있다. 두서없고 복잡한 관계에 매달리느라 많은 에너지와 시간을 낭비하는 일도 없다.

그렇다면 어떻게 해야 '까다로운 사교'를 할 수 있을까?

첫째, 사교 활동에 대한 명확한 목표가 있어야 한다. 그리고 이 목표를 토대로 적정한 시간을 들여 이성적으로 전개해야 한다.

둘째, 모든 관계 맺기는 자신의 의지대로 해야 한다. 그 일에 소비되는 시간과 에너지는 모두 스스로 결정하고, 무관하거나 중요하지 않은 인간관계는 배제해 능동적으로 인맥 자원을 개척해야 한다.

셋째, 친구와 지인의 수와 모임의 빈도를 조정해야 한다. 사교 활동은 자신에게 유익해야 한다. 일주일에 모임이 3번 이상이라면 시간, 돈, 에너지, 심지어 당신의 삶 자체를 소모하는 과잉 관계일 확률이 높다.

우리는 적당한 순간에 관계로부터 벗어나 있을 필요가 있다. 고독을 즐길 줄 아는 사람은 자신을 위한 '자유로움'을 창조하고 그 안에서 독립적으로 사고한다. 오직 자신의 바람대로 시간과 에너지를 사용해보면 삶이 변화하는 것을 보게 될 것이다. 그간의 관계가 얼마나 복잡했는지 실감하고, '친구가 너무 많았음을' 발견할 수 있다. 냉철한 사고로 방향을 명확히 세우고 자신의 존재감을 타인에게 확인받으려는 태도부터 버리자. 이 책에서 제안하는 대로 인맥 자원을 깨끗하게 정리해 홀가분하게 만들어보자. 그래야만 수준 높은 사교와 양질의 인맥 자원이 주는 행복과 희열을 누릴 수 있기 때문이다.

우선 현재의 관계를 객관적, 이성적으로 분석해야 한다. 당신의 인간관계는 지나친가, 부실한가? 친구가 너무 많은가, 아니면 너무 적은가? 최근 몇 년 동안 관계와 관련해 어떤 경험과 교훈을 얻었는가? 평생 함께할 좋은 친구가 있는가, 아니면 아직 찾는 중인가? 과잉 관계에서 벗어나려면 반드시 새로운 전략을 확정해 진짜 중요한 관계에 전력을 다해야 한다.

과감하게 인터넷과 휴대폰을 끊지 못하는 사람들은 대개 혼자 있는 시간을 부끄럽게 생각한다. 이는 그가 고독을 이해하지 못하고 자기 자신과 잘 지내는 법을 배우지 못했기 때문이다. 다양한 친구들과 어울리면서 웃고 떠들지만, 정작 자신 스스로는 낯설다. 이래서는 아무리 친구가 많아도 결코 만족할 수 없다. 용기를 내어 아무런 방해가 없는 곳으로 갔을 때, 당신은 비로소 자제가 무엇인지 깨닫게 될 것이다. 자제는 내면의 욕망을 깨끗하게 정리하는 것으로 사교에 있어 꼭 필요한 덕목이다. 이 책을 읽는 독자들은 자제를 통해 계획적으로 친구를 사귐으로써 타인을 얻는 동시에 자신을 완성하는 법을 배울 것이다. 고독은 자율 정신을 길러준다. 혼자 있는 시간의 가치를 이해하는 사람이야말로 더 많은 사람으로부터 인정받을 것이다.

차례

Chapter 4
넓진 않아도 깊은 관계가 좋다

Chapter 5
관계의 재정리

나는 어떤 인간관계를 맺고 있는 걸까

: 실리형 :
일단 많이 사귀면 언젠가는 득이 된다

미국 캘리포니아의 새크라멘토에서 관계 컨설팅 전문가로 일하는 사일러는 하버드 공개 수업에서도 특별 강사로 관련 주제를 강의하고 있다. 그는 작년 한 강연에서 사람들은 친구가 '언제든 상실할 수 있는 가치'라는 점을 가장 걱정한다고 지적했다. 사일러에 따르면 대다수 사람은 직·간접적인 도움을 얻기 위해 친구를 사귄다. 만약 적절한 '필요'가 없다면 그 친구의 효용성을 생각해볼 수밖에 없다. 사일러는 "절대다수, 아마 90% 이상이 자기도 모르게 이런 생각을 해보고 해당 친구의 '우선순위'를 조정하곤 합니다."라고 단언했다.

"나한테 별 도움도 안 되는 사람이니 반년 정도 연락하지 않아도 괜찮습니다."

"굳이 내가 먼저 연락할 필요 없는 사람이에요."

이 얼마나 계산적인 사고방식인가! 너무나 계산적으로 들려 눈살이 찌푸려졌을지도 모르지만 상담 중에 가장 자주 듣는 말이기도 하다. 듣는 사람이 없을 때, 마음속 깊은 곳에 숨겨둔 진심이 불쑥 튀어나오는 것이다. 상담자 중 일부는 자신이 이처럼 '부끄러운 생각'을 한다는 데 깜짝 놀라기도 한다. 세상에, 내가 친구를 놓고 계산기를 두드리는 그런 인간이었다니!

⟩ 성공한 사람과 어울리고 싶은 인간의 본능 ⟨

우리가 생활하는 환경과 IT 기술의 발전은 일과 생활 속 관계의 양상마저 뒤바꿔놓았다. 우리는 매일 다양한 장소의 사람들과 친목을 다져야 하고, 성공한 사람과 접촉할 일도 많아졌다. 그중 몇몇은 당신이 낯설지만 동경하는 분야에서 왔을 수도 있다. 각 분야의 엘리트인 그들은 어쩌면 당신에게 큰 도움이 될지도 모른다. 자연계의 생존 법칙에 따라 인간은 본능적으로 강자와 가까워지고자 한다. 그들과 맺은 동맹이야말로 자신의 생존과 발전에 유리하고 더 강해지는 기회이기 때문이다. 이는 후천적인 의지로 결정하는 것이라기보다 본능이자 본성이다.

많은 사람들이 인맥을 성공의 첫 번째 요소로 꼽는다. "친구의 수준이 그가 사는 삶의 수준을 결정한다."라는 말을 신봉하며 몸소 실천한다. 그들은 존재만으로도 더 많은 성공의 기회를 가져다줄 수 있다. 나날이 경쟁이 치열해지는 이 시대에 성공한 친구를 더 많이 사귀려는 태도는 전혀 이상하거나 비난받을 일이 아니다.

물론 부작용도 있다. 실리적인 관계에 집중하는 사람은 애써 쌓은 인간관계를 유지하기 위해 늘 안절부절못하며 소위 '수준 높은' 친구를 잃게 될까 두려워한다. 동시에 그들은 사교에 대한 기준도 높아서 돈이 많거나 성공한 사람과 주로 사귀고 싶어 한다. 다음은 사일러가 내게 들려준 이야기다.

캘리포니아에 사는 키이스는 모두에게 IT 천재라고 인정받으며 승승장구 중이다. 한 하이테크 기업의 핵심연구원으로 근무하는 그는 70만 달러 이상의 연봉을 받고 1년 중 2개월은 유급휴가를 받아 전 세계를 여행한다. 그는 전형적인 성공한 인물이며, 인맥 역시 성공적으로 관리하고 있다.

키이스의 휴대폰에 저장된 사람 중 연봉이 100만 달러 이하인 경우는 거의 없다. 그의 인생 목표는 간단하게 말해 '더 위로 올라가는 것'이다. 연봉 100만 달러를 가져가는 부서관리자 정도가 아니라 회사 전체의 최고책임자가 되려고 한다. 이처럼 원대한 꿈을 품은 사람이라면 어울리는 친구의 수준 역시 높아야 하지 않겠는가? 그래서 키이스는 언제나 신중한 태도로 사교에 임했다. 성공한 인사들과 친목을 다지는 일이라면 돈과 에너지를 아끼지 않았다.

그는 매주 친구들을 산타바바라로 초대해서 함께 골프를 쳤다. 매일 친구들에게 연락해 필요한 건 없는지 물었다. 늘 예의를 갖추고 자상한 말투로 이야기했으며, 절대 화내는 법이 없었다. 친구들은 항상 자신을 낮추고 친절한 키이스를 입 모아 칭찬했다.

키이스는 모임에 가기 전에는 입을 옷과 인사말을 신중하게 선택했다. 심지어 각 상황에 어울릴 만한 이야기를 여러 가지 준비해 자신이 모임의 분위기를 주도할 수 있도록 했다.

그는 온갖 방법을 동원해 사람들이 자신을 좋아하게끔 만들었다. 그들이 필요했기 때문이다. '지금은 아니더라도 언젠가는 이 친구들이 내게 큰 도움이 될 날이 있겠지.' 그 관계를 유지하기 위해 키이스는 정기적으로 친구들의 정보를 갱신하고 평가했다. 만약 누군가 일이나 생활에서 문제가 생겨 예전의 위치에서 조금이라도 사정이 달라지면 주저없이 연락처에서 삭제했다.

사일러는 키이스에게 "사람들은 당신이 그들을 대하는 방식 그대로 당신을 대할 것입니다."라고 충고했지만 소용없었다. 얼마 지나지 않아 키이스는 업계의 모든 사람이 이름을 알 만큼 성공했다. 하지만 예상과 달리 성공한 친구들 사이에서 그의 평판은 좋지 않았으며 그가 계획했던 물질적 부를 실현하는 데도 별 도움이 되지 않았다. 거꾸로 키이스가 '속물'이라는 악명만 더 빠르게 퍼져나갔다. 사람들이 키이스의 계산적인 사교를 알아차린 순간, 골프 모임은 순식간에 와해되었고 그의 초대를 받아들이는 사람은 거의 없었다.

인맥이 가장 중요한 생산력이며, 모든 성장과 발전의 기초라고 말하는 사람도 있다. 관계 전문가들이 자주 하는 말이기도 하고, 실제로 많은 사람이 사교 활동을 삶의 중요한 요소로 본다. 하지만 한 사람이 사교를 받아들일 수 있는 정도는 상당히 제한적이다. 우리 두뇌는 정해진 시간 안에 너무 많은 정보를 처리할 수 없기 때문이다. 필요와 이용을 기본으로 만든 관계는 거짓과 왜곡으로 쌓아올린 성벽에 불과하다. 이런 관계는 계산적인 동시에 매우 허술하고 취약하다. 작은 비바람도 견디지 못할 만큼.

⸳⸒ 계산적이지 않은 관계를 맺는 법 ⸒⸳

사교, 즉 사람을 사귈 때는 일반적으로 다음의 기본원칙을 준수해야 한다.

첫째, 뜻이 맞아야 한다. 대체로 생각과 취향이 비슷해야 친구가 될 수 있다.

둘째, 가치관이 유사해야 한다. 즉 각자의 원칙과 도덕적 수준이 같아야 한다.

셋째, 목적이 없어야 한다. 사교를 통해 명예나 체면을 기대하는 태도는 좋지 않다. 더구나 그것이 주된 목적이어서는 안 된다.

문제는 현대 사회에서 관계를 무한정 확장하는 과정에서 이런 기본원칙들이 무너지고 있다는 사실이다. 사람들은 더 이상 생각, 취향, 가치관 같은 내면적 소통에 관심이 없으며 점차 계산적으로 친구를 사귄다. 나를 찾아온 한 상담자는 심지어 "그냥 돈이랑 친구가 되어야겠어요. 그럼 외롭지 않겠죠?"라고 말했다. 그는 인맥이란 이익을 얻기 위해 만드는 것이며, 우정은 그 경로에 불과한 것 같다고 말했다.

직장에서도 '일'보다 '인맥'에 치중하는 사람들이 꼭 있다. 이런 사람들은 늘 상사의 마음에 쏙 들 만한 말만 골라 하고 능수능란한 사교술을 구사한다. 능력도 그저 그렇고 별로 성실하지도 않지만, 상사와의 관계 하나만큼은 누구보다 좋다. 딱히 뭐라 할 수도 없는 것은 상사뿐 아니라 고객이나 동료를 대할 때도 별반 다르지 않기 때문이다. 이런 사람은 '업무능력보다는 인간관계술'이라는 나름의 원칙을 고수하며 "친구가 많아야 일도 잘되는 법이므로 사람을 사귀는 것 역시 내게 도움이 되는 방향으로 한다."라고 말한다.

쉽게 말해 계산적인 사교란 '실리를 추구하는 사교'를 의미한다. 사심과 사리사욕을 기초로 한 사교로 서로 좋은 영향을 주고받거나 공동 발전을 도모하기보다는 오직 자신의 이익만 추구하는 사교다.

혹시 자신도 모르게 계산적인 관계에 치중하고 있지는 않은가? 지금처럼 경쟁이 치열한 사회에서는 더욱 그렇게 되기 쉽다. 그렇다면 어떻게 해야 계산적이지 않은 인간관계를 맺을 수 있을까? 어떻게 해야 본성과 현실적인 필요에서 불쑥 튀어나오는 계산적인 심리를 억누를 수 있을까?

긍정적으로 생각하라

가장 먼저 할 일은 긍정적인 사고를 습관화하는 것이다. 긍정적인 언행은 그 자체로 가장 매력적인 인격이며 이것이 몸에 밴 사람은 타인을 움직이고 끌어당기는 힘이 있다.

밝은 에너지를 발산하라

어두운 인상이나 분위기는 상대방을 짜증스럽게 만든다. 끊임없이 뭔가를 욕하고 원망하며, 어떤 상황이라도 투덜거리고 득실을 따진다면 갈수록 사람들이 당신을 피하는 상황을 맞을 것이다.

누구에게나 똑같이 대하라

성공한 사람을 만났을 때는 계산적인 마음을 버리고 평상심을 유지하면서 차분하게 이야기를 나누자. 그를 통해 얻고 싶은 것에 열중하면 자칫 더 중요한 것을 잃을 수 있다.

고자세를 버려라

자신보다 못한 사람에게 고자세로 대하는 듯한 언행을 버리고 겸손해질 필요가 있다. 자기보다 성공한 사람의 비위를 맞추기보다는 자기보다 못한 사람에게 허심탄회하게 의견을 묻고 조언을 구해야 한다. 관계를 맺을 때 고자세거나 잘난 척하는 사람은 모두 계산적이며 그들에게 순수한 우정 따위는 없다.

감사의 태도를 가져라

어떤 사람은 원하는 걸 얻으면 금세 얼굴을 싹 바꾼다. 상대방이 자신을 도울 수 없음을 알게 되면 언제 그랬냐는 듯이 돌아서는 사람도 있다. 이런 태도가 건강한 관계에 도움이 될 리 만무하다. 상대방으로부터 도움을 받으면, 설령 그 도움이 큰 게 아니었더라도 진심을 담아 감사해야 한다. 그 작은 행동 하나로 당신이 계산적인 사람이 아님을 드러낼 수 있다.

⌄ '신세 보존의 법칙'이 만드는 결과 ⌄

계산적인 관계에 치중하는 사람은 '신세', 정확하게 말하자면 '신세 갚음'에 무척 예민하다. 매우 넓은 인맥을 가진 한 마케터를 만난 적이 있다. 그에게는 독특한 습관이 하나 있는데 바로 그가 누구를 도왔건 그 반대의 경우건 항상 그 '신세의 내용'을 작은 수첩에 꼼꼼히 기록하는 것이었다. 그는 다른 사람을 도우면 꼭 그만큼 되돌려 받으려 했고, 자기가 도움을 받아도 꼭 그만큼 돌려줄 기회를 찾았다. 그는 이런 자신이 자랑스럽다는 듯 이렇게 말했다. "나는 인맥이란 결국 서로 도움을 주고받는 관계라고 생각합니다. 서로 신세를 지고 또 갚는 거죠. 이걸 잘해야 인맥이 별 탈 없이 유지되는 거예요. 그렇지 않으면 사람을 사귈 목적도 필요도 없지 않습니까?"

계산적인 관계에 익숙한 그는 친구끼리 신세를 졌으면 그만큼 꼬박꼬박 갚는 일을 당연하다고 여기고 있었다. 그에 따르면 인맥에는 왔으면 가야 하고, 갔으면 와야 하는 일종의 '신세 보존의 법칙'이 존재한다. 물론 오는 것이 있으면 가는 것이 있어야 한다는 그의 말이 완전히 틀렸다고 할 수는 없다. 하지만 오직 이것만으로 관계를 유지하려고 한다면 그는 어느 순간 커다란 어려움에 부딪힐 것이다.

우선 신세 보존의 법칙을 신봉하는 사람들은 친구가 도움을 요청했을 때 가장 먼저 '어떻게 문제 해결을 도울까?'가 아니라 '그가 내게 진 신세를 보상할 능력이 있나?'를 생각한다. 어려운 친구를 진심으로 도와주는 것이 아니라 나중에 꼭 되돌려받을 수 있는 사람만 도와주려는 것이다. 쉽게 말해 '돈 있는 사람'에게만 돈을 빌려주겠다는 심산인 것이다.

이에 관해 누군가는 이렇게 말했다. "계산적이어서 성공하는 사람이 많은 만큼, 계산적이어서 망하는 사람도 많습니다. 친구와 거래해 일어섰지만 결국 친구의 신뢰를 잃고 주저앉는 거죠. 계산적인 관계에서는 일단 거래가 발생하면 얼마 못 가 친구를 잃는다고 보면 됩니다."

: 안정 추구형 :
내겐 너무 두려운 고독

친구 사귀기를 좋아하는 정도를 넘어서 인맥을 넓히는 데 집착하는 사람들이 있다. 이유는 간단하다. 그들은 친구의 숫자로 내면의 고독을 숨기려고 한다. 다만 자기 입으로 말하기 부끄러운 비밀이자 감추고 싶은 부분이어서 내색하지 않을 뿐이다. 사실 한 번도 고독을 느껴보지 않은 사람이 얼마나 되겠는가? 몸은 시끌벅적한 데 있어도 정작 마음 의지할 곳 하나 없어 문득 슬프고 처량해지니 말이다. 사람들은 고독은 삶에 부정적인 영향을 미치고, 어울림은 크고 밝은 안식처라고 믿는다. 실제로 인류 역사상 외톨이들은 도태되었고, 집단에 융화되어 신속하게 환경에 적응하는 개체만 생존에 성공해서 번영할 수 있었다.

무리를 지어 사는 원숭이 역시 그 내부에는 일정한 규율이 있다. 우두머리가 노쇠해지면 젊고 강한 원숭이가 힘을 얻어 그를 무리에서 쫓아낸다. 물론 이 과정은 말처럼 간단하고 평화롭지 않으며 무리 전체가 들고일어날 만큼 큰일이다. 새 우두머리를 받아들인 원숭이들은 단체로 일종의 '난'을 일으켜서 늙은 우두머리를 압박한다. 하지만 늙은 우두머리는 굴욕을 당할지언정 무리를 떠나려고 하지 않는다. 무리를 떠났을 때, 자신을 기다리고 있는 건 죽음뿐이라는 사실을 누구보다 잘 알기 때문이다. 오직 무리 속에서, 그리고 무리의 일원이 되었을 때만이 존재 가치를 증명할 수 있다.

원숭이 무리의 이야기에서 사람들이 왜 그토록 사회로부터 인정받으려고 애쓰는지, 왜 개성을 포기하면서까지 사회에 영합해 대중의 규칙에 맞춰 살려는지 알 수 있다. 간단히 말해서 이는 인간의 천성이다. 고독할 수 없고, 고독하기를 바라지 않기에 늘 어떻게든 집단 속으로 들어가고 싶어 하는 것이다.

우리는 살면서 많은 일을 경험한다. 공부하고, 일하고, 연애하고, 결혼해서 아이를 낳으며 돈과 권력 그리고 욕망도 맛본다. 이런 일들은 사회 집단의 한 부분이며, 시시각각 사고와 결정에 영향을 미친다. 이즈음에서 아마도 '항상 집단과 관계를 맺고 산다면 대체 왜 고독을 느끼지?'라는 의문이 들 것이다. 문제는 우리가 타인의 인정 속에서 존재감을, 집단의 평판 속에서 자신의 가치를 찾는다는 데 있다.

할 일 없는 사람들이나 외롭다는 소리를 한다느니, 팔자 좋다느니 하는 말은 너무나 무례하다. 할 일이 많고 많은 일을 해도 인정해주는 사람이 없으면, 내면의 고독과 공포로 무너진다. 나의 일거수일투족에 관심을 보이는 사람이 없으면 마치 무인도로 추방된 범죄자라도 된 양 초조하고 불안하며 공포가 밀려오기 마련이다.

﹥ 내 자존감은 누가 만드는 것일까? ﹤

사람은 집단, 특히 친밀한 관계에서 인정받으려는 욕구가 있는데 이역시 '자존감을 얻는 방법' 중 하나다. 다만 이렇게 얻는 자존감은 자신의 내면이 아니라 타인의 '긍정 정도'에 따라 결정되기 때문에 상당히 불안정하다. 이런 사람은 내면이 약하고 물러서 자기가 무엇을 하고 어떤 성과를 거두었는지 스스로 평가할 생각은 않고 그저 사람들의 인정 혹은 칭찬만을 갈구한다.

고독을 못 견디는 사람일수록 관계에 더 매진한다. 그들은 가능한 모든 방법을 동원하고 모든 시간을 투자해 친구를 사귄다. 거의 모든 사교의 장에 등장하며 매일 대부분 에너지를 친구나 지인에게 자신의 의견과 성과를 알리는 데 쓴다. 그들이 이렇게 하는 이유는 단지 하나, '사람들에게 인정받고 이로부터 자기 긍정과 자기만족을 얻고자' 하기 때문이다.

어느 순간, 코버는 타인의 인정을 받고 싶다는 강한 충동에 사로잡혔다. 그가 모든 면에서 수준을 높이고, 맡은 일을 훌륭히 해내는 유일한 이유는 자신을 위해서가 아니라 친구들 사이에서 더 돋보이기 위해서였다. 무리 안에서 '중심인물'이 된 기분은 정말이지 너무나 좋았다. 아주 어릴 때부터 성인이 되어서까지 잠재의식 깊은 곳에 감춰두었던 욕망이 드디어 충족된 것이다.

코버는 분명히 자존감을 얻었고 행복했지만 문득 뭔가 잘못되었다고 생각했다. "한번은 어려운 계약을 하나 했습니다. 그런데 그날 저녁, 시간이 없어서 친구들에게 이야기하지 못했죠. 당연히 축하나 칭찬도 듣지 못했고요. 그랬더니 전혀 기쁘지 않더라고요. 좋은 계약을 했는데도 성취감을 느끼지 못하고 전혀 자랑스럽지 않았습니다. 심지어 실망스럽기까지 했어요. 그때 '어쩌면 나 자신을 잃은 게 아닐까?'라는 생각이 들었습니다."

코버는 내면을 통해 얻은 '독립적인 자존감'만이 진정한 자기만족을 가져다준다는 사실을 깨달았다. 그는 이제 어느 정도의 고독이 필요하다는 사실을 받아들였으며, 이전처럼 완전히 친구들에게만 의존해서 살지 않는다.

사람은 대부분 주목받기를 원하고 타인이 자신을 부러워하고 우러러보길 바라지만 타인의 평가와 판단으로는 충분한 성취감을 얻을 수 없다. 그러므로 반드시 확고한 '자기 평가 기준'을 세우고, 여기에 근거해서 자신이 한 일의 최종 결과를 스스로 판단할 줄 알아야 한다. 이는 우리가 고독을 두려워하지 않고 받아들이는 첫걸음이자 반드시 해야 하는 삶의 원칙이다.

≶ '고독'의 두려움에서 벗어나는 법 ≷

사람들은 무리에서 겉돌게 되는 걸 원치 않는다. 무리 밖의 사람은 외롭고 처량한 신세가 된다고 생각하기 때문이다. 그런데 정말 그럴까? 바꾸어야 할 것은 태도가 아니라 뜻밖에도 방법이다. 다음과 같이 방법을 바꾸면 모든 문제가 자연스레 해결될 것이다.

타인에게 주목하기

사람들은 타인에게 주목받고, 꼭 무리에 들어가서 고독하지 않기를 간절히 바란다. 그러려면 무조건 튀려고만 하지 말고 먼저 타인에게 관심을 보여야 한다. 사교의 동기를 '관심 얻기'에서 '관심 보이기'로 전환해서 타인이 겪는 어려움과 문제를 살피고 돕자. 인정받기를 바라지 말고 상대방을 더 많이 인정하려고 하면, 관심을 받고 싶어서 애쓰던 때보다 훨씬 커다란 만족감을 얻게 될 것이다. 관심을 보임으로써 자신의 가치를 증명하고, 고독한 사람이 아님을 보여주기 때문이다.

자신을 더 정확하게 바라보기

자기인식의 정도는 사교 과정 중의 각종 선택뿐 아니라, '위치'를 결정한다. 자기인식이 정확한 사람일수록 자신의 위치를 정확하게 파악하며, 매우 이성적으로 차분하고 담백하게 인간관계를 맺을 수 있다. 무엇보다 자기인식이 잘 되어 있으면 타인과 적당한 거리를 유지하면서 상대방의 평가와 인정에 목매지 않고 살 수 있다.

기본 인간관계술을 익히되 휩쓸리지 않기

친구에게 무시당하거나 무리에서 외면당한 경험이 있는가? 인간관계에서 실패를 경험하면 부정적 감정이 하나하나 쌓여 성격에까지 영향을 미친다. 이런 사람들은 스스로 사람들과 잘 어울리지 못하고 친구나 집단이 자신을 배척한다고 여기고 다음과 같이 반응한다.

- 자기비하: 나 같은 걸 누가 좋아하겠어…….
- 분노: 자기들이 뭔데 나를 무시하는 거야?
- 고독: 그냥 혼자 살아야 속이 편하지.

- 비뚤어짐: 친구 따위 성가시기만 하지, 다 필요 없어!
- 더 겉돌기: 안 되는 걸 어쩌라고?

이런 극단적인 반응은 상황을 더 악화시킬 뿐이다. 사회 안에서 제대로 발붙이고 살려면 기본적인 인간관계술을 익히는 게 꼭 필요하다. 골프나 볼링 같은 운동, 각종 모임 등 소통의 장을 이용해서 인간관계술을 연마하자. 하지만 이 과정에서 만날 수 있는 각종 부정적 감정은 반드시 멀리해야 한다. 타인의 감정, 판단 그리고 사사로운 견해 따위는 한쪽으로 치워두어서 그들의 생각이 나에게 영향을 미치지 않도록 해야 한다.

'나는 어디에서나 환영받는 사람이야. 굳이 어떤 특정한 사람들에게만 나를 증명할 필요 없지!'라고 되새기자. 친구나 집단에 너무 의존하는 태도를 개선하는 데 도움이 된다.

그 누구도 아닌 '나'에게 집중하기

일과 생활, 어디서든 사람을 만날 때는 자신만의 원칙과 태도를 명확하게 드러내야 한다. 당신이 어떤 사람인지 상대방이 알게 하고, 그가 절대 넘어올 수 없는 명확한 선을 그어야 한다. 이렇게 해야만 자기 인격을 무너뜨리지 않고 완전하게 유지할 수 있다. 우리는 모두 자기만의 독립적인 세계 속에 살아야 한다. 다른 사람의 그림자 안에 들어가 마음 졸이며 사는 일 따위는 없어야 한다. 그래야 타인의 평가 때문에 수동적으로 변하거나 늘 사람들의 주목을 갈망하지 않을 수 있다.

혹시 어떻게 해야 무리와 잘 어울릴 수 있을지를 고민하고 있는가? 우선 생각부터 바꿔야 한다. '나는 더 나아지기 위해 사람들과 어울리는 거야. 여기서 인정을 받거나 내 존재를 증명하려는 게 아니야.' 우리는 무리 속에서 서로를 이해하고 소통함으로써 더 나은 사람이 되고 건강한 인간관계를 만들어야 한다. 내가 그들과 잘 어울리는지 아닌지는 핵심이 아니다. 진짜 중요한 것은 그들로부터 무엇을 배우는가다.

: 의존형 :
친구는 나의 수호천사!

로빈은 세상에서 '결정'이 가장 어렵다. 회사에서도 늘 "누가 결정 좀 해줘!"라고 외치는 바람에 동료들은 그를 두고 '결정 장애자'라며 놀린다. 그는 3년 전부터 물류지원팀에서 중요한 직책을 맡아 인재개발팀이나 홍보팀을 지원하고 있다. 이 일은 여러 부서를 넘나들며 하는 일이라 업무 수행 능력이 상당히 요구된다.

오해할까 봐 미리 말하는데 로빈의 업무 수행 능력은 무척 뛰어나다. 다만 혼자 결정하지 못할 뿐이다. 누군가가 결정을 내려 명확하게 지시를 내려주기만 하면 아주 정확하게 일을 처리한다. 그래도 회사 업무는 좀 나은 편이다. 로빈은 일상생활에서도 누군가 짠하고 나타나서 지시를 내려줬으면 좋겠다고 생각한다. 할 일을 정해주기만 하면 '지시대로 해낼' 자신이 있기 때문이다.

그는 멋쩍은 듯이 웃으며 말했다. "친구가 없으면 종일 아무것도 할 수가 없어요. 회사에서도 매 순간 상사나 동료를 떠날 수 없죠." 로빈은 미혼이고 여자 친구도 없다. 의존적 성향이 점점 더 심해져 급기야 스스로 '평생 함께할 여성'을 선택하지도 못할 지경에 이르렀기 때문이다.

한번은 할리우드 근처의 어느 카페에서 영화제작사에서 일하는 멋진 여성을 만나기로 했다. 약속 장소에 가기 전, 동료가 로빈을 응원했다.

"걱정할 게 뭐 있어? 가서 편하게 이야기를 나누어보라고!" 하지만 로빈은 좀처럼 마음을 정하지 못하고 같은 질문을 계속하다 결국 자신의 심리상담사에게 전화를 걸었다. "저……, 지금 상담 좀 할 수 있을까요?" 비서에게 대강의 상황을 들은 상담사는 단호하게 말했다. "아뇨, 1초도 없습니다. 로빈! 지금 혼자 화장실에 가서 문을 걸어 잠가요. 그리고 오롯이 혼자 결정을 내려요!"

소문에 따르면 로빈은 끝까지 의존적 성향을 버리지 못하고 거의 모든 친구에게 전화를 걸어 의견을 구했다고 한다. 그는 친구들이 '정해준 대로' 약속 장소에 나갔고, 두 사람은 서로 좋은 인상을 남기며 즐겁게 시간을 보냈다. 하지만 그의 연애는 성공할 확률이 매우 낮다. 얼마 못 가 '여자 친구 의존증'이 심해질 테니까.

로빈 같은 사람이 생각보다 꽤 많다. 그들은 모든 일을 친구에 의존해야 하므로 친구를 무척 중요하게 생각한다. 친구는 그의 정신적 지주이며, 항상 들춰볼 수 있는 사전인 동시에 상식 백과 같은 존재다. 이런 사람은 친구가 내려준 결정과 선택대로 행동하고 그 성과만 날름 누리려고 한다. 그들에게 친구는 무조건 자신을 도와야 하는 사람이며, 친구가 없는 삶은 상상할 수도 없다.

⤜ 의존적 성향은 어디서 시작되었을까 ⤛

로빈처럼 인간관계에서 의존적 성향을 보이고, 친구를 자신의 문제를 해결해줄 수호천사로 보는 사람들은 다음과 같은 세 가지 공통점이 있다.

첫째, 의존적 성향을 보이는 사람은 대부분 아동기나 청소년기에 부모와 주변 어른들로부터 응석받이로 키워진 경험이 있다. 이들은 타인이 자기 대신 무언가를 하는 상황에 매우 익숙하며 당연하게 받아들인다.

둘째, 정확하게 말하자면 이런 사람들은 주견이 없다기보다 타인의 조언을 듣기 좋아한다. 특히 친구, 동료나 상사의 의견에 많은 영향을 받는다.

셋째, 어렸을 때부터 문제를 사고하고 해결할 때마다 의존적 성향이 습관으로 자리 잡았으므로 주변에 적절한 의견이나 조언을 내놓을 사람이 없으면 도통 행동하지 못한다.

응석받이로 자라며 생긴 의존적 성향은 성인이 되고 나서 인간관계의 행위 모델에까지 영향을 미친다. 물론 유년 시절에는 부모를 떠나 살기 어렵다. 아이들에게 부모는 못 하는 일이 없는 만능이자, 안전을 지켜주는 수호신이다. 하지만 응석받이로 키워 생겨난 의존적 성향을 바로잡아주지 않으면 아이는 독립적 개체로 성장하기 어렵다. 의존적 성향은 시간이 흐르면서 더 강해져서 낯선 사람이나 사물을 대할 때마다 자신감이 부족하고, 늘 타인에 기대서 자기가 내려야 할 결정을 내맡기는 일을 습관화한다.

캘리포니아 대학 심리학 교수인 카이스만은 '의존적 성향', 특히 사교

속 의존적 성향에 대해 3년 이상 연구했다. 그에 따르면 문제의 시작은 어제나 1년 전이 아니라 적어도 20년 전이다. "초등학교나 중학교에 다닐 때, 이미 타인에 의존하는 습관이 성격으로 형성됩니다." 의존적 성향이 강한 사람은 평생 독립적으로 판단하거나 선택하지 못하며 주변의 친구에 의존하고 강자에 빌붙어 살아야 비로소 안정감을 느낀다.

﹥ 마음이 편해지는 '나쁜' 습관 ﹤

카이스만은 진짜 문제는 친구에 의존하는 일 자체가 아니라 그것을 당연하게 생각하는 태도라고 지적했다. "의존적 성향이 강한 사람은 친구라면 자신을 돕는 것이 당연한 의무라고 생각합니다. 그래서 우정에서 비롯된 이런 호의와 일종의 보상을 굉장히 편안하게 받아들이죠. 아이디어 제공, 해결 방법 모색, 비행기 표 예약, 사업자금 조달……, 친구는 그를 위해서 모든 일을 해야 합니다. 이런 사람들은 친구를 떠나면 생활할 수 없어요. '자아' 같은 건 찾아볼 수도 없죠."

의존적 성향이 강한 사람은 친구에 의존함으로써 마음의 안정을 얻기 때문에 날이 갈수록 요구가 더 엄격해진다. 혹시라도 친구가 실수를 범하는 일은 용인하지 못한다. 재미있는 점은 그러면서도 자신의 관계를 상당히 불안해한다는 사실이다. 친구가 없으면 내가 어떻게 살 수 있을까? 바로 이런 이유로 이들은 죽자 사자 각종 모임에 참석하고, 온라인 채팅을 멈추지 않으며, 온갖 무리에 출몰한다. 이 모든 사교 행위의 목적은 오직 의존적 성향을 만족하려는 것뿐이다.

─── : 존재감 확인형 : ───
나는 소망한다 그들의 인정을

　베이징에 사는 뉴뉴는 내게 보낸 메일에서 친구들이 분명히 자신을 좋아하고 관심을 보이지만, 왠지 모르게 사람과 사귀는 게 상당히 힘들다고 말했다. 그녀는 SNS에서 '좋아요'가 없거나 적으면 종일 걱정이 되어 사는 게 다 허무할 지경이라고 했다. 어떤 때는 한밤중에 SNS에 새로운 소식을 올린 후 절친에게 전화해서 보라고 한 적도 있었다.

　뉴뉴가 관계를 맺는 목적은 아주 단순했다. 바로 주목받음으로써 자신의 가치와 존재감을 확인하는 것이다. "나는 친구가 많았으면 좋겠어요. 그들이 무슨 일을 하는 사람인지는 크게 중요하지 않아요. 내가 친구들에게 바라는 것은 단 하나에요. 그냥 나와 더 많이 이야기하고, 내 마음을 알아주고, 내가 올린 게시물에 '좋아요'를 눌러주기만 하면 충분해요." 나는 그녀와 이야기를 나누면서 뉴뉴가 여러 방식으로 친구를 사귀는데 그렇다고 무슨 대단한 이익을 기대하는 것도 아님을 알아차렸다. 좋은 직업에 꽤 많은 연봉을 받는 그녀는 큰 명예도 다 필요 없었다. 그저 친구들이 그녀를 인정하고 체면을 세워주기만 하면 되었다.

⁝ 타인에게 보여주기 위한 삶 ⁝

심리학자 카이스만은 이렇게 말했다. "뭔가에 신경을 쓸수록 더 부족한 법입니다. 어떤 사람들은 진짜 멋지게 살면서 다른 사람에게 보여주는 데 급급해요. 그들은 주목과 긍정이 부족한 사람들이고, 오로지 이를 채우기 위해서 사람을 만납니다. 그들로서는 어쩔 수 없는 일이에요."

2014년 우리 연구팀은 전 세계 9개 도시에서 동시에 '나와 친구들'이라는 설문 조사를 진행했다. 응답자들은 특히 "당신은 '타인에게 보여주는 삶'이라는 말을 이해할 수 있습니까?"라는 문항에 크게 반응하며 허심탄회하게 속마음을 이야기했다. 대부분은 과거의 어느 시기에 분명히 타인의 인정을 얻으려고 애쓴 경험이 있었다. 외부의 인정과 긍정을 갈구하는 심리적 수요가 있었기에 인간관계에 매진했고, 이때 친구는 상당히 중요한 존재였다.

친구로 자신의 가치와 존재감을 증명하려는 태도는 내면의 부족한 자신감이 반영된 결과다. 자신감이 부족해서 행위의 의도가 불분명하고 제대로 된 원칙이 없는 사람은 설령 친구들의 인정을 받더라도 진정한 행복을 느낄 수 없다.

⸓ 보상 심리가 만드는 인간관계 ⸓

심리학에 따르면 사람에게는 '한 만큼 보상받으려는' 보상 심리가 있다. 그래서 타인의 관심과 인정을 갈망하는 사람은 더 적극적으로 사교 행위에 뛰어들어 많은 이가 자신을 주목하게 유도한다. 자기가 한 만큼 인정받을 거라는 생각에서다.

과거 1년 동안 뉴뉴의 삶 역시 그러했다. 그녀는 승마, 영어회화, 등산 등 취미로 모인 친목 동아리 6~7개에 가입해서 더 많은 친구를 사귀고 자신을 드러냈다.

보상 심리가 만드는 이러한 과잉 사교는 꽤 흔하다. 심리학 연구에 따르면 주목받고자 할수록 친구에게서 멀어지기 어렵고, 친구에게서 멀어지기 어려울수록 인간관계가 한정 없이 확대되어 제어가 힘들어진다. 이런 사람은 우정의 소중함과 인간관계의 즐거움을 누릴 수 없다. 관심의 초점이 자기 내면이 아니라 외부로 향한 탓이다.

그래서 뉴뉴는 늘 피곤했다. "나는 친구를 사귀고 어울리면서 즐거워지고, 내 가치를 발견하기를 바랐어요. 지금도 열심히 사람들을 만나지만 그다지 성공적인 것 같지는 않아요. 제 가치는 어떻게 찾아야 할까요? 대체 어디에 있을까요?"

나는 그녀에게 더 이상 자신의 가치를 외부에서 찾으려 하지 말고, 객관적이고 진실하게 자신을 평가해보라고 조언했다.

- 나는 어떠한 사람인가?
- 나는 지금 어떠한 일을 하는가?

- 나는 이 일을 잘할 능력이 있는가?

- 나는 내 생활을 꾸려나갈 능력이 있는가?

- 나는 친구를 떠나면 살 수 없는가?

- 나는 혼자만의 시간(혼자 살기, 혼자 여행하기 등)을 바라는가?

나는 위의 6개 질문을 뉴뉴에게 보내고 매일 아침 질문 하나에 1분씩, 총 6분을 할애해 진지하게 대답해보도록 했다. 대답은 하나씩 긍정적인 방향으로 하고 주저해서는 안 된다. 아마 그녀는 친구가 아니라 매일 아침에 하는 자문자답을 통해 천천히 자신의 가치를 찾게 될 것이다. 사회적 동물인 사람은 본능적으로 무리의 인정을 갈구한다. 하지만 과도하게 강화된 보상 심리로 인간관계에서 독립성을 잃고, 거꾸로 사교 행위에 제압당하는 상황에 빠지기 쉽다. 인간관계의 보상 심리와 싸워 이겨야만 냉정하게 이성적으로 친구와의 적정 거리를 유지할 수 있다.

: 순응형 :
거절하면 나를 싫어할지도 몰라

거의 매주 여러 가지 형태로 사람 만날 일이 생긴다. 대부분 이런저런 모임에 나오라는 초대인데 그때마다 거절하기가 참으로 어렵다. 거절은 왜 그토록 힘들까? 이유는 바로 거절이 나에 대한 상대방의 인식에 영향을 줄 수 있기 때문이다. 한 인간관계 전문가는 사교 모임이 일종의 '친밀도 테스트'에 가깝다고 말했다. '네가 정말 좋은 친구라면 나의 초대를 거절할 리 없지!' 이는 분명히 무형의 압박이다.

작년에 우리 연구팀은 전 세계 대학 순위 10위 안의 대학에서 무작위로 선정된 학생 1,000명을 대상으로 사교 모임에 관련한 설문 조사를 진행했다. 그 결과 응답자 중 29%가 매주 2회 이상, 63%는 매달 최소 3회의 모임에 참석하는 것으로 나타났다. 또 응답자 중 42%는 사교 모임으로 발생한 소비가 전체 생활비의 40% 이상을 차지한다고 답했다. 이보다 더 놀라운 결과는 대부분 응답자가 원해서 참석하는 건 아니라고 답했다는 사실이다. 그들은 이런저런 사교 모임에 참석해서 같이 밥 먹고 왁자지껄하게 어울려 노는 등의 사교 활동을 썩 좋아하지 않았다. 그런데도 매번 열심히 빠짐없이 참석했는데 거절할 용기가 없었기 때문이었다.

상하이에 사는 대학교 3학년생 샤오치는 입학하는 날부터 명목이 전부 제각각인 여러 사교 모임과 동아리에 가입했다. 각종 과외활동에 열정적인 그녀는 매달 수많은 모임을 마치 전국의 장날을 찾아다니는 '장돌뱅이'처럼 돌았다. 주말마다 개인적인 시간이라고는 전혀 없이 각종 모임과 조직의 비정기적 회식에 참석하면서 수많은 사람을 만났다. 그 결과, 샤오치에게 남은 것은 수많은 연락처와 알 수 없는 이상한 감정이었다.

샤오치는 쓸쓸한 표정으로 말했다. "솔직히 말하면 가고 싶지 않아요. 사교 모임이라는 게 결국 먹고 마시고 노래하러 가는 회식이거든요. 굳이 참석하지 않아도 괜찮다고 생각해요. 하지만 거절한다면 결과는 뻔하죠. 앞으로 나는 아무 데서도 초대받지 못할 거고, 친구들은 멀어질 거예요." 사교 모임 중에는 꼭 필요한 것도 있지만, 억지로 만든 것도 있었다. 샤오치 역시 이를 잘 알고 있었지만 어쩔 수가 없었다. 대학도 사회와 크게 다를 바가 없어서 인맥이 무척 중요하기 때문이다. 그녀는 친구들이 돌아가며 밥 먹으러 혹은 영화를 보러 가자고 할 때마다 "나는 안 갈래."라고 말하는 일이 너무나 힘들다. "괜히 친구를 기분 나쁘게 했다가 저를 싫어하게 되면 어쩌려고요?"

⚡ 얼마나 오랫동안 거절하지 못했는가? ⚡

왜 무의미한 모임의 초대를 거절하지 못할까? 무의미한 사교 활동에 소모되기 싫으면서도 굳이 인상을 써가면서 참석하는 이유는 뭘까?

회사원 자오는 자신이 크고 작은 모임에서 주목받거나 활약하는 이른바 '인싸'와 거리가 멀다는 사실을 잘 알고 있다. 퇴근 후에는 사람들을 만나기보다 일찍 귀가해서 자는 편을 훨씬 선호한다. 하지만 이는 그의 바람일 뿐, 현실은 달랐다. 속으로는 자잘한 모임 초대를 전부 거절해서 다 끊어내겠다고 중얼거려도 실제로는 전혀 그러지 못했다. 자오가 성격에도 맞지 않고 귀찮기만 한 모임에 참석하는 이유는 크게 두 가지다.

첫 번째 이유는 그를 모임에 초대하는 사람이 전부 친한 친구들이기 때문이다. 무슨 악의가 있는 것도 아니고, 자신을 좋게 봐서 나오라는 건데 어떻게 딱 잘라 거절하겠는가?

두 번째 이유는 이러니저러니 해도 사람을 차단하고 사는 건 힘들 것 같아서다. 사람들이 그렇게 관계 맺기에 열중하는 데는 다 이유가 있다. 힘들기는 해도 사실 인맥이 넓어져서 나쁠 것은 없다고 생각한다.

이상의 두 가지 이유로 자오는 사교에 있어서만큼은 '두 얼굴의 사나이'가 되었다. 그 바람에 늘 머리가 지끈거렸지만 그렇다고 과감하게 태도를 바꿀 용기도 없었다.

친구의 초대를 거절한 적이 언제인지 기억나는가? 거절은 도피가 아니다. 게으름도 아니고 상대방에게 무례한 행동도 아니다. 거절은 자기 내면의 진심에 대한 책임이고, 상대방의 성의에 진실하게 대응하는 행위다. 어떤 때에는 예의를 갖춰서 하는 거절이 긍정적인 효과를 일으킬 뿐 아니라, 머릿속을 어지럽히는 고민을 빠르게 제거할 수도 있다. 우리는 슈퍼맨이 아니므로 모든 사람을 만족시킬 수 없다. 하지만 자기 내면의 진심을 존중하고 책임질 수는 있다.

⸔ 의리에 지친 관계 ⸕

사람들이 무의미하거나 불필요한 관계를 뿌리치지 못하는 이유 중 하나는 '의리' 때문이기도 하다. 양양은 중국 선전에서 직장생활을 하고 있지만 원래 고향은 북방 지역이다. 그는 가장 큰 명절인 춘제가 되면 고향에 가서 1년 동안 만나지 못한 가족, 친척, 친구들을 만난다. 부모님과 함께 시간을 보내는 섣달 그믐날을 제외하고 나머지 날들은 거의 매일 약속이 있다. 종일 휴대폰이 울리는데 전부 "오랜만에 얼굴 한번 보자!"라는 내용이다.

사실 양양은 이런 모임과 회식 등이 참 버겁지만, 그렇다고 안 가면 '의리 없다는' 소리를 들을까 봐 어쩔 수 없이 참석한다. 각종 고민과 불안이 꼬리에 꼬리를 물고 나오는 바람에 진짜 속마음대로 결정하는 게 늘 어렵다. '그놈의 의리' 때문에 사교의 굴레에 꽁꽁 묶인 느낌인 것이다. 매번 한번 보자는 소리를 차마 거절하지 못하는 양양은 자기 삶의 주도권을 상실했다.

: 허영심형 :
내가 아는 사람 중에 말이야

잭은 '친구 자랑'을 좋아하는 사람이다. 그에게 친구는 멋진 옷과 같은 존재라 잘나가는 친구들을 사귀면 자신도 '급이 높아진 것 같은' 느낌이었다. 이런 이유로 잭은 사교에 열을 올리며 주말마다 각종 사교 모임에 부지런히 참석한다. 사실 그의 수입으로는 월세와 필요한 지출을 감당하기에도 빠듯했지만 그는 상류층 인사들을 만날 수 있는 4~5개 사교 클럽에 기어코 들어갔고, 여기에 매년 적지 않은 돈을 썼다.

"그럴 만한 가치가 있거든요." 잭은 눈을 반짝이며 확신에 찬 어조로 말했다. "그런 자리에서 상류층 사람들을 많이 만나고 따로 모임도 해요. 덕분에 저는 세상을 보는 눈을 키우고, 삶을 더 풍요롭게 만들고 있습니다."

정말 그렇게 간단한 문제일까? 한번은 잭이 뉴스에 아는 사람의 이름이 나온 걸 보고 동료에게 자랑하듯 말했다. "지난주에 같이 밥 먹은 사람이야." 깜짝 놀란 동료의 표정을 보자 잭은 만족스러웠다. 상류층 친구를 사귀는 일은 그의 허영심을 만족하는 수단이자 가까운 사람들에게 잘난 척할 수 있는 '소재'였다.

⤳ 열등감이 키운 허영심 ⤶

열등감에 사로잡힌 사람의 눈에 친구란 품질 수준이 제각각인 상품과 비슷하다. 잭의 사교 패턴은 그의 열등감으로부터 비롯되었다. 상류층들과 어울리면서 '나도 그들과 같다'는 허상과 이미지를 만들어내는 것이다. 가장 일반적인 방식은 그와 알고 지내는 사이다. 혹은 그와 식사했다 등의 말을 흘리는 것이다. 듣는 사람이 깜짝 놀라면 그렇게 기쁠 수가 없고, 별 반응을 보이지 않으면 크게 실망한다.

열등감이 많은 사람일수록 자기 연민과 허영심이 강하다. 이런 사람들은 심한 잘난 척을 통해 자신을 증명하고, 타인을 공격하는 방식을 선호한다. 당연히 이들의 사교는 왜곡되었고 정상이 아니다. 집요하리만큼 잘난 친구만 골라 사귀고 우정을 유지하는 까닭은 모두 다른 사람을 내리누르고 그 위에 서기 위해서다. 이런 이유로 그들은 대화 중에 계속 자신의 친구가 얼마나 잘났는지 끊임없이 알림으로써 만족을 얻는다.

심리학자들은 질투가 심한 사람일수록 잘난 척도 심하다고 본다. 이런 사람들은 고가의 상품을 사서 사진을 찍어 자랑하거나 친구의 고급차에 타면 휴대폰을 꺼내서 셀카를 찍어 SNS에 올린다. 최신 휴대폰이 출시되면 어떻게든 돈을 구해서, 심지어 대출이라도 받아서 산다. 필요는 없지만 고급스러운 물건을 산 후, 친구들을 집에 초대해 자연스럽게 보이게 하는 등 갖은 애를 쓴다. 그들은 자신을 상류층으로 위장한 채 허영과 자만에 둘러싸여 산다.

이런 행동을 하는 사람은 자신이 아니라 친구에 기대어 산다. 한 연구 결과에 따르면 친구로 잘난 척하는 사람의 78%가 '보여주기식 쇼핑 습관'이 있다고 한다. 그들의 SNS 내용 중 대부분이 그런 내용이며 친구들이 봐주기를 기대하는 느낌이 농후하다. 어쩌다 스치게 된 유명인사와 함께 찍은 사진을 올리는 것도 비슷한 맥락이다. 그가 진짜 어떤 사람인지 알지도 못하면서 사진 아래에 수백 자에 이르는 감상을 주절주절 쓴다.

이 모든 행위는 그들의 내면에 숨은 한 문장과 연결된다. "나는 너희들과 달라!"

⌇ 허영심으로 가득한 관계는 즐겁지 않다 ⌇

"친구가 많아서 즐거우신가요?"

인터뷰나 상담에서 이 질문을 던지면 뜻밖에도 선뜻 대답하는 사람이 많지 않다. 대부분 어떻게 대답해야 할지 모르는 눈치다. 잭 역시 나와 이야기를 나눌 때마다 '즐겁다'라는 단어를 회피했다. 대신 그가 가장 많이 쓴 단어는 '성취감'이었다. 즉 친구, 정확하게 말하면 상류층 친구를 사귀는 일은 그의 성취감을 키웠다. 잭의 사교는 크게 나누어 서로 접촉할 일이 전혀 없는 두 집단을 둘러싸고 이루어졌다.

첫 번째 집단은 잭이 일과 생활에서 만나는 가족이나 친척, 동창, 동료 등이다. 보통 사람인 그들은 대부분 월급쟁이로 3천 달러가량의 월급을 받는다. 그중의 어떤 사람은 조금 빠듯하게, 어떤 사람은 조금 넉넉하게 사는 정도의 차이만 있다. 모두 같은 계층의 사람이라 크게 다르지도 않고 평소 교류도 빈번한 편이다.

두 번째 집단은 주말 사교 클럽에 집중되었다. 잭은 함께 골프를 치고 승마를 하는 등의 오락 활동을 즐기면서 기업가, 대학교수, 문화계 유명인이나 다른 성공한 인사들을 알게 되었다. 이런 사람들은 모두 상류 사회의 구성원이고, 평균 연봉이 10만 달러 이상이다. 잭은 이들과의 '인연'을 놓치지 않기 위해 늘 열심히 움직인다. 함께 골프를 치고 사진 찍고 이야기를 나누며 다양한 영상과 문자로 인증한다.

첫 번째 그룹은 잭의 근거지로 결코 멀리할 수 없는 근본이며 가장 절친한 사람들이 있는 곳이다. 하지만 그는 사교 자원의 3분의 2 이상을 두 번째 그룹에 투입한다. 비용 따위는 계산하지 않고 최선을 다해서 상류층 사람들과 친분을 맺어서 좀처럼 사그라지지 않는 허영심을 채운다. 가족과 친구들은 모두 이런 그를 능력 있는 사람이라고 칭찬한다.

"그런 사람들하고 스스럼없이 어울리다니 정말 대단해!" 그때마다 잭은 늘 자랑스럽게 웃으며 비할 데 없이 커다란 만족을 느낀다.

잭은 이런 사교에서 분명히 거대한 성취감을 느끼지만, 정작 즐거움은 모른다. 상류층 친구들과 친하기는 친한데 진심을 담은 교류가 없고, 그들을 잃을까 봐 두렵기 때문이다. 그에게 사교는 자신을 천천히 조여오는 올가미 같았고, 가슴을 무겁게 누르는 압박이었다. 사채를 빌려 아이폰을 사는 학생이 한 인터뷰에서 한 말은 그의 현재 상태와 정확히 일치했다.

"아이폰이 꼭 필요한 건 아니지만 나는 이걸 꼭 사야 해요. 없으면 다른 사람들이 나를 얼마나 깔보겠어요?"

멀리해야 할 사람과 가까이해야 할 사람

——— 그들과 함께라면 ———
될 일도 안 된다

최근 우리 연구팀은 국내외 대학 및 기관들과 연합해서 만 18~30세 청년을 대상으로 '사람에게 상처받지 않기'라는 프로그램을 진행했다. 우리는 참가자들과 이야기를 나누면서 건강한 인간관계를 만드는 방법을 탐구하고, 삶을 더 풍요롭게 만드는 바람직한 인간관계를 주제로 토론했다. 이 프로그램의 목적은 아주 단순했다. 상대방의 '위장'에 속아 넘어간 '잘못된 만남'에서 상처받는 일을 피하는 것이었다.

이름에서도 알 수 있듯이 '잘못된 만남'은 반드시 경계하고 멀리해야 하는 사람들과 친구 사이가 된 경우다. 그들은 당신을 친구라 부르지만 주는 건 부정적인 에너지뿐이며 당신의 삶에 잊을 수 없는 상처를 남긴다. "내가 사람을 잘못 봤어!"라는 말이 나오는 관계, 그것이 바로 전형적인 '잘못된 만남'이다.

⟩ 빌린 돈을 갚지 않는 사람 ⟨

'사람에게 상처받지 않기'를 주제로 토론 중에 친구 사이의 '의義', 즉 '의로움'이 화제로 떠올랐다. 기본적으로 우리는 의로운 사람과 가까이 하고, 불의를 일삼는 사람과는 멀리해야 한다. 그런데 친구 사이의 의로움이란 무엇일까? 친구라는 이유로 원칙도 기준도 없이 무조건 편을 들고 끝까지 돕는 것일까? 상대방이 어떻게 나오든 관대한 태도를 유지하는 것일까?

나는 토론장에서 이렇게 말했다. "친구 사이의 의로움이란 무엇일까요? 전통적인 개념은 가까운 사람이 어려운 일을 당하면 열심히 돕는 것, 위험을 무릅쓰고 정의를 향해 용감하게 나아가는 것을 가리킵니다. 하지만 이 개념을 그대로 현대사회에 적용하기는 무리가 있습니다. 솔직히 옳지 않다고 생각해요. 우선 친구 사이의 의로움에는 반드시 '원칙'이 있어야 합니다. 그다음이 '정'이죠. 그렇다면 원칙은 뭘까요? 어려움을 당하면 물심양면으로 돕겠지만, 나중에라도 반드시 갚아야죠. 그게 사람과 사람 사이의 가장 기본적인 도의입니다. 이런 기본도 안 하는 사람은 친구가 아니라 사기꾼입니다."

사례1

마이크와 다니엘은 둘도 없는 친구였다. 서로 안 지는 6년이지만 대학을 다니면서 한 기숙사에서 살았고, 졸업 후에도 같은 지역에서 일하면서 친하게 지냈다. 두 사람은 거의 매일 만났다. 함께 술 마시고, 축구하고, 다른 취미 활동도 같이했다. 그런데 마이크가 다니엘에게 7000달러를 빌렸다. 부모님 수술비 때문이었는데 반년 뒤에 갚기로 약속했다. 반년 후, 다니엘은 몇 차례 돈을 받으려고 했지만 매번 받지 못했다. 마이크는 다니엘을 피했고 급기야 나중에는 전화도 받지 않았다. 놀란 다니엘이 이상한 느낌이 들어 급히 집으로 찾아갔더니 마이크는 이미 이사하고 없었다.

사례2

수잔은 억울한 듯 말했다. "제일 친한 친구였는데 지금은 원수가 되었어요. 괜히 돈을 빌려줘서 이렇게 된 거 같아요." 그녀는 가장 친한 친구에게 돈을 빌려주었다가 하마터면 이혼까지 당할 뻔했다. 2007년, 회사를 그만둔 그 친구는 수잔을 찾아와 헤어숍을 차릴 생각인데 혹시 사업 준비자금을 좀 빌려줄 수 있냐고 물었다. 헤어숍을 열면 돈을 벌어 갚겠다고 했다. 수잔은 1만 5천 달러라는 거액을 조금도 주저하지 않고 빌려주었다. 제일 친한 친구인데 어떻게 도와주지 않을 수가 있겠는가? 친구는 1년 후에 돈을 갚기로 약속했다. 친구니까 차용증 같은 건 쓰지 않았다. 하지만 아무리 기다려도 헤어숍 개업 소식은 들리지 않았다. 궁금해진 수잔이 전화를 걸면 친구는 항상 준비 중이라고만 말했다.

약속한 1년이 되었을 때, 친구는 수잔에게 빌린 돈을 다른 데 썼기 때문에 헤어숍을 열 수 없을 것 같다고 말했다. 당황한 수잔은 어떻게든 돈을 마련해서 돌려달라고 이야기했고, 친구는 조금만 기다려달라고 했다. 하지만 차일피일 미루더니 나중에는 소식이 끊겼다. 수잔의 남편은 나중에 이 이야기를 듣고 정말 불같이 화냈다. 부부는 매일 싸웠고, 이 일로 갈등의 골이 점점 깊어져 이혼 위기까지 갔다. 벌써 10년 전 일인데 수잔의 돈은 아직도 돌아오지 않았다. 그녀는 씁쓸하게 웃으면서 내게 물었다. "걔는 저를 친구로 생각했을까요?"

사례3

대학교 4학년인 폴은 친구 사이의 '의로움'을 이야기하려니 머릿속에 오만가지 생각이 든다고 입을 열었다. 이번에도 역시 '돈'이 문제였다. 폴은 친구에게 돈을 빌려주었고, 이후 두 사람은 길 가다가 마주친 낯선 사람만도 못한 사이가 되었다. 이 일은 젊은 폴의 우정을 비웃는 무지막지한 풍자 같았다. 친구는 고향에 돌아갈 차비가 부족하다며 부끄러운 표정으로 말을 꺼냈다. 폴도 가진 돈이 없었지만 친구를 위해 다른 사람에게 돈을 빌려 건넸다. 얼마 후 고향에서 돌아온 친구는 폴을 보고도 그 돈에 관해서 아무 말도 하지 않았다. 언제까지 돈을 갚겠다거나, 지금은 돈이 없으니 기다려 달라 등의 말을 전혀 하지 않았다. 그렇게 입을 꼭 닫고 마치 애초에 돈을 빌린 적 없다는 듯이 행동했다. 심지어 나중에는 만나도 인사조차 하지 않았다.

폴은 화가 나서 말했다. "제가 사람을 잘 봤어야 했어요. 다음부터는 친구를 사귈 때 반드시 조심하려고요."

어떤 관계에서든 빌린 돈을 안 갚는 사람은 '믿을 수 없는 사람'으로 분류된다. 그런데 만약 이런 일이 친구 사이에 발생했다면 '친구 마음을 이용하는 사기꾼'이라는 말까지 덧붙여야 한다. 그들은 아주 교묘한 언변으로 친구의 믿음을 배신하고 재물을 편취한다. 돈이 자기 손에 들어오면 자신이 해야 하는 의무와 책임은 까맣게 잊는 사람들이다.

나는 다양한 사례를 접하고 빌린 돈을 갚지 않는 사람이 하는 말은 십

중팔구 거짓이라는 사실을 발견했다. 돈이 필요한 이유는 처음부터 있지도 않았고, 자기 입으로 한 약속을 실행할 생각도 없었다. 그들에게 거짓말은 삼시 세끼를 먹는 것처럼 아주 자연스러운 행동이다. 심리적 부담도 전혀 없고, 얼굴조차 붉어지지 않는다. 이런 사람들은 자신이 믿음을 잃었다고 생각하면 절대 찾아와 사과하지 않는다. 그냥 요행이나 바라며 또 다른 '친구'를 찾아다닌다.

살면서 만나게 될까 봐 가장 두렵고, 반드시 경계하며 멀리해야 할 사람이 바로 이들이다. 기본 품성에 분명히 문제가 있는 그들은 친구랍시고 당신을 속일 줄만 알지 손톱만 한 도움 하나 주지 않는다.

﹥ 계산에 따라 얼굴을 바꾸는 사람 ﹤

부도덕한 사람의 가장 큰 특징은 '돈이나 지위를 좇는다'는 것이다. 그들은 아주 작은 편익을 얻겠다고 친구를 내다 팔 사람들이다. 이런 행세꾼들에게 우정이라는 가치의 유무를 결정하는 요소는 친구의 신분, 재산과 지위다. 그들은 무엇을 하든 멀리 보지 못하고 아주 작은 이익을 얻겠다고 주변 사람들에게 얼굴을 바꾼다.

이들의 친구가 되려면 따뜻함이 담긴 격려나 정신적인 교감이 아니라 현실적인 이득을 제공해야 한다. 그것도 아주 눈에 확 띄는 물질적이고 실질적인 혜택이어야 한다. 만약 불가능하다면 당신은 절대 그들의 친구가 될 수 없다. 행세꾼들은 오직 이익만 볼 뿐 우정 따위에는 전혀 관심이 없다. 말로만 친구라 부를 뿐 친구 자체는 중요하게 생각하지 않는다. 이러니 그 친구가 어려운 상황에 놓여도 나 몰라라 하며 죽든지 살든지 관여하지 않는다. 오히려 자신에게 불똥이라도 튈까 봐 냉큼 연을 끊는다.

가만히 보면 행세꾼들은 항상 사교에 열중하고 있다. 자신에게 편익을 가져다줄 만한 사람들과 적극적으로 이야기를 나누려고 하고, 안부를 살뜰히 챙겨서 신뢰를 얻는다. 문제는 그 후다. 행세꾼들은 신뢰가 생겼다 싶으면 끊임없이 은근하게 무언가를 요구하고 자신을 돕도록 유도해서 각종 편의와 이익을 누린다. 그러다가 이용가치가 줄어든다 싶으면 언제 그랬나 싶게 잡은 손을 놓고, 자신의 사교 범위에서 배제한다.

올리버는 이런 사람과 '친구'가 된 적 있다고 털어놓았다. 그보다 2년 늦게 입사한 후배였는데 초기 수습 기간에 무척 친해졌다. 두 사람은 매일 차를 마시며 이야기를 나누었고, 그때마다 후배는 친근하고도 예의 있게 올리버에게 회사의 이런저런 일을 묻고 조언을 요청했다. 올리버는 어느새 좋은 친구가 된 후배가 회사에 빨리 적응할 수 있도록 열심히 도왔다. 수습 직원을 평가하는 상사에게 좋은 말을 전했으며 몇 가지 번거로운 일을 알아서 척척 해결해주었다. 심지어 후배가 수습 직원 월급으로 월세를 감당하지 못한다는 걸 알고 빌려주기까지 했다. 그가 정직원이 되면 월급을 많이 받을 테니 별문제 없다고 생각했다. "후배는 수습 기간이 끝나고 좋은 평가를 받아서 정직원이 되어 다른 부서로 발령받았습니다. 그길로 나와 멀어졌어요. 석 달 동안 한 번도 전화하지 않았고, SNS나 다른 방법으로도 먼저 연락하지 않더라고요. 참다 참다 안 되겠다 싶어서 조심스럽게 제가 빌려줬던 돈 이야기를 했어요. 그랬는데도 아무 반응이 없다가 일주일이 지나니까 떨떠름한 표정으로 돌려주더라고요. 그때 알았어요. 그 사람은 친구라고 부르는 사람을 이용해서 자기 이익만 챙기고, 원하는 걸 얻으면 얼굴을 바꾼다는 사실을요.”

조심하지 않으면 부도덕한 사람들은 당신을 가지고 놀며 원하는 대로 이용할 것이다. 당신이 상상하지도 못할 일을 해내는 사람들이다. 그들은 친구라는 겉옷을 입고 있지만 실상은 착한 사람 곁에 빌붙어 사는 ‘기생충’ 같은 존재다. 그들에게 친구는 이용 대상이며 가치가 없으면 쓰레기나 다름없다.

친구는 도움닫기 발판이 아니다

“친구를 언제든 사용할 수 있는 ATM 같은 존재로 삼은 적 있나요?”
“당신에게 친구는 성공을 위한 지렛대인가요?”

이런 질문을 받으면 아마 거의 모든 사람이 그렇지 않다고 대답할 것이다. 하지만 부도덕한 사람의 속내는 다르다. 그들이 편익을 마주했을 때, 따뜻하고 반짝이는 우정 따위는 무색해진다. 사실 그들에게 편익이란 우정은 물론이고 심지어 혈육 간의 정보다 가치가 더 크다. 그들이 당신과 친구가 된 이유는 당신에게 그가 필요한 것, 예컨대 돈, 인맥, 배경, 자원 등이 있기 때문이다. 당신은 그들에게 성공으로 가는 도움닫기 발판 정도의 존재다. 간단하게 말해서 그들은 당신으로부터 뭔가를 얻어내기 위해 접근했다.

미국 월스트리트의 한 투자은행에서 8년째 일하고 있는 로저는 다소 상기된 목소리로 말했다. “맞아요. 정말 맞는 말이에요. 말끔한 정장을 차려입고 월스트리트에서 일하는 사람들은 수익을 위해서라면 자기 목숨이라도 내놓습니다. 그런 사람들에게 친구가 중요한 존재일 리 없죠. 그들에게 무슨 친구가 있으며 어떻게 우정을 기대하겠어요?” 최근 몇 년 사이에 로저는 월스트리트에서 동료, 친구들과의 반목과 대립은 이상한 일도 아니라는 사실을 깨달았다. 이곳에서는 수익을 위해서라면 가까운 사람들을 조금의 망설임도 없이 내다파는 일이 비일비재했다. 심지어 수 년 동안 함께 일하고 친하게 어울렸어도 예외가 아니었다. 그래놓고 한 다는 소리는 언제나 "미안해요. 하지만 이건 비즈니스에요."가 전부다.

만약 당신이 이처럼 불의를 일삼고 부도덕한 무리와 인연을 맺었다 면, 이미 몇 번은 이용당했을 확률이 높다. 이런 사람들과 가까이 지내면 결과는 늘 '손해 보고 당하는 것'뿐이다. 우정도 이익도 없다.

사교를 투자로 생각하는 사람을 멀리하라

로저는 이렇게 충고했다. "좋은 친구를 사귀고 싶다면 누가 진실하고, 누가 이익에만 집착하는지 구별할 줄 알아야 합니다. 왜 항상 더 착하고 따뜻한 사람이 쉽게 사기당하는지 아세요? 그런 사람들은 친절한 말 한 두 마디만 해주면 바로 사람을 믿거든요. 그러니까 제발 부탁인데 듣기 좋은 달콤한 말을 하고 다니는 사람일수록 조심하세요. 어쩌면 소매 속 에 비수를 숨겨 놓았을지도 모릅니다. 친구는 친구인데, 언제든 당신의 동맥을 끊을 준비가 되어 있는 친구죠."

오직 이익을 위해 당신에게 접근한 부도덕한 사람은 입만 열면 칭찬 을 늘어놓는다. 옛말에 군자의 사귐은 담백하기가 물과 같고, 소인의 사 귐은 달콤하기가 단술 같다고 했다. 이런 사람들은 마치 입에 꿀을 발라 놓은 것처럼 달콤한 말을 쏟아낸다. 평소에 칭찬과 아부를 늘어놓고 형 님, 아우 하면서 "우리가 남이냐!"를 외치는 사람은 당신을 한껏 기분 좋 게 만들면서 눈치 채지 못하게 자신이 원하는 방향으로 끌고 간다. 그리고 마침내 그 핵심에 도달했을 때, 본모습을 드러내서 무슨 짓을 해서든 기어코 원하는 걸 손에 넣으려고 한다.

부도덕한 사람은 언제나 자신의 이익이 가장 중요하기 때문에 남의 사정은 크게 관심도 없고, 남을 도울 생각은 더더욱 없다. 이런 사람들은 항상 속으로 주판알을 튕기면서 '내가 이 사람한테서 뭘 얻어낼 수 있지?'만 계산할 뿐 '내가 이 사람을 위해 무엇을 할 수 있지?'라는 생각하지 않는다.

그들은 당신에게 뭔가 얻을 것이 있다고 판단하면 어떻게든 옆에 있겠지만, 아무것도 얻을 수 없어 보이면 그날로 자취를 감출 것이다. 필요하다면 당신을 우물 아래로 밀어버리고 돌까지 던질지도 모른다. 친하게 지내는 동료였는데 당신이 회사에서 난처한 상황에 놓이자 얼굴을 싹 바꾸고 그것도 모자라 일부러 상사에게 시시콜콜한 이야기까지 일러바치는 식이다.

상처받고 싶지 않다면 사전에 상대방의 본모습을 엿볼 수 있는 간단한 테스트를 해야 한다. 무턱대고 믿었다가 큰코다치느니, 그가 어떤 사람인지 판단한 후에 친구로 삼을 만한지 판단하는 편이 낫다. 어렵게 생각할 필요도 없다. 그저 아주 살짝 과장해서 매우 커다란 곤경과 위기에 부딪힌 양 하면 된다. 아무렇지도 않게 행동하다가 갑자기 전화하거나 만나서 어떻게 하면 좋겠는지 좀 도와달라고 말해보자. 이때 보이는 반응으로 그가 진짜 어떤 사람인지 명확하게 알아볼 수 있다.

워싱턴의 한 국제금융회사에서 일하는 중국계 미국인 쑹 역시 이 간단한 테스트를 해본 경험이 있다. 테스트 대상은 안 지 채 1년이 되지 않은 친구 두 명이었다. 그들은 모두 한 사업 관련 파티에서 그에게 먼저

다가와 인사하면서 알게 된 사람들이었다. 어느 날 저녁, 그는 두 친구에게 각각 전화를 걸어 최근에 회사에서 큰 실수를 저지르는 바람에 해고 당해서 중국으로 돌아가야 할지도 모른다고 말했다. 어쩌면 친구들에게 신세를 져야 할지도 모른다는 말도 했다.

물론 그 '신세'가 어떤 것인지는 구체적으로 언급하지 않았고, 그저 뜻만 전했다. 첫 번째 친구는 냉담한 말투로 "아, 미안해! 내가 지금 좀 바쁘니까 내일 다시 이야기하자!"라고 말하면서 서둘러 전화를 끊었다. 다음 날 이른 아침, 그가 다시 전화를 걸었으나 통화는 되지 않았다. 다행히 두 번째 친구가 보인 반응은 달랐다. 그는 쑹의 이야기를 끝까지 조용히 들은 후에 물었다. "가장 필요한 게 뭐야? 내가 어떻게 도울 수 있을까?" 쑹은 "아니야, 그냥 답답해서 이야기한 거야. 내 일이니까 내가 해결해야지. 지금 방법을 찾고 있어." 두 시간 후, 그 친구는 쑹에게 전화를 걸어 정말 필요한 것이 없냐고 다시 묻고는 이렇게 말했다. "만약 정말 중국으로 가게 되고, 혹시 돈이 필요한 일이 있다면 언제든 나에게 말해."

며칠 후, 쑹은 연락처에서 첫 번째 친구를 삭제했다. 하지만 지기^{知己}라 부르기에 충분한, 진짜 좋은 친구 한 명을 얻었기에 전혀 아쉽지 않았다. 친구는 많을수록 좋다는 근거 없는 믿음이 있다. 하지만 현실에서는 친구라 생각했던 사람이 알고 보니 오직 이익을 바라고 우정을 가장한 사기꾼인 경우가 적지 않다. 진정으로 좋은 품성과 순수한 동기를 갖춘 친구를 사귀기란 무척 어려운 일이다. 그러므로 반드시 이 두 종류의 사람을 분별하는 법을 배워 교묘하게 얼굴을 감추고 이익을 탐하는 소인들을 골라내 멀리해야 한다.

⟩ 타인의 고통을 즐거워하는 사람 ⟨

헤리는 내게 보낸 이메일에서 입사한 지 얼마 되지 않은 회사에서 관계의 부정적인 면을 보았다고 털어놓았다. 부서에서 가장 나이가 어리고 경력도 적은 그는 아직 동료와 선배들에게 배워야 하는 처지다. 그래서 모두와 잘 지내면서 친분을 쌓았고, 자기가 꼭 하지 않아도 되는 부서 내 자질구레한 일들을 전부 도맡았다. 동료와 선배들에게 좋은 인상을 줄 수 있을 것 같아서였다.

그러던 어느 날, 부서 전체가 함께한 업무에 문제가 생겼다. 이때 한 직원이 나서더니 일을 부풀리고 고자질해서는 모든 책임을 헤리에게 떠넘겼다. 상사에게 불려가서 심하게 질책당했을 때도 동료들은 외면했다. 헤리는 울화통이 터지고 분해서 견딜 수가 없었지만, 달리 방법이 없었다. "저는 사람들을 진심으로 대했는데 이런 취급을 당했어요. 대체 어떻게 해야 할까요?"

늘 다른 사람에게 폐를 끼치고 자신밖에 모르는 사람들, 도덕이 아니라 처세술만 수준 높은 사람들이 있다. 그들은 목적을 달성하기 위해 수단을 아끼지 않는데 자신이 즐겁고 행복할 수만 있다면 설령 타인이 고통받아도 관계없다는 태도다. 그들은 우리의 친구일 수도, 동료나 고객일 수도 있다. 조금만 방심하면 큰 손해를 보고 그들의 행복을 만드는 밑거름 역할로 전락하기 쉽다.

만만하게 보여서 '대리인'으로 전락해서는 안 된다

남에게 폐만 끼치는 이기적인 사람들은 문제가 생기면 냉큼 대신 내

세울 사람을 찾는다. 누가 봐도 자기가 잘못했지만, 양심이 없는지 끝까지 인정하지 않고, 어떻게든 이유를 만들어서 이 '대리인'에게 책임을 전가한다. 보통 평소에 그와 가장 가깝게 지내는 사람이 뒤집어쓰는 경우가 많다. 말이 좋아 대리인이지 속된 말로 '봉'이 되어서 뒤치다꺼리하는 거다. 그런데 어찌 된 일인지 이 '봉' 역할을 하는 사람이 자꾸만 더 많아진다. 다른 사람에게 잘못을 뒤집어씌우고 이용해서 '봉'으로 삼아 부려먹는 이 인간 말종들을 하루빨리 잡아내야 한다.

일반적으로 이런 사람들은 말솜씨가 아주 좋다. 뭘 하든 아주 설득력 있으며 신뢰감을 주어 원하는 방향으로 끌고 가는 데 능하다. 그들이 하면 거짓말이나 모함이어도 아주 그럴 듯하게 들리며 시간이 흐르고 몇 차례 반복되면 아예 사실로 굳어진다. 사회 경험이 적은 매튜는 진심어린 친절과 친근한 태도로 대한다면 모든 동료와 우호적인 관계가 되리라 여겼다. 하지만 생각과 달리 이기적인 무리에 호되게 당하고 말았다.

인간관계에도 분별력이 필요하다

인간관계에는 분별력이 필요한데 이와 관련해서 내가 아주 좋아하는 말이 있다. "남을 소모하지 말고, 나를 소모하는 사람과도 멀어져야 한다." 나는 이 말이 관계 맺기에서 가장 중요한 원칙이라고 생각한다. 항상 타인에게 폐를 끼치고 손해를 입히면서 무슨 일이든 이기적으로 구는 사람이 분명히 있다. 살다 보면 아무리 주의해도 이런 사람을 만나게 되고, 한두 차례 정도 이용당할 수도 있다. 하지만 세 번째, 또 그런 일이 발생한다면 이는 자신의 문제다. 선량하고 천진한 사교는 어쩌면 분별력이 부족하다는 이야기일지도 모른다.

주변의 민폐쟁이 이기주의자들을 골라내는 법

우선 상대방이 어떤 평판을 듣는 사람인지 살펴보아야 한다. 여러 방면에서 정보를 수집하고 사람들, 특히 그와 친한 사람들이 어떤 말을 하는지, SNS에 어떤 댓글이 오가는지 한번 볼 필요가 있다. 단순히 이런 정보를 듣고 보는 것만으로도 꽤 유의미하고 객관적인 결론을 얻어낼 수 있다. 특히 부정적인 평가에 주목하자. 그가 대체 무엇 때문에 자신의 친구, 이웃, 심지어 팔로워한테까지 '나쁜 소리'를 듣는지 생각해보면 좋다. 나는 직원을 구할 때도 종종 이 방법을 이용한다. 지원자의 SNS를 방문해서 게시글과 친구들의 댓글을 읽어보면 그가 어떤 사람인지 대충이나마 감이 온다.

평소에 그가 하는 언행의 작은 디테일에 주목할 필요가 있다. 이런 작은 디테일이 종종 핵심을 보여주기도 하기 때문이다. 사람의 본성이란 일시적으로는 숨길 수 있지만 영원히 감출 수는 없는 법이다. 이른바 '민폐쟁이 이기주의자'들은 이익과 관련된 문제가 나오면 자기 제어에 실패하고 본성을 드러낸다. 이때 보이는 언행에서 그가 친구를 우물 속으로 밀고 돌까지 던지는 인간인지, 우물에 빠진 친구를 구하기 위해 기꺼이 몸소 나서는 사람인지 파악할 수 있다.

⚡ 감사할 줄 모르는 사람 ⚡

어떤 사람들은 크든 작든 무슨 일만 생기면 친구부터 찾는다. 혼자서 충분히 해결할 수 있는 일도 군이 당장 와달라고 난리를 피운다. 사실은 직접 움직이기가 싫어서 자기가 해야 할 일의 일부분을 떠넘기려는 의도에 불과하다. 심한 경우 돈이 떨어지면 친구를 찾아가서 요구하기도 한다. 돈을 맡겨놓기라도 한 듯이 당당하게 구는 이유는 하나, 바로 당신이 그의 '친구'이기 때문이다.

이런 관계에서 당신은 친구의 '보모' 역할을 맡아 그의 일과 생활을 뒷바라지한다. 당신의 에너지는 대부분 친구에게 흡수되며 당신의 삶이 그를 위한 것인 양 그의 행복을 위해 작은 힘이나마 열심히 돕는다. 그럴수록 친구는 점점 더 당신에게 의존하고 무슨 일만 생기면 반사적으로 연락한다.

지금은 상황이 안 좋아서 그렇지만 나중에 친구가 자리를 잡고 성공하면 당신에게 보답할 거라 기대하지 말기 바란다. 보답은커녕 진심을 담은 감사의 말 한마디도 바라지 않는 편이 좋다. 아마 그는 성공하면 연락처에서 당신의 이름을 삭제하고 SNS까지 차단할 것이다. 그 순간, 당신은 더 이상 그의 친구가 아니다.

얼마 전 나의 동료 사일러가 직접 겪은 이야기를 해주었다. 안 지 4년이 넘은 친구가 한 명 있었는데 하룻밤 사이에 '증발'했다는 것이다. 친구는 어느 날 갑자기 전화를 안 받고 집에도 없었으며 마치 이 세상에서 사라진 것처럼 자취를 감췄다. 걱정이 된 사일러는 다른 친구 몇 명에게 연락해서 그의 행방을 물었지만 아는 사람이 단 한 명도 없었다. 오히려 다들 무척 당황해하면서 사일러에게 어떻게 된 일이냐고 물었다. 안 되겠다 싶어서 실종 신고를 하려는데 간신히 친구의 사촌과 연락이 닿았다.

"저도 들은 이야기지만 주식을 해서 대박이 났다고 하더라고요. 적어도 500만 달러는 벌었다던데 괜히 소문나서 누가 돈 빌려달라고 할까 봐 야반도주했대요. 다른 도시로 이사했다고 들었어요."

이야기를 들은 사일러는 잠시 멍했다. "그 주식을 무슨 돈으로 한 줄 아세요? 바로 제가 빌려준 돈이라고요. 기가 막혀서! 누가 돈 빌려달라까 봐 도망을 갔다고요? 돈을 벌더니 나같이 저급한 사람들과는 못 어울리겠다는 거군요! 가더라도 적어도 주식에 투자한다고 빌려간 돈은 갚고 가야 하는 거 아닌가요?"

이 일로 크게 실망한 사일러는 앞으로는 그냥 '친구'라는 단어를 머릿속에서 지우고 살기로 마음먹었다. 성공했다고 이전에 도와준 친구를 모른 척하는 사람은 자기만 강을 건넌 후에 다리를 끊어버리는 무서운 사람이다. 만약 누군가에게 그런 음험한 느낌이 들었다면 반드시 조심하며 되도록 어울리지 말고 충분한 거리를 유지해야 한다. 도움을 제공할 필요도 없다. 보답은커녕 당신의 '은혜'를 기억조차 못 할 것이 분명하기 때문이다. 어쩌다가 그가 벼락성공이라도 하면, 아예 친구가 될 생각을 접는 편이 좋다.

배은망덕한 사람들은 '타인의 상처'를 밟고 지나간다

일상에서든 직장에서든 냉혹하고 무정한 표정을 유지하며 '타인의 상처'를 자근자근 밟고 지나가는 사람들이 있다. 누가 뭐라 하든 아랑곳하지 않으며 상처가 아니라 어깨라도 밟고 올라 어떻게든 더 위로 가려고만 한다. 옛말에 "나무 심는 사람 따로, 그늘에서 쉬는 사람 따로"라는 말이 있다. 이런 사람들은 당신이 한 일을 교묘하게 이용해서 자신을 위한 발판으로 삼고, 한 발 한 발 나아가 기어코 목표를 실현한다. 자기도 잘못된 걸 아니까 성공해도 절대 보답하지 않고 얼굴을 싹 바꾸는 것이다. 더 정확하게 이야기하면 당신은 감사 인사를 받기는커녕, 그의 사교 범위에서 아예 배제될 것이다. 그에게 필요한 사람은 당신보다 훨씬 더 강한 친구이기 때문이다.

그들은 바람 부는 대로 돛을 단다

뚜렷한 심지가 없이 오직 기회만 노리는 기회주의자들은 전형적인 '배은망덕한 인간'이다. 그들은 강자에게 끈질기게 빌붙고, 약자는 뒤도 돌아보지 않고 버린다. 목적을 달성하기 위해서라면 계속 강자 옆을 맴돌며 수단과 방법을 가리지 않고 주변의 거의 모든 사람을 이용한다. 하지만 이용가치를 잃으면 방향을 확 틀어서 멀어지고, 이로 말미암아 상대방에게 무슨 악재가 생기든 말든 신경 쓰지 않는다. 정신 똑바로 차리고 이런 기회주의자들을 경계하면서 반드시 일정한 거리를 두어야 한다.

──── 그들과 함께라면 ────
안 될 일도 된다

⸮ 어려울 때 힘이 되는 사람 ⸜

2008년 어느 날 밤 프랭크는 피곤함에 지친 몸을 이끌고 퇴근 중이었다. 차를 몰아 거의 도착했을 때, 저만치에 있는 자기 집 앞에서 어떤 사람이 서성이는 모습이 보였다. 프랭크는 좀도둑이나 강도라고 생각하고 천천히 차를 세운 후 조심스럽게 집 앞으로 걸어갔다. 잠시 후 그는 허탈한 듯 크게 숨을 내쉬었다. 그 사람은 다름 아닌 친구 루비오, 한 증권회사의 투자 매니저였다.

"무슨 일 있어?"

"아냐, 별일 없어."

간단한 대화였지만 프랭크는 뭔가 심상치 않은 느낌을 받았다. 그해 가을에서 겨울로 넘어가는 차가운 계절에 전 세계에 금융위기가 휘몰아

첬다. 월스트리트에서는 거의 하루가 멀다고 안 좋은 소식, '어느 회사 어느 지점의 담당자가 자살했다더라'라는 이야기가 들려왔다. 설마 루비오에게도 뭔가 문제가 생긴 걸까?

프랭크는 친구를 거실로 데려와 커피 한 잔을 건넸다. 5분 후 그는 한때 수백만 달러를 보유한 자산가였던 루비오가 파산한 사실을 알게 되었다. 갚아야 할 채무도 상당하다고 했다. 루비오가 일했던 회사는 그날 오후 문을 닫았고 수천 명이 실직했다.

"그럼 앞으로 어떻게 할 생각이야?"

"모르겠어."

"좋아, 그럼 일단 나가서 뭘 좀 먹자."

프랭크는 밤새 루비오와 이야기를 나누었다. 그는 지금 친구에게 필요한 것이 무엇인지 정확하게 알고 있었다. 그 역시 비슷한 실패와 좌절을 겪어본 사람으로서 누구에게나 있을 수 있는 일이라고 말했다. "그런 일이라면 잘 찾아왔네! 내가 또 이런 쪽에 경험이 있잖아!" 시원스러운 반응에 루비오는 기분이 한결 좋아졌다. 프랭크는 루비오가 지금 가진 것이 얼마나 많은지 상기시키며 현재의 문제는 모두 루비오 본인이 아니라 주변 환경 탓일 뿐이라고 말했다.

"이봐, 루비오! 지금은 전부 힘들 때야. 날고 기는 투자전문가들도 은행에 집이랑 차까지 다 빼앗기는 판에 너라고 별수 있어? 환경은 계속 변하는 거야. 앞으로도 계속 이럴 거라고 생각할 필요는 없어." 그날 이후 프랭크는 매일 시간을 정해두고 루비오에게 전화를 걸었다. 거의 두 시간마다 한 번씩 통화하고 기분이 어떤지 물었다. 그것도 모자라 프랭크는 만반의 준비를 갖췄다. 그해 끔찍했던 '자살의 계절'에 어떤 일이 일어날지는 아무도 몰랐기 때문이다. 그는 자신의 친구에게 그 일이 발생하지 않기만을 바랐을 뿐이다.

2년 후 한 투자은행의 부사장이 된 루비오는 금융 전문가로서 바라본 글로벌 금융위기와 기사회생 경험을 다룬 책을 썼다. 이 책의 첫머리에 그가 진심을 담아 쓴 짧은 글이 있다. "가장 사랑하는 친구 프랭크에게 바칩니다. 네가 없었다면 이 모든 것이 없었을 거야."

삶이 모두 무너져 내린 것 같은 그 차갑고 잔인했던 밤, 사실 프랭크는 루비오가 가장 먼저 찾아간 친구가 아니었다. 프랭크에게 가기 전에 루비오는 네 명의 친구를 찾아갔고 열 통이 넘는 전화를 걸었다. 하지만 오직 프랭크만이 그를 '받아주었고' 이야기를 들어주었으며 공감하고 이해했다. 프랭크는 밤새 루비오를 위로했고 그가 얼마나 훌륭하고 많은 장점이 있는지 계속 상기시켜서 자신감을 찾도록 도왔다. 충격과 혼란에 빠진 나를 내버려 두지 않고 끝까지 이해하며 응원하는 친구, 바로 이런 친구가 있어야 한다.

우리는 모두 어려움을 함께 하는 친구가 필요하다

누군가 "산봉우리에서는 가짜가 넘쳐난다. 황혼이 되어야 비로소 진짜를 알아볼 수 있다."라고 했다. 진정으로 사귈 만한 가치가 있는 친구란 당신이 최고의 자리에 있을 때 열 일 제쳐두고 와서 꽃을 바치는 추종자가 아니라 곤경에 빠졌을 때도 믿고 지지하고 당신 곁에 함께 있어 주는 '어려움을 함께 하는 친구'다.

이야기 속 프랭크가 바로 그런 친구다. 그는 부의 정도, 명성의 크기, 지위의 높낮음으로 사람을 달리 대하지 않았다. 그런 친구가 있다는 것은 어둠 속에서 밝은 길로 이끌어주는 영혼의 안내자가 있다는 의미다. 그 친구는 당신이 가장 어렵고 힘든 시기에 격려할 것이며 관심과 사랑, 온정을 베푸는 사람이다.

삶이 늘 순풍에 돛 단 듯이 흘러가지는 않는다. 좌절에 부딪히기도 하고, 실패도 하며, 극단적인 곤경에까지 내몰리기도 한다. 실직, 파산, 감정의 무너짐……, 이런 일들이 생겼을 때 당사자의 힘으로만 벗어나기란 쉽지 않으며 다른 이의 도움, 조건 없는 응원과 지지가 꼭 필요하다. 어려움을 함께 하는 친구는 혼란에 빠진 당사자 옆에서 객관적으로 문제를 분석하고, 그의 장점을 부각해서 다시 새롭게 일어날 힘을 북돋고 필요한 지원을 제공한다.

당신이 가장 힘들 때 가장 필요한 도움을 준 사람이야말로 평생 잊지 않고 감사해야 할 사람이다. 사실 곤경에 빠진 사람에게 가장 큰 문제는 눈앞에 놓인 곤경 자체가 아니라 자신감 상실이다. 그래서 진정으로 어려움을 함께 하는 친구는 정신적인 지지를 아끼지 않는다. 그는 당신의 뛰어난 능력과 훌륭한 인격을 언급하며 난관을 이겨내 꼭 성공할 수 있다고 강조해서 정신적으로 무너지지 않도록 열심히 돕는다. 이런 정신적 지지는 돈으로 살 수 없는 것이며, 끝나지 않을 것같이 길고 어두운 밤 속에서도 긍정적으로 미래를 마주하게 하는 가장 강력한 힘이다.

실의에 빠졌을 때, 당신의 친구는 어디에 있는가?

나는 사업 초기에 상당히 고전했다. 서비스를 제공할 시장을 찾지 못했고 누구 하나 우리 회사에 관심을 보이지 않아 이러다 제대로 자리 잡지 못하고 그냥 사라질지도 모르겠다는 불안이 엄습했다. 투자금은 이미 수백만 달러나 들어간 상황이었다. 사람들이 보기에 나의 사업은 밑 빠진 독에 물 붓기와 다름없었다. 나는 매일 이 독에 돈을 쏟아 부었지만 독 안에는 아무것도 없었다.

정말 불확실한 시기였다. 마치 슈뢰딩거의 고양이처럼 최종 결과가 나오기 전에는 누구도 나의 생사를 알지 못했다. 상황이 최악으로 치달았을 때, 회사 잔고는 달랑 320달러였다. 이미 직원들 월급이 4개월이나 밀렸는데도 말이다. 당시 직원 중 80% 이상이 월세를 내지 못하고 대출도 받지 못해 아우성이었다. 사장인 나와 창립멤버인 필립스는 주유비조차 없었다. 그와 나는 가진 재산을 모두 회사에 투입했지만 한 푼도 회수하지 못했다. 아마 사업하는 사람이라면 정도는 달라도 이와 비슷한 상황을 한 번쯤 겪었을 거라 생각한다.

돌파구를 찾으려고 애쓰는 중 갑자기 '그런데 내 친구들은 어디에 있지?'라는 생각이 들었다. 가만히 생각해보니 예전에는 그렇게 자주 연락을 주고받았던 친구들이 지금은 내게 연락하지 않고 있었다. 나는 '우리 주말에 어디서 볼까?' 같은 화제에서 배제된 지 오래였고, 누구도 나를 초대하지 않았다. 잘나가던 사람에게 재정적 어려움이 발생하자 이른바 '친구들'이 거리를 두며 슬슬 피하더라는 이야기는 슬프지만 아주 흔하다. 이는 대부분 사람의 '사교관'이 사실은 '경제관'이라는 의미다. 이들은 먼저 상대방으로부터 뭔가를 얻어낼 수 있는지를 살핀 후 만약 별 것 없고 심지어 자신이 손해일 수도 있다고 생각하면 뒤도 돌아보지 않고 떠난다.

다행스럽게도 내게는 인생과 사업이 쓰러져가는 순간에도 여전히 응원해주고 지지와 도움을 아끼지 않는 친구가 있었다. 자금 유동이 막힌

지 5개월 반이 넘어가던 때, 나는 중국에서 걸려온 전화를 받았다. 옛 친구였다. 우리는 거의 3년 넘게 연락이 없었지만 다른 경로로 내 상황을 듣고 전화한 모양이었다. 그는 내 이야기를 다 듣더니 크게 웃으면서 말했다. "기억나? 우리가 같이 대학 다닐 때, 내가 돈이 없어서 밥도 못 먹으니까 네가 50달러를 빌려줬던 거 말이야. 계속 돈이 없어서 갚지도 못했는데 너는 한 번도 돌려달라고 하지 않았잖아. 지금이라도 그 50달러 돌려주려고 전화했어. 나는 네가 분명히 성공할 거라고 믿어!"

다음날, 그는 내게 무려 50만 달러를 송금했다. 지금까지 그는 여전히 나의 가장 좋은 친구 중 하나다. '가난'은 우리에게 고통과 번민을 안기지만, 뜻밖의 기능이 하나 더 있다. 바로 누가 진짜 친구인지 검증하는 기능이다.

ᐓ 상처를 치유해주는 사람 ᐖ

아무 때나 전화를 걸어 속상한 일을 털어놓고 한바탕 크게 울 수 있는, 그런 친구가 있는가? 있다면 커다란 복이고 없다면 반드시 그런 친구가 생기기를 간절히 바라야 한다. 어쩌면 그는 가난할 수도, 사회에서 인정받지 못할 수도, 당신을 물질적으로 도와주지 못할 수도 있다. 그러나 그는 상처받고 절망한 당신 곁에 앉아서 기꺼이 고통을 나누고자 하는 사람이다. 온 힘을 다해 당신을 일으켜 세울 것이며 어두운 구석에서 끌고 나와 함께 걸어줄 것이다. 그가 있기에 당신은 외롭지 않을 수 있다.

그는 온몸으로 긍정적인 에너지를 뿜어내는 사람이다. 뛰어난 공감 능력으로 실패를 이해하며, 지치고 낙담한 사람을 다시 일으켜 세울 힘이 있는 사람, 바로 그런 사람을 친구로 두어야 한다.

어려운 일이라도 그들과 함께라면 더 낙관적으로 바라볼 수 있다

미국 LA 어느 진료소의 의사 라우로가 바로 그런 사람이다. 그는 아주 실력이 좋은 정형외과 의사일 뿐 아니라, 환자들의 심리 상담사 역할도 자처한다. 라우로는 매일 최선을 다해 병을 치료하는 동시에 아주 세심하게 환자의 마음을 살펴서 그들이 자신의 병을 좀 더 낙관적인 눈으로 바라볼 수 있게 돕는다.

몇 년 전에 다리뼈에 생긴 병이 악화하면서 마티는 끝내 절단 수술을 권유받았다. 그는 크게 절망했지만 다른 방법이 없었기에 운명을 받아들이고 수술했다. 그러면서 직장을 그만두어 비싼 진료비를 감당하기 어려워진 마티는 라우로의 진료소에서 정기검진과 재활 치료를 받기 시작했다. 그는 매주 한 번 정형외과 검사를 받고, 재활센터에서 허리 근육을 강화하는 훈련을 받았다. 휠체어도 한 대 구매했다.

어느 날 마티는 라우로의 진료실 앞에서 자기 차례를 기다리고 있었다. 마티 앞에 환자 세 명이 있었는데, 모두 무거운 발걸음을 힘겹게 하나씩 옮기고 있었다. 느린 움직임 하나하나가 전부 고되고 힘들어 보였다. '남들 눈에도 내가 저렇게 보이겠지…….' 그 순간 마티는 울분을 참지 못하고 갑자기 엉엉 울기 시작했다. 그 울음소리를 들은 라우로가 복도로 뛰어나왔다. 그는 다른 환자들을 놀라게 한 마티를 나무라기는커녕 간호사에게 얼른 그를 휴게실로 모시라고 지시했다.

"마티, 10분만 기다려 주십시오."

10분 후, 진찰을 마친 라우로가 직접 휴게실로 와서 마티 앞에 앉았

다. 두 사람은 병세부터 직장일, 가정생활까지 많은 이야기를 나누었다. 마티는 다시 눈물을 흘리며 절망해서 말했다. "저는 직장도 좋고, 아름다운 약혼녀도 있었어요. 하지만 병에 걸리고 나니 그 모든 것이 사라졌어요. 지금은 직장도, 가정도, 친구도 없어요. 심지어 강아지 한 마리도 기를 수 없는 처지가 되었지요. 이 몸으로 어떻게 강아지를 키우겠어요? 강아지 한 마리 돌보지 못하는 사람이 된 거라고요!"

"아닙니다. 이렇게 한번 생각해보세요. 대신 당신은 세상을 좀 더 명확하게 바라보게 되었어요. 신은 잔혹한 동시에 매우 공평합니다. 이전에는 자신이 얼마나 행복한지 전혀 모르다가 이제야 너무나 소중했다고 깨달은 거죠? 그렇죠? 일단 벌어진 상황은 받아들이고, 어떻게 하면 안 좋은 일을 좋은 일로 바꿀지 생각해야 합니다. 어떻게 해야 커다란 불행 속에 숨은 행운을 찾을 수 있을지 생각해야죠!"

이야기가 한 시간을 넘어가면서 마티도 많이 진정되었다. 이후 마티는 친구가 된 라우로의 도움과 격려를 받으면서 자신감을 가지고 재활 훈련에 몰두했다. 처음에는 보기도 싫던 휠체어도 잘 타고 다니게 되었다. "이런 난관 속에서도 잘 살아갈 수 있다는 걸 증명하기 위해 노력하고 있습니다."

그들은 온몸으로 긍정 에너지를 발산한다

긍정 에너지가 있는 사람은 낙관적인 태도로 삶을 대하며, 자신의 긍정 에너지를 주변 사람에게 전파한다. 당신이 상처받고 절망했을 때 감정을 해소할 수 있는 출구를 찾아주고, 문제 해결의 방법까지 제시하는 사람도 바로 그들이다. 그는 당신과 함께 울고 당신을 다시 웃게 하는 사람이다. 우리는 바로 이런 친구가 있어야 한다.

⋛ 바른길로 인도하는 사람 ⋚

삶이 허무해지거나 일이 잘 풀리지 않을 때 누군가 당신에게 옳은 방향을 일러준다면 어둠 속에서 헤매는 시간과 고통의 무게가 크게 줄어들 것이다. 바른길을 제시하는 그들 덕분에 우리는 정확한 방향을 알아차리고 자신감을 얻어 이상을 실현할 수 있다.

타인이 보내는 신뢰의 눈빛에 커다란 동력을 얻은 경험이 있는가? 따뜻한 눈빛과 작은 박수는 홀로 외롭게 싸우는 사람에게 비할 데 없이 커다란 힘으로 작용한다. 이 힘은 포기하려던 마음을 고쳐먹고 새롭게 의지를 다지는 계기가 된다.

체이스는 어렸을 때부터 이탈리아 베니스에서 사는 것이 꿈이었다. 세계에서 가장 유명하고 아름다운 도시 중 하나인 베니스에 매료된 그는 이탈리아어를 배우고 그 나라의 역사와 문화를 공부했다. 스물세 살이 되던 해에 체이스는 아버지에게 10만 달러를 빌려서 혼자 베니스로 떠났다. 베니스의 작은 마을에 방을 빌린 그는 이곳에 안정적으로 정착할 방법을 고민하기 시작했다.

체이스는 다양한 조건과 환경을 따져보고 심사숙고한 끝에 여행용품점을 열기로 했다. 베니스는 매년 전 세계 각지에서 온 관광객이 넘치는 곳이라 그쪽으로 수요가 많았기 때문이다. 체이스가 보기에 베니스의 여행용품 시장은 1년 365일 늘 호황으로 손해를 보려야 볼 수가 없는 사업이었다. 체이스는 가진 돈을 모두 투자해서 강변 작은 마을에 자신의 여행용품 전문점을 열었다.

세상에 손해 보지 않는 장사란 없다. 투자의 귀재라는 워런 버핏이나 마윈같이 성공한 사업가도 잘못된 판단을 내리고 실패하기도 한다. 체이스가 가게를 연 지 40일도 채 되지 않았을 때, 미국에서 911테러가 발생했다. 순식간에 미국은 물론이거니와 전 세계에서 해외 여행객이 크게 줄었다. 특히 북미와 서유럽의 유명 관광지 경기가 완전히 얼어붙었다. 물론 베니스도 예외가 아니었다. 이후 수개월 동안 체이스의 사업은 이렇다 할 수익을 내지 못했다. 아버지에게 빌린 돈은 전부 날린 지 오래고, 현지 은행에서 빌린 돈이 20만 달러나 되었다.

야심차게 시작한 첫 번째 도전이 잔인하고 매서운 일격을 받고 실패하자 그는 자신감을 완전히 잃었다.

"자살 생각이 들더군요." 체이스는 당시를 회상하며 말했다. "정말 받아들이기 힘든 실패였습니다. 그때 저는 20대 초반의 혈기왕성한 청년이었고, 꿈꾸는 모든 일이 다 될 거로 생각했어요. 가족과 친구들에게 큰소리를 땅땅 쳐놓고 와서는 그런 처참한 결과를 얻었으니 사는 게 끔찍했습니다. 그때는 고개를 들어 하늘을 보면 늘 흐리고 어두웠어요. 세상이 끝난 것 같았죠. 머릿속에는 집에 가서 어떻게 가족들 얼굴을 볼까 하는 생각이 떠나지 않았어요."

매일 자살을 생각하며 불안과 우울 속에서 살고 있던 체이스를 집 밖으로 끌어낸 사람은 친구 모리스였다. 이탈리아 사람인 그 역시 베니스에서 작은 가게를 운영하고 있었다. 두 사람은 같은 거래처에서 물건을 들여오면서 친해졌다. 베니스의 관광산업이 큰 위기를 맞으면서 모리스 역시 큰 빚을 지고 파산 직전에 내몰렸다. 하지만 그는 체이스와 달랐다.

"그런 친구가 있어서 정말 운이 좋았습니다. 온종일 작은 방에서 멍한 머리로 웅크린 채 자다 깨다를 반복할 때였는데 모리스가 전화를 걸어와서 이야기를 좀 하자고 하더군요. 우리는 베니스에 있는 어느 파스타 식당으로 갔어요. 처음에는 별말 하지 않더라고요. 저를 배불리 먹이더니 나가서 좀 걷자고 해서 함께 정처 없이 걸었죠. 그때도 제 가게나 빚에 대해서 아무 말도 하지 않고, 어떻게 하라고 조언하는 것도 없었어요. 그냥 자기 이야기만 계속하더군요."

모리스는 자신이 어떻게 일을 시작하게 되었는지 말했다. 어렸을 때, 그의 아버지는 관광객을 상대로 장사하며 번 푼돈으로 가족의 생계를 책임졌다. 모리스는 열일곱 살이 되던 해부터 아버지를 도왔다. 처음에는 광장에서 관광객들에게 광고지를 나눠주었고, 관광 보트를 빌려 손님을 태우면서 돈을 벌었다. 그렇게 오랫동안 고생을 한 끝에 마침내 자기 가게를 열 수 있었다. 들어보니 그 과정에서 몇 번이나 실패하고 좌절했으며 그야말로 별의별 일이 다 있었다. 모리스와 아버지는 파란만장한 삶을 살았지만 절대 포기하지 않았다. 방향이 확실했기 때문이다.

"자신에게 가장 적합한 길을 찾고 꾸준히 걸어 나가는 게 중요해. 어쩌면 도중에 그 길이 자신에게 맞지 않는다는 사실을 발견하게 될지도 모르지. 괜찮아! 그 길이 아니라는 사실을 알았으니까 다른 길을 찾으면 되잖아. 물론 대가를 치러야 하겠지만. 실패한 덕에 그쪽은 아닌 걸 알게 되었으니 따지고 보면 일종의 수확인 거지!"

모리스의 말을 들은 체이스는 마음이 한결 가벼워졌다. 집으로 돌아온 그는 이탈리아에서의 경험을 찬찬히 되돌아보았고 심사숙고 끝에 미국으로 돌아가 새로운 일을 찾기로 했다. 수년 후, 그는 이렇게 말했다.

"정말 잘한 선택이었습니다. 나는 사업에 재능이 없었고 각종 리스크를 견딜 만큼 정신적으로 강하지도 않았거든요. 모리스에게 정말 감사합니다. 그가 아니었다면 그때 자포자기해서 지금까지 아무것도 못했을 거예요."

당신에게 바른길을 일러줄 수 있는 친구야말로 가장 감사하고 소중히 해야 할 친구다. 우리가 좌절과 실패로 어둠 속을 헤맬 때, 생각보다 많은 사람이 무관심하고 차가운 눈으로 방관할 것이다. 이때 먼저 나서서 돕는 친구가 진짜 친구다. 진정으로 따뜻한 심장을 가진 그는 당신의 성공에 진심으로 기뻐하고 고통을 나누어서 지는 사람이다. 반드시 가장 좋은 친구로 소중히 해야 한다.

⋛ 잘못을 일깨워주는 사람 ⋚

친구도 여러 종류다. 좋은 선생님 역할을 하는 친구가 있는가 하면, 일과 생활에 도움을 주는 친구, 아무 때나 편하게 마음을 터놓을 수 있는 친구도 있고, 기꺼이 보살피고자 하는 마음이 드는 친구도 있다. 이외에 절대 없어서는 안 될 친구가 하나 있는데 바로 중요한 때에 '못되게' 구는 친구, 즉 서로 얼굴이 붉어질 것을 두려워하지 않고 나의 잘못을 일깨우며 당장 고치라고 말해서 더 큰 일을 방지하는 친구다.

'친구의 직언'은 마치 귓가에서 울리는 경종과 같다. 당신이 잘못을 저지르려고 하거나 이미 저지른 잘못을 알아차리지도 못하고 있을 때, 사정 봐주지 않고 시끄럽게 울려서 다소 기분 나쁘게 혹은 무례하게 문제를 지적한다.

물론 처음 들었을 때는 기분이 나쁠 수 있다. 하지만 친구의 직언은 잘못과 문제를 겨냥한 것일 뿐, 당신 자체에 대한 비난이 아니다. 직언을 서슴지 않는 친구들은 애초에 '기분 나빠하면 어쩌지?' 따위의 걱정은 하지 않는다. 모두 선의에서 우러난 '잘되라고 하는 소리'이기 때문이다.

그들은 친구의 기분을 고려해서 아닌 걸 눈감아주거나 거짓말을 늘어놓는 사람들이 아니다. 친구의 잘못된 행위를 저지하고 바로잡기 위해서라면 갈등을 빚고 싸워서 원수가 될지언정, 할 말은 꼭 해서 문제를 해결하도록 유도한다.

함께 어울려 신나게 놀 수 있는 친구는 넘쳐도 오만과 허영을 지적하고 일깨워주는 친구는 생각보다 많지 않다. 창업 초기, 나는 창립 멤버 중 한 명인 스미스와 작은 문제로 언성을 높였다. 당시 나는 그가 별것도 아닌 일을 크게 만드는 까다로운 사람이라고 생각했지만 얼마 지나지 않아 전부 나를 위해 한 말이었음을 알게 되었다.

문제는 내가 고객을 대하는 태도였다. 회사를 방문한 고객과 이야기를 나눌 때 나는 습관적으로 의자에 기대어 편안한 자세를 취했다. 고객이 불편한 기색을 보인 적 없고 나 역시 아무 문제 없다고 생각했다. 아니 문제가 될 거라고 생각하지도 못했다. 그런데 어느 날, 스미스가 내 사무실로 오더니 심각한 목소리로 말했다. "들어봐. 어쩌면 기분 나쁠 수도 있겠지만 꼭 이야기해야겠어. 네가 저 의자에 앉아서 고객과 상담할 때, 자세가 좀 오만해 보여. 자기 잘난 맛에 사는 그런 인간으로 보인단 말이야. 다른 때는 몰라도 고객을 만날 때는 고치는 편이 좋을 거야. 계속 그랬다가는 사업에도 악영향을 미칠 수 있어."

"뭘 그렇게 심각하게 생각해? 아무도 뭐라고 한 적 없다고!"

"맞아! 이상하게 생각하지 않는 고객들도 있을 거야. 하지만 조만간 너의 태도 때문에 회사 일에 문제가 생길 거라고 생각해. 최악의 경우, 나쁜 소문이 날 수도 있어. 그때 고쳐봤자 늦다고."

솔직히 기가 막혔다. '왜 저러지? 그냥 별 거 아닌 습관인데. 오히려 나의 편안하고 친근한 모습을 좋아하는 고객도 있었는데 사업에 무슨 악영향을 미친다고 저러는 거야?' 하지만 십여 일이 흐른 후, 나는 상황의 심각성을 깨달았다. 회사에서 정기적으로 고객들에게 피드백 메일을 요청하는데 그중 이런 내용이 있었다.

귀사의 대표는 아주 거만한 사람이더군요. 그 의기양양한 모습이 마치 세상을 구원한 히어로 같던데요. 대표의 태도뿐 아니라 귀사의 서비스 역시 세상을 구원할 수준에 닿을 수 있기를 바랍니다.

그 피드백 메일을 읽었을 때, 가장 먼저 스미스의 경고가 떠올랐다. 그의 말이 맞았다. 나는 즉각 상대방을 기분 나쁘게 할 수 있는 자세를 고쳤다. 사정 봐주지 않고 나의 결점을 '까발리는 것을' 좋아하는 스미스는 내 인생에서 가장 중요한 친구 중 한 명이 되었다.

'찬물을 끼얹는 친구'야말로 가장 큰 재산이다

친구에게 찬물을 끼얹었다니, 그처럼 어렵고 용기가 필요한 일이 있을까? 직언으로 친구에게 찬물을 끼얹으려는 사람은 '고생은 고생대로 하고 좋은 소리는 못 듣는' 위험을 감수해야 한다. 보통 친구 사이는 서로 단점을 가려주고 잘못을 덮어주려고 한다. 서로 듣기 좋은 말만 골라서 하고 상대방의 문제를 직접적으로 지적하는 일을 되도록 삼간다. 심지어 안 좋은 일인데도 더 부추겨서 잘못된 행위를 조장하는 때도 있다. 일반적으로 사람들은 웬만해서는 상대방의 기분을 상하게 하는 일을 삼가려고 하고, 그 상대방이 친구라면 더욱 그렇기 때문이다. 그렇기에 진실을 말할 줄 알고, 진실을 말할 용기가 있는 친구가 큰 재산이라고 할 수 있다.

지금 휴대폰 연락처를 열어 쭉 훑어보면서 다음과 같은 친구가 있는지 살펴보자.

- 내가 발끈 성질을 낼 때, 사정 봐주지 않고 찬물을 퍼부어 이성을 찾게 해주는 친구
- 나의 잘못을 숨겨주는 대신 인정하고 바로잡게 하는 친구
- 나의 잘못된 습관을 지적하고 좋은 습관을 기르도록 돕는 친구

친구가 이상의 세 가지 행동을 하더라도 그가 당신에게 맞서려는 거라고 오해하지 않기 바란다. 사실 아무런 이유도 없이 타인의 일에 '그냥 넘어가지 않는' 사람은 없다. 냉철하게 이성적으로 생각해보자. 그가 당신에게 '못되게' 굴어서 좋을 일이 무엇인가? 아무것도 얻지 못하는데 그가 굳이 당신에게 직언을 아끼지 않는 이유가 무엇이겠는가?

강조하건대 친구가 당신에게 찬물을 끼얹는 이유는 당신이 더 잘되기를 바라서다. 어울려서 먹고 마시고 즐기는 데 혈안이 된 술친구들과 비교할 수 없는, 당신 인생의 가장 크고 소중한 재산이다.

지적이야말로 최고의 도움이다

페이스는 처음 화장품 영업일을 시작했을 때 너무나 힘들었다. 2주나 밥도 제대로 먹지 못하고 바쁘게 뛰어다녔지만 그녀는 단 한 건의 주문도 받지 못했다. 이러다가 직장을 잃을까 봐 너무 걱정된 페이스는 문제가 무엇인지 찾기 시작했다.

'아직 영업 실력이 부족한 걸까?'

'내가 하는 말이 별로 믿음이 가지 않나?'

'자신감이 없어 보이나?'

'더 친절하게 해야 하나?'

어떤 것이든 문제는 분명히 자신에게 있었다. 그렇지 않다면 어떻게 단 한 명의 고객도 없을 수 있겠는가! 반드시 문제를 찾겠다고 결심한 페이스는 이전에 구매를 거절했던 고객들을 일일이 찾아가서 공손하게 말했다. "제게 딱 2분만 주세요. 오늘은 화장품을 팔려고 온 것이 아니라 평가를 듣고 싶어서 왔습니다. 저번에 제가 왔을 때 어떤 부분이 부족했는지 말씀해 주세요. 무엇이든지 괜찮습니다. 그냥 느끼신 대로 시원스럽게 말해주세요. 앞으로 개선해 나가려고 합니다."

페이스는 자신의 문제를 지적하고 비판해주기를 바라는 태도로 많은 조언을 얻었을 뿐 아니라 여러 고객과 좋은 인연을 맺었다. 그들은 페이스가 매우 겸손하고 개방적인 마음으로 직언을 받아들일 수 있는 사람이라고 생각했다. 진심 어린 충고를 얻은 페이스는 영업사원으로서 부족한 점을 개선하며 실력을 키웠고, 얼마 지나지 않아 회사에서 가장 우수한 영업사원이 되었다. 실적이 좋은 그녀는 상사의 눈에 들어 관리직으로 승진했다.

승진으로 수입은 많아졌지만 직언을 들을 기회는 줄었다. 주변에는 그녀에게 잘 보이려는 사람들뿐 진실을 말하고 문제를 지적하는 친구는 없었다. 팀장이라는 직위 때문인지 고객 역시 할 말이 있어도 시원스레 말하지 않았다. 이런 변화는 모두 그녀에게 부정적으로 작용했다.

"이제 저를 비판해주는 고마운 사람이 없어요. 어떻게 해야 예전처럼 제 문제를 지적해주는 사람들과 어울릴 수 있을까요?"

나는 그녀에게 이렇게 조언했다. "아주 간단한 방법이 하나 있습니다. 사무실 입구에 공지사항을 하나 써 붙이세요. '이 사무실에 들어오려면 나에 대한 비판적인 의견을 하나씩 가지고 와야 합니다. 없다면 돌아가세요.'라고."

"그렇게 하면 될까요?"

페이스는 반신반의했지만 일단 내가 알려준 대로 했다고 한다. 하지만 첫 열흘 동안 단 한 건의 비판적인 의견도 얻지 못했다. 사람들은 모두 웃음 띤 얼굴로 들어오면서 재미있는 농담이라고 말했다. 이에 페이스는 좀 더 극단적인 방법을 동원해야 사람들이 진지하게 받아들이겠다고 생각하고 다음과 같이 새로운 공지사항을 붙였다.

이 사무실에 들어와서 나에 대해 비판적인 의견을 내놓지 않는 사람은 책상 위에 100달러를 놓고 가야 합니다.

페이스의 새로운 방법은 효과가 분명했다. 사람들은 그녀가 진지하다는 걸 알아차렸고, 천천히 비판적인 의견이나 제안 등을 내놓았다. 시간이 흐르면서 고객, 친구, 가족들까지 전부 이 일을 알게 되었으며 모두 페이스가 진심으로 비판을 듣고 고칠 준비가 된 사람이라고 생각했다. 회사와 일에서는 물론이고 개인적인 생활에서도 그녀 주변에는 진실을 말하고 결점을 지적하는 사람이 점점 더 많아졌다.

살면서 다른 사람에게 얻을 수 있는 가장 중요하고 소중한 지지는 우리의 단점과 문제를 고쳐 바로잡을 수 있는 말들이다. 일부 사람들은 강한 자존심과 허영으로 타인의 비판은 무조건 악의에서 비롯되었다고 생각한다. 아예 타인의 입에서 자신이 '틀렸다'라는 말이 나오는 것 자체를 끔찍이 싫어하기도 한다. 이는 인생에서 가장 감사해야 할 사람을 적으로 두는 것과 마찬가지다.

혹시 듣기 좋은 말만 하고 무조건 편을 들어줘야 진짜 좋은 친구라고 생각하는가? 그렇다면 반드시 사교에 관한 생각을 바꾸어야 한다. 조금만 더 이성적으로 생각해보면 스스로 똑바로 보지 못한 문제를 말할 수 있는 사람을 친구로 가까이 두어야 한다는 사실을 깨닫게 될 것이다. 직언을 서슴지 않는 사람과 친구가 되어야지 기회주의자 무리에 미혹되어서는 안 된다.

먼저 최소한의
관계 원칙을 세워라

"친구가 어떤 사람이기를 바라나요?"
"어떤 사람과 친구가 되고 싶습니까?"

나는 여러 도시에서 만난 수많은 사람에게 이런 질문들을 던졌다. 이렇게 단순한 질문인데도 대부분 사람은 바로 대답하지 못하고 머뭇거리며 곤혹스러운 표정을 지었다. 누구나 늘 사람을 만나지만 '어떠한 친구를 선택할 것인가?'에 대한 답변은 여전히 명확하지 않은 듯했다.

다음은 인간관계의 원칙, 즉 어떤 친구들을 사귀거나 멀리해야 하는지에 관한 세 가지 원칙이다.

⩣ 우정과 일을 분리해야 한다 ⩤

나는 반드시 우정을 일과 구분해야 한다고 생각한다. 사업을 함께 하기 때문에, 즉 사업 관계가 먼저인 친구는 진짜 친구라 보기 어렵다. 정확하게 말하자면 원래 친구였던 사람들이 함께 사업을 할 수는 있으나, 사업 때문에 친구가 돼서는 안 된다는 이야기다. 순서상으로 사업이 먼저인 우정은 태생적으로 매우 약한 고리다. 사업이 잘될 때 우정은 더 깊어질 수도 있고 깨질 수도 있는데 그 가능성은 반반이다. 사업이 망했을 때, 우정이 깨지는 확률은 100%라고 보면 된다. 그러니 함께 사업한다고 섣불리 상대방을 친구로 생각하지 말기 바란다. 부득이하게 그렇게 되었다면 일이 절대 우정에 영향을 주지 않는다는 약속을 해야 하는데 이를 해내는 사람은 거의 없다

어쩌면 너무 극단적이라고 생각할지도 모르겠다. 하지만 수년간 다양한 지역에서 조사 연구한 결과, 사업과 우정을 결합했을 때 최종 결과가 그다지 아름답지 않다는 증거는 차고 넘친다.

⩣ 우정은 이용할 수 없다 ⩤

우정을 이용하지 말 것이며, 당신의 우정을 이용하려는 사람과도 멀어져야 한다. 친구끼리 서로 돕고 위하는 것과 이용을 구분하기 애매할 수 있다. 우정을 이용하는 사람은 기회만 있으면 상대방이 자신을 위해 '서비스하게' 만들려고 한다. 이는 본질적으로 이익 관계이지 친구 관계라 할 수 없다. 이런 사람이 사업 파트너, 동료 혹은 고객일 수는 있어도

절대 친구로 보아서는 안 된다.

⑁ 나쁜 일을 같이하는 건 우정이 아니다 ⑀

우정을 부정당하거나 불법적인 일에 끌어들여서는 안 된다. 만약 어떤 사람이 함께 불법 혹은 도덕과 윤리에 위배하는 일을 하자고 제안한다면 그는 이미 당신의 친구가 아니다. 이런 사람과 가까이하면 일시적으로는 몇 가지 이점을 얻을 수 있을지 몰라도 얼마 못 가 분명히 크나큰 해를 입을 것이다. 친구는 반드시 서로 긍정적이고 발전적인 에너지를 주고받는 관계여야 한다. 그래야 군자의 경지에 오르지는 못해도 함께 소인으로 전락하는 꼴은 면할 수 있다. 친구에게 나쁜 일을 함께하자고 제안하지도 말 것이며, 친구의 불법 행위를 덮어서 숨겨주어서도 안 된다. 이런 사람을 만나면 반드시 딱 잘라내 멀리해야 한다.

Chapter

3

관계에도 지켜야 할 선이 있다

: 고슴도치 딜레마 :
가까울수록 쉽게 무너진다

독일 철학자 쇼펜하우어는 고슴도치를 통해 사람과 사람 사이의 심리적 거리를 이야기했다. 한겨울이 되자 고슴도치들은 서로의 체온으로 추위를 견디기 위해 가까이 다가간다. 하지만 서로의 가시에 찔려 상처를 입지 않으려면 반드시 일정한 거리를 유지해야만 한다. 몇 차례 시도 끝에 그들은 서로의 체온을 느끼면서도 상처를 주지 않는 적당한 거리를 찾았다. 쇼펜하우어는 인간관계도 이와 마찬가지라고 말했고, 심리학에서는 이를 '고슴도치 딜레마'라고 부른다. 고슴도치 딜레마의 핵심은 친구와 가까운 관계를 유지하는 동시에 반드시 '안전거리'를 지켜야 한다는 점이다.

고슴도치 딜레마는 상당히 다양한 분야와 영역에 적용할 수 있다. 우선 친구 사이는 너무 소원해서도, 너무 친밀해서도 안 된다. 과하게 친밀할 경우 오히려 서로에게 상처를 주기 쉽기 때문이다. 조직 내 상하관계에도 고슴도치 딜레마가 적용된다. 상사와 부하 직원의 관계는 친밀한 동시에 멀지도 가깝지도 않은 거리를 유지해야 최고의 협력관계가 될 수 있다.

⸙ 당신과 나의 '안전거리?' ⸙

친구끼리 사이가 나빠지는 이유는 둘 사이의 거리가 너무 멀어서가 아니라 너무 가깝기 때문이다. 고슴도치 딜레마는 고슴도치뿐 아니라 사람 사이의 관계에도 감탄이 나올 정도로 정확하게 작용한다. 사이가 너무 가까우면 말이나 행동에서 상대방의 '선'을 넘기 쉽다. 그 선은 마치 폭탄의 뇌관과 같아서 넘는 순간 크게 폭발해 갈등과 다툼이 끊이지 않을 것이다. 그렇다면 서로 선을 넘지 않는 안전거리, 즉 '최적의 거리'란 무엇을 의미할까? 대체 얼마만큼 떨어져 있어야 하는 걸까?

사람과 사람 사이의 거리는 크게 두 종류, 즉 물리적 거리와 심리적 거리로 나눌 수 있다. 우리는 어떤 사람과 관계를 맺든 이 두 거리를 어떻게 구분할 것인가, 그리고 최적의 거리를 찾을 수 있는가의 문제를 해결해야 한다. 이 문제에 대한 답이 바로 당신이 상대방으로부터 존중과 인정을 받을 수 있을지를 결정한다.

⸙ 물리적 거리: 언제나 함께일 순 없다 ⸙

아무리 친한 친구라도 온종일 붙어 있으면서 뭐든지 함께하자고 하는 것은 좋지 않다. 어떤 사람들은 뭐만 하려면 혼자 못하고 꼭 친구를 불러 같이하려고 하는데 자신을 위해서도 친구를 위해서도 좋은 습관이 아니다. 하물며 한집에서 함께 사는 것은 더더욱 어려운 일이다. 물리적 거리가 너무 가까우면 상대방의 단점이 너무 적나라하게 보여 악감정이 생기기 쉽다. 우리가 어떤 친구인데 절대 그럴 리가 없다고 생각하겠지만 안타깝게도 아주 흔한 일이다.

⁑ 심리적 거리: 서로의 사적 공간에서 물러나라 ⁑

아무리 친한 친구라도 서로에게 충분한 사적 공간을 남겨주어야 한다. 자신은 친구와 거의 한몸이라 서로 모르는 게 없다고 자신 있게 말하는 사람들에게 나는 늘 다소 김빠지는 조언을 한다. 둘 사이의 심리적 거리를 좀 늘려서 상대방의 사적 공간에서 물러나라고. 모든 일에서 친구의 생각을 시시콜콜 알려고 하거나 간섭하고 심지어 좌지우지하려고 들어서는 안 된다. 특히 사생활에 관해서는 그가 먼저 말하지 않았다면 아예 묻지도 말기 바란다. 그렇지 않으면 단순히 둘 사이가 소원해지는 수준을 넘어서 낯선 사람보다 못한, 적대관계가 될 가능성이 크다.

한 조사에 따르면 오랫동안 친하게 지낸 친구일수록 일정한 심리적 거리를 유지하며 서로 사적 공간을 침범하지 않고 자기감정을 스스로 처리할 수 있도록 한다. 아무리 선의에서 비롯되었다고 해도 꼬치꼬치 캐묻고 일일이 간섭한다면 상대방을 숨 막히게 할 수 있다. 당연히 결과가 좋을 리도 없다.

: 사고의 선 :
틀린 게 아니라 다른 것이다

모든 사람은 타인에게 '설득당하지 않을 권리'가 있다. 생각과 의견을 고수하면서 표현의 자유를 누릴 권리는 아무리 사랑하는 가족이나 친구라도 함부로 침해할 수 없다. 한 인간관계 전문가는 이렇게 말했다.

"저는 매달 수십 건이 넘는 상담을 합니다. 대부분 '소통'에 관한 것이죠. 사람들은 친구를 사귈 수 없어서가 아니라 자신의 나약함 탓에 굴욕을 느낍니다. 주변의 누군가가 자기 생각을 받아들이라고 압박하거든요. 그들은 모두 아주 가까운 사람들이고, 가장 친한 친구인 경우도 많죠. 그래서 그냥 타협하는 겁니다."

만약 친구가 좋은 의도라면서 자기 생각을 받아들이라고 요구하면 그렇게 하겠는가? 친구의 생각에 동의하지는 않아도 관계를 해치고 싶지 않아서 고개를 끄덕이겠는가? 만약 그렇다면 치러야 할 대가가 너무나 무겁고 크다. 이는 우정을 지키느라 개인의 존엄을 스스로 버린 것과 마찬가지이기 때문이다.

엄밀히 말하면 애초에 자신의 의견을 받아들이기를 강요했을 때, 이미 그는 친구가 아니다.

⤜ 상대에게 타협을 강요해서는 안 된다 ⤛

우리는 자신의 설득당하지 않을 권리를 지켜야 할 뿐 아니라, 상대의 설득당하지 않을 권리도 존중해야 한다. 물론 친구라면 서로 생각을 공유하고 감정을 나누어야 한다. 하지만 이 과정에서 생각이 첨예하게 대립하더라도 친구가 당신의 의견을 받아들이도록 설득하려고 시도해서는 안 된다.

모든 문제에서 친구와 의견이 일치한다면 얼마나 좋겠는가? 하지만 현실은 그렇지 않다. 어떤 일에 의견 차이가 발생하면 양쪽은 늘 자기 의견을 고수하고, 서로를 설득할 수 있기를 기대한다. 이것이 바로 절친한 친구 사이에서도 논쟁이 생기는 이유다.

"들어봐, 이번에는 정말 내 말 들어야 해!"

"아니야, 그러면 안 돼. 너 그러다가 후회한다!"

"네가 정말 내 친구라면 내가 하자는 대로 해!"

아마 많이 들어본 말일 것이다. 사람들은 논쟁이 발생하면 가능한 모든 방법을 동원해서 상대의 태도를 바꾸려고 한다. 하지만 대부분 논쟁은 이렇다 할 결과를 내지 못한다. 당신이 상대방에게, 혹은 상대방이 당신에게 아무리 설명, 권유, 논증, 변론을 반복해도 꽉 막힌 경색국면이 도무지 해결될 기미를 보이지 않을 것이다. 당사자들은 문제를 해결하기 위해서라지만 사실 계속해봤자 결과는 비극일 뿐이다. 서로의 존엄을 무너뜨리려고 시도했기 때문이다.

예전에 '나와 친구들'이라는 주제로 토론회를 연 적 있다. 당시 참가자 중 한 명이 "나는 절대 설득당하지 않을 거예요."라고 힘주어 말했던 일이 기억에 남는다. 그는 친구들과 여러 차례 논쟁을 거듭했지만 전부 소용없었다고 한다. 결국 자신의 생각을 포기하지 않기 위해 적어도 10여 명의 친구와 인연을 끊었고, 지금은 길을 오가면서 지나치는 낯선 행인 같은 사이가 되었다. 안타까운 일이지만 그는 자신의 설득당하지 않을 권리를 지켜냈다.

물론 이런 사람은 극히 드물다. 대부분 사람은 논쟁이 발생하면 침묵을 선택해서 논쟁을 확대하지 않으려고 한다. 이른바 '좋은 사람'이 하는 전형적인 방법이다. 이들은 되도록 논쟁을 피하고 부드러운 태도를 유지하려고 한다. 이외에 '좋은 사람'이 자주 쓰는 방법으로 '화제 돌리기'가 있다. 이 방법은 당장 대치 국면을 해결할 수 있지만 양측의 우정에 회복할 수 없는 상처를 남긴다. 두 사람 사이에는 이미 틈이 생겼고, 한 번 생긴 틈은 원래 상태로 돌아갈 수 없다.

우정의 심리적 거리를 지키는 일은 어느 한쪽만의 일이 아니다. 친구 사이에는 '내가 상대방의 의견을 받아들일 수 없으면, 내 의견을 받아들이라고 강요할 수도 없다'는 일종의 약속이 필요하다. 의견은 완벽하게 일치될 수 없지만 소통의 방식은 반드시 일치시켜서 서로 '생각의 자유'를 존중해야 한다.

⸖ 완벽한 의견 일치란 없다 ⸕

어쩌면 자기 의견을 거부하는 사람들에게 화가 치밀어 오를지도 모르겠다. 마치 말을 안 듣는 아이를 바라보는 부모처럼 말이다. "전부 너 잘되라고 그러는 건데 대체 왜 듣지를 않니?" 자기 자식에게는 이렇게 말할 수 있지만, 친구는 자녀가 아니다. 또 내가 옳고 그가 틀렸다는 의미는 아니지 않은가? 무엇보다 우리는 상대방에게 의견일치를 강요할 권리가 없다.

언젠가 격렬하게 논쟁을 벌이는 두 사람을 본 적 있다. 친구 사이인 그들은 고사성어나 명언까지 들먹이면서 상대방을 설득하려고 애썼다. 조용하고 차분한 분위기에서 시작된 논쟁은 양측 모두 한 발짝도 물러서지 않으면서 급기야 소매를 걷어붙이고 몸싸움을 벌이려는 일촉즉발의 상황까지 갔다. 주변 사람들이 말려서 논쟁이 마무리되었으나 문제가 해결된 것은 아니었다. 아닌 척해도 두 사람은 아마 이 일을 영원히 잊지 못할 것이다.

우리가 사는 세상에 '절대 일치'란 존재하지 않는다. 사물, 관점, 정책 등 뭐든 아무리 완벽해도 반대하는 사람은 반드시 있기 마련이다. 각자 입장과 수요가 전부 다르기 때문이다. 친한 친구 사이여도 의견이 다를 수 있음을 인정하자. 의견 불일치를 받아들이면 논쟁할 일도 없고, 인간관계가 괴로운 일이 되지 않는다. 나와 다른 의견을 존중하는 일은 인간관계의 기본 원칙인 동시에 타인의 생각과 표현의 자유를 존중한다는 의미다.

—————— : 감정의 선 : ——————
내 마음입니다

우리의 감정은 타인으로부터 많은 영향을 받는다. 친한 사람들과 어울리고 꾸준히 교류하면서 서로 어느 정도는 영향을 주고받을 수밖에 없다. 긍정적 감정이라면 즐거운 마음으로 받아들이겠지만, 부정적 혹은 파괴적 감정이라면 어떨까? 안타깝지만 우리 주변에는 나쁜 감정만 열심히 퍼트리고 다니는 사람들이 분명히 있다.

내 기분이 안 좋으니 너도 기분이 안 좋아야 한다고 생각하는 감정파괴자, 기분 나쁜 일의 책임은 모두 타인에게 있다고 생각하는 책임회피자, 마지막으로 타인을 모욕하고 깔아뭉개는 일이 낙인 자존감 도둑이다.

감정파괴자와 책임회피자, 자존감 도둑은 사람들 무리나 당신의 등 뒤에 숨어 있다가 불시에 튀어나와서 설치는 통에 제대로 방어하기가 어렵다. 이들은 모두 부정적 감정을 이용해서 타인을 공격하는 행위를 즐기는데 꼭 가장 친한 '친구'에게 그런다. 이들이 발산하는 부정적 감정은 악성 바이러스처럼 주변 친구들의 감정에 침투해 평온하고 긍정적인 심리 상태를 헤집어놓는다.

ξ '나만 죽을 수 없다'는 감정파괴자 ξ

감정파괴자의 삶은 단순하고 무지막지하며 배려 따위는 없다. '내가 기분이 안 좋은데 친구가 기분이 좋아서는 안 돼. 내 기분이 좋아질 때까지 친구의 기분을 나쁘게 만들어야지!'가 바로 그들의 기본 사고방식이다.

누가 물어보지도 않았는데 자기가 얼마나 기분이 안 좋은지 주절주절 늘어놓으면서 내내 징징대는 친구, 나는 누구에게나 이런 친구가 한 명쯤 있을 거라고 확신한다. 자기 기분이 안 좋다고 남의 기분까지 망가뜨리기를 일삼는 감정파괴자의 목표물은 주변 사람들, 특히 가장 친한 친구다. 당신이 그와 친하거나 그에게 관심을 보일수록 목표물이 되기 쉽다. 감정파괴자는 가장 친한 친구인 당신이 자신처럼 기분이 안 좋아지기를 바라므로 열심히 부정적 감정을 전달한다. 이때 당신은 원하든 원하지 않든 영향을 받을 수밖에 없다. 왜냐하면 당신과 그 사이에는 '감정의 선'이 없기 때문이다.

어느 주말, 나의 동료 스미스는 친구의 전화를 받았다. 그가 전화를 받자마자 친구는 엄청나게 높은 데시벨로 고래고래 악을 쓰기 시작했다. "아! 진짜 나는 왜 이렇게 재수가 없을까!" 스미스는 달리 어쩌지도 못하고 거의 20분 동안 친구가 숨도 쉬지 않고 쏟아내는 '분노의 랩'을 들어야 했다. 이야기인즉슨 모아둔 돈을 주식에 투자했는데 홀랑 날렸다는 거였다. 결론적으로 그 전화는 스미스의 주말을 완전히 망쳤다. 방금까지만 해도 수영하러 갈 생각에 좋았던 기분은 깡그리 사라졌다.

이처럼 감정파괴자는 자기 기분이 안 좋으면 '나만 죽을 수 없다'는 듯이 친구들의 기분까지 망쳐놓는 재주가 있다. 몇 번 당해본 주변 사람들은 그를 볼 때마다 항상 불안하다. '조심해야 해, 그를 화나게 하지 않는 편이 좋아. 안 그러면 또 폭발해서 난리를 칠 테니까.' 마치 엄청나게 예민한 사자를 보호하는 것처럼 말이다. 착한 친구들은 자신의 생활과 감정, 취향까지 바꾸어가면서 감정파괴자의 기분을 맞춰주고, 혹여 그가 기분이 상할까 걱정이 태산이다.

더 기가 막히는 일은 그가 친구 무리 중에서 '보살핌을 받는' 특별한 존재가 된다는 점이다. 친구들은 그가 기분이 나쁘면 자기 기분까지 망가진다는 걸 알기에 부탁받지 않아도 먼저 나서서 문제를 해결해주려고 한다. 원래대로라면 그가 직접 해결해야 할 일인데도 말이다. 이렇게까지 하는 이유는 단 하나, 그가 또 '난리를 피우지 않게' 하기 위해서다. 만약 지금 당신의 친구 무리 중에 이런 사람이 있다면 당장 내쫓아야 한다. 그렇지 않으면 부지불식간에 공격당해서 당신의 감정까지 무너질 가능성이 크다.

이러한 감정파괴자와는 거리를 두고 철벽을 세워 감정 영향을 차단하자. 원칙을 만들어 되도록 그의 감정에 무관심해져야 한다.

반드시 기억해둘 점은 감정파괴자는 절대 강요하지 않는다는 사실이다. 휴가를 떠날 참인 당신 앞에 나타난 그는 딱 봐도 큰일이 난 것 같은 표정을 짓고 있다. 하지만 절대, 휴가 가지 말고 자기를 돌봐달라는 등의 요구는 하지 않는다. 그저 울상을 지은 채 이렇게 말할 뿐이다. "나 신경

쓰지 마. 너라도 즐겁게 지내야지……." 이 얼마나 사려 깊은 말인가! 하지만 대부분 친구의 귀에는 이 말이 원망과 질책으로 들린다. '나는 이렇게 힘들고 괴로운데 너는 '행복한' 휴가를 보내겠구나…….' 감정파괴자는 곁에 있어 달라고 말하는 대신, 풀죽은 표정, 축 늘어진 어깨, 힘없는 눈빛만으로 명령을 보낸다. '내가 이런데 휴가를 간다고? 내 옆에 앉아서 같이 우울해하자…….'

자, 이때 당신은 마음을 굳게 먹고 휴가를 강행해야 한다. 감정파괴자인 친구가 자신의 부정적 감정을 배설하려고 하면, 표면적으로 위로의 말 몇 마디를 건네는 정도는 괜찮다. "정말 속상하겠네." 딱 여기까지만 말하고, 이후에는 아무것도 변경하지 말고 원래 계획대로 하면 된다.

감정파괴자가 처음 감정을 감염하고 파괴하는 데 성공하면 이후에는 점점 더 자주 감정파괴 행위가 발생하며 그 강도도 차츰 커질 것이다. 그러므로 처음부터 단호하게 배제하고 고립시켜서 그들이 스스로 자기감정을 처리하고, 타인의 감정을 존중하는 태도를 배우게 해야 한다.

⸕ '무조건 네 잘못'을 외치는 책임회피자 ⸕

누군가 헐레벌떡 뛰어오더니 "내 잘못이 아니야!"라고 외친다면 분명 그에게 무슨 일이 생긴 것이다. 실연당했을 수도 있고 큰 실수를 저질러서 상사에게 혼났을 수도 있다. 어쩌면 사업하다가 손해를 봤는지도 모른다. 여하튼 무슨 문제가 생긴 거고 그는 그 일이 자신의 책임이라고 생각하지 않는 거다.

책임회피자의 '불행'은 늘 다른 사람 탓이다. 사회가 문제고 고객이 나

빴으며 동료가 잘못했고 상사는 비열하다. 친구인 당신도 예외는 아니다. "대체 왜 미리 말해주지 않은 거야?" 어떤 경우든 그에게는 아무 책임이 없다. 되는 일이 없지만 책임도 없으므로 늘 다양한 핑계를 열심히 그러모아 들이대고서는 자기 생각이 옳다고 우긴다.

인간과계를 맺어가는 초기 단계에서 그들의 감정에 빠져들지 않기란 참 어려운 일이다. 책임회피자들은 항상 과도하게 감정화^{emotionalization} 해서 걸핏하면 자신의 비장한 심경을 토로하며 공감과 이해, 인정을 구하기 때문이다. 이야기를 듣다 보면 어느새 쏙 빠져들기 십상이다. 이때 당신이 동정심을 발휘한다면 '축하'하는 바다. 이제 그는 당신 곁에 더 찰싹 붙어서 마치 당신에게 자기를 돌보고 책임질 사명이라도 있는 양 굴기 시작할 것이다.

이제 책임회피자에게서 동정심을 거두고, 그가 스스로 자신의 행위를 책임지도록 하라. '양어머니'가 되어서 거두고 보살피려는 요량이 아니라면 당장 그와 당신 사이에 빨간 선 하나를 그어야 한다. 방법은 간단하다. 질책하지도 동정하지도 말고, 그저 냉정하고 확고하게 선을 그으면 된다. 그 행위만으로도 그가 자신의 행위에 책임지고 스스로 문제를 해결하게 할 수 있다. 이 선을 긋지 못한다면 당신의 현재와 미래는 계속 이 커다란 바윗덩이를 짊어지고 가야 한다. 그는 아마 평생 당신을 괴롭히는 부담이 될 것이다.

⸎ 헐뜯기 공격을 일삼는 자존감 도둑 ⸎

타인을 비웃고 헐뜯는 일이 삶의 낙이요, 그 속에서 성취감마저 느끼는 사람들이 있다. 바로 자존감 도둑이다.

"거울 좀 봐! 살이 얼마나 쪘는지 돼지 한 마리가 걸어오는 줄 알았어!"

"너는 언제 정신 차릴래? 그래서 뭘들 제대로 하겠니?"

"그거라도 벌었으니 다행이다! 내일은 해가 서쪽에서 뜨겠네!"

믿기 어렵겠지만 그들은 고의로 이러는 게 아니다. 친구든 형제든 그저 깎아내리고 비꼬고 헐뜯음으로써 자신을 돋보이게 말하는 방식이 습관이 되었을 뿐이다. 자존감 도둑에게는 비웃고 놀리는 말이 너무나 자연스러운 일상이다. 놀림을 당하는 쪽은 분명히 평소 성격이 순하고 착한 사람으로 처음에는 그냥 웃어넘길 것이다. 그러다가 더는 안 되겠다 싶어 한마디하면 자존감 도둑이 오히려 깜짝 놀란 양으로 도리어 황당하다는 반응을 보인다.

"에이, 농담한 걸 가지고 뭘 그래? 우리 사이에 이 정도 농담도 못 받아줘?"

그러니까 친한 관계이므로 자기는 놀리고 헐뜯어도 되고, 상대방은 화내지 말고 묵묵히 받아들여야 한다는 의미다. 이것도 못 받아들이는 사람은 친구의 농담도 이해하지 못하는, 그릇이 작은 사람이 되고 만다. 만약 여기에서 더는 참지 못하고 강하게 받아치면 아마 그는 억울한 듯 성을 낼 것이다. "어떻게 그런 말을 해? 이게 그렇게 화를 낼 일이야?" 이렇게 해서 순식간에 가해자와 피해자가 바뀐다.

다시 한 번 말하지만, 이런 일은 모두 과도하게 친한 사이에서만 발생한다. 친구라고 해서 평소에 너무 친하게 허물없이 지내다 보면 서로 안 하는 말이나 금기가 없어진다. 선이 없는 우정은 '서로 어떻게 해도 괜찮을 거라는' 일종의 착각을 만들어낸다. 아무리 친한 사이라도 선을 그

거 놓지 않으면 자존감 도둑에게 우정을 빌미로 당신의 감정을 마음대로 조종할 기회를 준 것이나 다름없다.

사실 자존감 도둑의 목적은 당신의 자존감을 공격하고 상처 입혀서 두 사람의 관계에서 우위에 서려는 데 있다.

처음에는 이 친구가 농담을 좋아하고 말하는 방식이 다소 거칠다고 생각할 것이다. 하지만 시간이 흐르고 횟수가 잦아지면서 당신의 잠재의식은 의지에 반하는 선택을 내린다. 즉 사실과 관계없이 가장 많이 듣는 말을 그냥 사실로 믿어버리는 것이다. 뚱뚱하다고 놀리는 소리를 들으면 정말 뚱뚱한 것 같고, 멍청하다는 소리를 들으면 정말 능력이 없는 것 같고……. 자존감 도둑의 이런 횡포를 제대로 대응하지 않고 내버려두면 시간이 흘러 당신은 스스로 제대로 하는 게 하나도 없다고 생각하게 된다. 나중에는 그와 얼굴을 마주하고 이야기를 나누는 것조차 두렵고 자괴감이 들 수도 있다. 어느새 그는 당신이 내리는 모든 선택과 결정을 간섭하며, 당신의 사고와 행위를 통제할 것이다. 바로 이것이 자존감 도둑이 궁극적으로 추구하는 결과다.

자존감 도둑을 최대한 멀리하고 고립시켜라. 물론 가장 좋은 방법은 애초에 친구가 되지 않는 것이다.

당신 삶에서 전혀 중요하지 않고 무의미한 사람이 왜곡하고 바라는 인격으로 살고 싶은가? 아니라면 당장 그와 거리를 두고 각종 방법으로 고립시켜야 한다. 전화, SNS, 이메일 등 일체의 연락을 끊고, 꼭 해야 할 이야기가 있다면 용건만 문자메시지로 간단히 전달한다. 냉정한 태도를 유지하면서 절대 먼저 말 걸지 말고, 무슨 일이 생겨도 그에게 도움을 구해서는 안 된다. 그가 당신에게 친구로서 전혀 중요하지 않다는 뉘앙스를 전달해야 한다. 이 모든 방법을 동원했는데도 그가 스스로 자신의 문제를 깨닫고 고치지 않는다면 본성이 그런 사람이니 관계를 끊는 것 외에 다른 선택이 없다.

당신의 '선'은
안녕한가요?

⸓ 나의 인간관계 테스트 ⸓

다음은 현재 인간관계가 어떤지 확인할 수 있는 몇 가지 테스트다.

1. 사람들이 고민거리를 이야기하려고 하면 나는,

▲ 서로 편한 시간을 정해서 나중에 이야기하기로 한다.

● 이 문제를 이야기할 시간제한을 두자고 한다.

■ 조금도 주저하지 않고 즉각 이야기를 시작한다.

2. 경험상 친구의 유머는 대체로,

▲ 재미있고 즐겁다.

● 나를 놀리는 내용이다.

■ 숨겨진 이야기를 만천하에 공개한다.

3. 사람들이 도와달라고 하면 나는,

▲ 생각할 시간이 필요하다고 말한다.

● 바로 돕겠다고 나선다.

■ 사람들이 내게 뭔가를 부탁한 적 없다.

4. 친구는 나를 자주……

▲ 비난한다.

● 칭찬한다.

■ 받아준다.

5. 전화가 오면 나는,

▲ 무엇을 하는 중이든 바로 받는다.

● 편할 때만 받는다.

■ 늘 받고 싶지 않다.

6. 친한 친구와 시간을 보낸 후, 나는 항상……(다중선택 가능)

▲ 화가 난다.

● 상처받는다.

■ 기분이 좋다.

★ 피곤하다.

✦ 친구에게 감동한다.

◆ 친구를 감동 시킨다.

7. 친구들이 나를 좋아하는 이유는 내가,

▲ 그들에게 뭘 해달라고 요구하지 않기 때문이다.

● 늘 그들을 즐겁게 하기 때문이다.

■ 그들의 이야기를 잘 들어주기 때문이다.

8. 다음 각 항목을 읽고 네, 아니오로 대답하세요.

▲ 사람들은 늘 나를 이용하려고 든다.

● 나는 사랑을 표현하는 일이 어렵지 않다.

■ 나는 거절이 어렵다.

★ 나는 진짜 감정을 숨기는 데 익숙하다.

✦ 사람들은 항상 나쁜 감정을 내게 쏟아낸다.

이제 다음 표를 참고해서 각 항목의 답안에 맞는 점수를 더한다.

문항	▲	●	■	★	✦	◆
1	3	2	1			
2	3	1	2			
3	2	1	3			
4	1	3	2			
5	1	3	2			
6	0	0	3	0	0	0
7	2	3	1			
8	네=1	네=3	네=1	네=1	네=1	
	아니오=3	아니오=1	아니오=3	아니오=3	아니오=3	

해설

11~20점

당신은 친구에게 최선을 다하고 항상 친절하다. 친구들에게 많은 시간을 할애하고 아낌없이 퍼주는 사람이다. 당신과 친구 사이의 거리는 무척 가까우며 선 따위는 없다. 사람들은 끊임없이 당신을 귀찮게 하고 뭔가를 부탁할 테고 그때마다 거절하기 어려울 것이다. 안타깝지만 그런 희생과 헌신에 대한 보답은 극히 미미하다. 당신의 친구들은 상호 이익이나 발전 따위에는 전혀 관심이 없기 때문이다. 오히려 '약탈자'에 가까운 그들은 뭐라도 하나 더 얻어갈 생각뿐이며, 실제로 당신과의 관계에서 각종 편익을 얻고 있다. 큰 변화가 필요하다. 마음을 단단히 먹고 친구와의 사이에 선을 그어서 더 이상 그들이 넘어오지 못하도록 해야 한다.

21~30점

당신은 사람과 사람 사이의 선에 대해서 다소 모호한 태도를 취하고 있다. 친구 사이에 지켜야 할 상호존중의 원칙을 무시하기도 하고, 자신의 에너지를 소중히 해야 할 가치가 없는 사람에게 쏟기도 한다. 지금 당신은 이제까지의 사교 및 친구 관계를 돌아보고 대대적으로 과감하게 정리할 필요가 있다. 친구들을 몇 가지 유형, 예컨대 발전, 버림 등으로 구분해보자. 어떤 관계를 발전시키고, 어떤 관계를 버릴지 판단한 후 친구 사이의 선을 중요하게 생각하고 수준 높은 관계를 유지해야 한다.

31~36점

당신은 친구와 즐겁게 어울리는 동시에 명확한 선을 그어서 잘 지키

는 사람이다. 아주 견고하고 명확한 원칙이 있는 자기만의 사적 공간을
소중히 생각하기 때문에 당신에게 감정을 배설하는 사람이 절대 그 안
에 들어오지 못하게 한다. 동시에 개인적인 매력으로 당신에게 먼저 다
가와서 평등한 관계를 추구하는 사람과 가까이 지낸다. 늘 자기 결정에
책임지는 당신은 사교에서도 생기발랄하고 정도를 지키며 늘 수준 높은
사교를 한다.

⸗ 더 나은 인간관계를 위한 6단계 ⸜

양질의 인간관계를 맺으려면 사람과 사람 사이에 선을 명확하게 긋고
반드시 사수해야 한다. 다음의 6단계가 도움이 될 것이다.

1단계: 되돌아보고 판별하기

친구, 가족, 누구든 당신에게 중요한 사람들을 떠올려보자. 그들의 언
행 중에 어떤 것이 당신에게 상처를 주고 기분 나쁘게 했는지 생각해 보
고, 사례 별로 구체적인 전략을 짜는 편이 좋다. 예컨대 항상 당신의 자
신감을 갉아먹는 말을 내뱉는 친구에게는 "앞으로는 그러지 않기 바란
다."라고 말하는 식이다. 당신의 감정을 솔직하게 말해서 그의 이해를 구
하고, 이후부터 그가 어떻게 행동하는지 관찰해야 한다.

2단계: 불합리한 요구에 반응하기

불합리한 부탁을 하거나 계속 귀찮게 하는 사람이 있다면 '거절'하는
습관을 들여야 한다. 단호하게 "아니!"라고 말하는 연습이 필요하다. 그

다지 무리한 부탁이 아니어도 그걸 해줄 시간이나 마음이 없다면, 주저하지 말고 "죄송하지만, 지금은 어렵습니다." 혹은 "미안해, 나는 할 수 없어."라고 말해야 한다.

3단계: 싫은 일 나열하기

친구의 언행 중에서 보거나 듣기 싫은 것, 나쁜 습관 등을 죽 나열해보자. 예컨대 누군가에 대한 원망, 끊임없는 비방, 뒷공론 혹은 과하게 들뜨고 흥분한 태도일 수도 있다.

4단계: 원치 않는 일 나열하기

이번에는 친구가 당신에게 하지 않기를 바라는 일들을 나열해보자. 잘못을 해놓고 책임지지 않거나 자기가 기분 나쁘니 위로해달라고 요구하는 것, 당신을 거칠게 헐뜯고 금전적으로 사기를 치는 행위 등이 여기에 속한다.

5단계: 금기 나열하기

친구가 말하거나 물어볼 수 없는 것들을 나열해보자. 당신의 사적 공간에 포함된 화제나 입에 올려서는 안 되는 금기를 떠올리면 된다. 실패로 끝난 결혼, 말하기 힘든 사생활, 성격적 결함 등이 있다. 이런 문제에 관하여 어떤 것을 말하고, 어떤 것을 말할 수 없는지 '레드라인'을 명확하게 그어두어야 한다.

6단계: 자신에게 엄격해지기

이전 다섯 단계를 통해 인간관계에 관한 높은 기준을 세우고, 명확한 선을 그었다면 이제 자신을 단속할 차례다. 사교는 상호활동이므로 상대방뿐 아니라 자신도 선을 넘지 않도록 해야 한다. 친구가 되기를 거부하는 사람과는 절대 친구가 될 수 없으며, 상대방의 선을 넘어서 더 가까이 갈 수 없다. 이처럼 당신과 친구 모두에게 높은 기준을 제시하고 명확한 선을 그어 지켰을 때, 비로소 서로 존중하고 평등한 사교의 즐거움을 누릴 수 있다.

Chapter

4

- - - - - - - - - - - - - - - - - -
넓진 않아도 깊은 관계가 좋다

양보다는
질을 추구하는 관계

⸴ 아는 사람은 많은데 연락할 사람이 없다면 ⸴

마음을 터놓을 수 있는 '진짜 친구'를 사귀기가 너무 어렵다는 말을 많이 들었다. 대부분 처음에는 사이가 좋고 같이 있으면 즐겁지만, 시간이 흐르면서 관계가 점차 흐지부지되어 어색해진다는 이야기다. 좋은 친구라 말할 수 있는 사람은 정말 손에 꼽을 정도고, 대부분 몇 달 혹은 몇 년 정도 유지되는 '한시적 친구'에 불과하다.

우리는 어렸을 때부터 학교에 다니고 커서는 직장에서 일하면서 수많은 사람과 만나고 이야기한다. 그러면서 휴대폰에 저장된 연락처는 점점 많아지고, SNS 친구도 분명히 늘어나고 있다. 하지만 그중에서 진짜 친구라 부를 만한 사람은 몇이나 될까? 그들 중 대다수는 우리 인생의 어떤 시점이나 단계에 출현해서 서로 이익을 주고받는 친구가 되었다가, 서로 얻을 게 없다 싶으면 어디론가 사라진다. 정류장에 도착하면 내릴 사람은 내리고, 또 새로운 사람이 타는 버스 같다는 생각을 종종 한다. 지금 내 곁에 있는 친구는 정말 나라는 버스를 타고 내리는, 스쳐가는 승객일 뿐인 걸까?

안타깝게도 버스에서 내리지 않고 끝까지 같이 가는 사람은 정말 몇 명 되지 않는다. 그중에서도 진정으로 마음이 통하는 친구는 믿기 어려울 정도로 극소수다.

십여 년 전에 큰 인기를 끌었던 중국 영화 〈휴대폰〉에 친구에 관한 이야기가 나온다. 주인공의 말에 따르면 좋은 친구란 다른 걱정 없이 돈을 빌릴 수 있으며, 아무 때나(새벽 3시여도 괜찮다.) 전화해서 속상한 일을 털어놓을 수 있는 사람이다. 이 정의에 완벽하게 동의하지 않더라도 우선 한번 생각해보자. 지금 당신은 이 두 가지 조건을 만족하는 친구가 있는가? 있다면 몇 명인가? 장담컨대 "나는 이런 친구가 많다."라고 자신 있게 말할 수 있는 사람은 없다. 아무리 휴대폰 연락처를 처음부터 끝까지 뒤져봐도 결과는 망연자실한 표정뿐일 것이다.

⸓ 마음 터놓을 두세 명이면 충분하다 ⸓

자신이 사교에 매우 능해서 누구와도 친해질 수 있다고 은근히 자랑하는 사람들이 있다. 지금처럼 인맥이 중요한 시대에는 이런 성향이 일종의 기술이자 능력이라고 해도 할 말 없다. 그는 분명히 친구가 많겠지만, 사실 단순히 친구가 많다는 사실은 자랑할 만한 요소가 아니다. 대부분 사물이 그러하듯 친구도 양보다 질이기 때문이다. 열 명이 넘는 사람과 함께 음주가무를 즐기며 즐겁게 보낼 수는 있어도 그들 모두와 마음을 터놓고 지낼 수는 없다. 그들 중 한두 명을 제외하고는 진짜 친구가 아니다. 문제는 아이러니하게도 아는 사람이 많아질수록 진짜 친구는 점점 줄어든다는 사실이다.

한 기업에서 고위직으로 일하는 리암은 내게 이렇게 털어놓았다.

"근무일에는 점심, 저녁이 전부 접대 약속입니다. 주말에도 접대 일정이 꽉 차 있죠. 이런 상황에 무슨 친구의 질을 따지겠습니까? 생각할 수도 없는 일입니다. 어쩌다가 혼자 있을 때는 진짜 외롭다는 생각이 듭니다. 어떻게 된 건지…… 저는 친구가 하나도 없는 것 같아요."

올해 서른다섯 살인 그는 혼자 고급 빌라에 살면서 매일 상류층 고객들을 상대한다. 회사 동료들은 전부 경쟁 상대일 뿐, 정신적으로 교감하고 소통할 만한 사람은 없다.

"사실 지난 주말이 제 생일이어서 누군가와 식사를 하고 싶었습니다. 혼자 있기 싫어서요. 그런데 아무리 연락처를 뒤져봐도 전화할 사람이 한 명도 없더라고요. 연락처에 저장된 사람은 대부분 고객 아니면 일하면서 만난 사람들이거든요. 같이 식사도 몇 번 했지만, 개인적으로는 전혀 왕래가 없는 사람들이죠. 물론 친하게 지내는 사람 몇 명이 있기는 합니다만 다들 결혼해서 아빠가 되었으니 주말에는 가족과 보내야죠. 나 같은 싱글과 주말을 보내자고 할 수는 없었습니다. 아, 아직 미혼인 친구도 있는데 오랫동안 연락이 없었어요. 사실 저랑 만나려고 하는 사람도 있기는 있어요. 하지만 저는 그들에게 뭔가 다른 목적이 있는 걸 알고 있죠." 이야기를 마친 그는 씁쓸하게 웃었다.

살다 보면 남들은 다 있는 거 같은 '진짜 친구'가 한 명도 없어서 서운할 때가 있다. 특히 특별한 의미가 있는 기념일이나 명절에는 유난히 고독하고 우울하며 처량한 기분까지 든다. 누군가 나와 함께 식사하고 내 이야기를 묵묵히 들어주고 공감하며 좋은 조언까지 건넨다면 얼마나 좋겠는가? 아마 외로움이 뭔지도 모를 것이다. 하지만 현실은 잔혹하다. 가지고 있는 연락처에서 아닌 사람들을 걸러내면 당장 연락할 수 있는 사람이 하나도 없을 수 있다. 괜히 불러냈다가 불편하고 어색한 분위기를 견디느니 차라리 혼자 보내는 쪽이 마음 편하다.

나이가 들수록 사람을 만나면서 따지거나 피해야 할 요소도 많고, 왠지 모를 거리낌과 불편함도 점차 심해진다. 이상하게도 분명히 지인은 늘어나고 있는데, 말하지 않아도 마음이 통하는 '지기'는 없다고 생각하는 사람이 대부분이다.

사실 이런 현상은 양쪽의 감정이나 관계의 문제이기도 하지만 객관적인 요소도 못지않게 작용한다. 예컨대 주거지 및 근무지의 변화, 재산의 차이, 너무 바쁜 업무 등 우정을 유지하고 보호할 시간과 에너지가 없거나 부족해진 탓이다. 현실적으로 가난한 사람과 부유한 사람은 절친한 사이가 되기 어렵다. 또 사회 경쟁이 점점 더 치열해지면서 마음을 툭 터놓고 말하는 일 자체가 힘들어졌다. 이러한 객관적인 요소와 환경은 현대인의 사교 범위를 날로 축소하고 있다.

⚡ 단순한 관계의 즐거움이 절실해지는 시대 ⚡

인터넷의 비약적인 발전에 힘입어 전 세계 소통의 거리가 줄고, 소통의 속도는 더 빨라졌다. 단 하나, 사람들의 심리적 거리만 멀어졌다. 사회적 지위, 신분, 배경, 부의 정도 등이 전부 다른 환경 아래에서 사는 우리는 더 이상 예전의 소박하고 단순하며 해맑았던 시대로 돌아가기 어렵다.

이제 사람들은 서로 다른 일을 하고 다른 소득을 올리며 다른 수준으로 생활한다. 사람들은 하나의 목소리를 내지 못하게 되었고, 각 계층은 자신의 권익을 보호하기 위해 끼리끼리 뭉친다. 이용당하지 않으려면 눈치를 발휘해 남보다 빠르게 움직여야 한다. 바짝 긴장해서 심보가 고약한 사람들을 방어하고 심지어 처단하기까지 해야 한다. 어떤 때는 상대방의 머릿속에 도청 장치라도 설치하고 싶을 정도다. 이런 상황에서 무슨 진짜 우정이 있겠는가? 진짜 친구가 없다는 한탄은 공염불에 불과하다.

심지어 누가 자신의 친구인지 명확하게 구분하지 못하는 일도 적지 않다. 동창, 동료, 상사와 부하 직원, 고객, 사업 파트너 등등 수많은 관계가 한 데 뒤섞여 있기 때문이다. 사교는 점점 더 복잡해지고, 더 많은 시간과 에너지를 가져간다. 자칫 방심했다가는 진짜 친구를 알아보지도 못하고 놓칠 수도 있다.

현대 사회의 가장 큰 특징은 사회 공간이 확대되는 반면, 생존 공간은 줄어든다는 사실이다. 사람들은 커다란 산을 이고 있는 것 같은 중압감에 짓눌려 거북이처럼 몸을 웅크린 채 더 많은 돈을 벌고 성공하기만 꿈꾼다. 그러면서도 한 발 더 앞으로 내딛기를 두려워하고 인간관계에 시간과 에너지를 쓰는 건 낭비라고 생각한다. 상담을 온 한 청년은 내게 아이들과 노인을 제외하고 인간관계에 시간과 에너지를 투자할 사람이 정말 세상에 존재하느냐고 물었다.

나이가 들수록 친구의 양보다 질에 대한 수요가 커진다. 사람을 열심히 만나다 보면 결국 하나의 진리에 도달하게 된다. 바로 '살면서 그렇게 많은 친구가 필요하지 않으며 마음을 터놓을 친구 두세 명이면 충분하다'라는 진리다. 나이가 들면서 당신은 혼자 조용히 지내는 생활이 얼마나 소중한 것인지 알게 될 것이다. 그렇게 평온한 상태에서 지나치게 확대되었던 사교의 범위를 축소하고, 진정으로 서로의 영혼을 마주하며 교감할 수 있는 친구를 사귀어 '편안한 관계의 즐거움'을 누릴 수 있다.

⋛ 안정감은 신뢰에서 비롯된다 ⋚

'안정감'의 사전적 정의는 '편안하여 마음의 위험이나 탈이 없는 느낌'이다. 지금 당신은 친구에게서 안정감을 느낄 수 있는가?

미국의 인간관계 전문가들은 현대인의 인간관계를 피라미드 모양으로 분석했다. 피라미드의 꼭대기 층에 있는 사람은 '진짜 친구'로 수가 많지 않고 가장 소중한 존재다.

피라미드의 두 번째 층은 '보통 친구'로 평소 잘 어울리며 함께 맛있는 음식을 먹고 이야기를 나눌 수 있는 대상이다. 취향과 취미, 관심사가 비슷하고 말도 잘 통하지만 보통의 사교 대상일 뿐, 마음을 터놓는 수준에는 도달하지 못한다.

피라미드의 세 번째 층은 협력형 친구다. 대부분 일하면서 만나는 사람들로 직장에서 생겨나는 관계다. 서로 성격이 딱 맞을 필요는 없고, 그저 일하는 데 협력하면서 성과를 내기만 하면 된다.

피라미드의 네 번째 층은 실리형 친구로 오직 편익을 위해서 함께 하는 관계다. 피라미드 전체에서 가장 많은 수를 차지하며 취할 편익이 있으면 오고, 없으면 가기 때문에 관계를 유지하려고 시간과 에너지를 투입할 필요 없다.

우리 연구팀은 LA에서 좋은 친구의 조건에 관한 설문조사를 했다. 가장 많은 대답은 역시 '믿을 만한'으로 많은 응답자가 기본적으로 믿을 수 없는 사람은 좋은 친구의 카테고리에 들어갈 수 없다고 말했다. 다음으로 많은 대답은 '필요할 때 도움이 되는'이었다. 응답자들은 자기가 가장 필요할 때 어디로 숨었는지 찾을 수 없는 사람이라면 친구로 둘 필요가 없다고 했다. 기타 답변으로는 '서로에게 성실한', '잘 이해하는', '이익과 동떨어진' 등이 있었다. 우리는 다양한 답변을 분석한 결과 좋은 친구란 한 단어로 귀결된다는 사실을 발견했다. 바로 '신뢰'다.

친구 사이에 신뢰가 이처럼 중요한 까닭은 무엇일까?

응답자 중 한 명인 타일러는 이렇게 말했다. "친구에게 돈을 빌려준다면 그가 갚을 거라고 믿기 때문이죠. 믿을 수 없다면 애초에 빌려주지 않을 거예요. 서로 믿지 못하는 친구 사이에 돈거래를 하는 건 굉장히 큰 모험입니다." 그는 친구 사이에 신뢰가 있어야만 안정감을 얻고 우정을 지킬 수 있다고 강조했다.

현실에서 친구 사이의 신뢰는 '서로 얼마나 솔직한가?'로 가늠할 수 있다. 친구가 비밀을 잘 지킬 수 있는 사람이라고 믿는다면 개인적인 일을 기꺼이 털어놓겠지만 그렇지 않다면 말할 수 있을까? 늘 뭔가 숨기는 것이 있어 보이는 친구에게 당신의 모든 문제와 감정을 이야기할 수 있는가? 또 이전에 친구가 당신을 속인 적 있어도 당신은 여전히 그를 믿을 수 있는가? 대답은 전부 '아니오'일 것이다.

⸘ 믿을 수 없다면 관계도 없다 ⸸

원밍은 지난주에 남자 친구와 헤어졌다. 그를 좋아했지만, 도무지 안정감을 느끼지 못했기 때문이다. 남자 친구는 키가 크고 잘생겼으며, 친절하고 유머러스해서 인기가 많았다. 원밍 역시 그의 이런 점에 끌렸지만, 연인이 된 후에는 그런 모습들이 마치 가시처럼 그녀의 마음을 찔렀다.

"그는 자신을 잘 아는 사람이었어요. 자신의 장점을 정확하게 알고 아주 효과적으로 드러내서 주목받죠." 원밍은 자신을 비웃듯이 이야기를 이어갔다. "그가 내 감정을 신경이나 썼을까요? 어쩌면 일부러 그랬는지도 모르겠어요. 항상 자신이 얼마나 인기가 있는지 은근히 말했거든요. 오늘은 어떤 여자가 다가와서 전화번호를 묻더라는 이야기를 거리낌 없이 했죠. 밥 먹자는 여자가 얼마나 많은지 자랑하듯이 이야기하고, 심지어 다른 여자랑 찍은 사진을 보여주기까지 했어요. 나는 애써 표정 관리를 하면서 조심하라고 주의만 줬어요. 그때마다 그는 여자들이 말을 걸었을 뿐, 자신은 조금도 관심이 없고 저만 사랑한다고 말했어요. 하지만 그런 말들은 나를 전혀 안심시키지 못했어요. 그는 평소에 휴대폰을 손에서 놓지 않았거든요 같이 있을 때도 항상 휴대폰으로 뭔가를 하고, 갑자기 혼자 막 웃기도 하고요. 가끔 나를 피해 한쪽으로 가서 작은 목소리로 전화를 받기도 했어요. 페이스북 팔로워도 대부분 여자예요. 뭐라도 하나 올리면 팔로워들이 득달같이 댓글을 달아요. 어떤 사람은 노골적으로 관심을 표현하기도 하고요. 뭐 그럴 수 있죠. 하지만 문제는 그가 그런 일들을 전혀 숨기려고 하지 않았다는 거예요. 아닌 척하지만, 은근히 팔로워들과 따로 연락도 하고요. 내가 그런 행동에 불만이 많다는 걸 전혀 알아차리지 못했죠. 사실 알아차렸어도 이해하지 못했을 거예요. 여하튼 우리는 이 문제 때문에 싸움이 끊이지 않았어요. 그는 내가 너무 이해심이 없고, 사사건건 시비를 건다고 했고, 나는 그와 함께 있어도 편안하지 않다고 했죠. 그러면 그는 저더러 생각이 너무 많아서 그렇대요. 정말 제가 그런가요?"

원밍의 이야기처럼 사람과 사람 사이에 신뢰가 충분하지 않으면 관계는 곧 무너지고 만다. 특히 연인 사이에서 서로 안정감을 느끼지 못하는 문제를 해결하지 않으면 관계를 지속할 수 없다. 원밍은 생각이 많지 않으며, 문제는 남자 친구에게 있다. 만약 그가 여자 친구를 소중히 생각해서 옆에서 뭐라 하든 심지가 굳고 줏대 있게 행동했다면, 원밍은 안정감을 충분히 느끼고 의심 따위는 하지 않았을 것이다.

연인뿐 아니라 대부분 인간관계에서 한쪽이 다른 한쪽을 불안하게 만드는 순간, 신뢰가 깨지기 마련이다. 반대로 상대방에게 충분한 신뢰를 제공하는 연인이나 친구 관계는 아주 오랫동안 유지될 뿐 아니라, 감정이 더 깊어질 것이다. 신뢰란 관계에서 반드시 지켜야 하는 일종의 도리다.

⟨ '감정'이라는 계좌에 '믿음'을 저축하라 ⟩

이처럼 신뢰는 관계의 깊이와 미래를 결정하는 동시에, 그 사람의 평판을 결정한다. 타인에게 믿음을 주지 못하고 타인이 믿을 수 없는 사람이 좋은 평판을 받을 리 없다.

개인의 인격은 그 사람의 '타고난 성격'에 후천적으로 학습한 '사람됨'이 더해져 만들어진다. 전자는 주어진 것이라 달리 제어하거나 조절할 수 없지만, 후자는 부단히 노력해서 갈고 닦을 수 있다. 이를 통해 정신적 품격을 채워 신뢰받는 사람이 되어야 한다. 신뢰는 훌륭한 인격에 반드시 포함되어야 하는 요소이자 우리가 꼭 익혀야 하는 인생철학이다.

우리는 모두 정직한 사람과 친구가 되기를 바란다. 정직한 사람은 숨기는 것이 없고 할 말이 있으면 시원스럽게 하며 무엇보다 남을 이용하려는 꿍꿍이가 없어서 믿을 수 있기 때문이다. 이런 사람과 친해지면 마치 거울을 마주한 양 자신을 비춰보게 되고 그를 통해 부족한 점을 바로잡게 된다. 반면에 속에 꿍꿍이가 많고 은근히 담을 쌓아서 의뭉스러운 사람은 반드시 멀리해야 한다. 그들은 음모와 계략에 능하며, 일반 사람은 창피해서 감히 시도조차 못 하는 수단을 동원해서 편익을 취한다. 사실 이들을 알아보기는 그다지 어렵지 않다. 몇 번 어울려보면 도무지 믿음이 가지 않고 편안한 느낌을 받을 수 없으며, 같이 있으면 나까지 이상한 사람이 된 것 같은 느낌이 들기 때문이다.

사람을 사귈 때는 상대방을 '신뢰할 수 있는가?'를 따져보아야 한다. 이와 관련해 다음의 두 가지를 기억하자.

첫째, 무심코 내뱉은 말 한마디, 작은 행동 하나로도 알 수 있다.

사람을 판단할 때는 가장 먼저 그의 말과 행동이 일치하는지 살펴야 한다. 무슨 말을 하고, 또 무엇을 하는지 유심히 보면 그가 약속을 지키는 사람인지, 타인에게 인색하고 자신에게 너그러운 사람인지 가늠할 수 있다. 일상의 작은 언행 속에서 그의 신뢰도를 확인할 만한 일종의 '증거'를 수집해야 한다. 만약 신뢰할 만한 가치가 없다고 판단되면, 그가 아무리 달콤한 말로 꼬드겨도 절대 믿지 말고 하루빨리 멀어져야 한다.

둘째, 신뢰도 '기브앤테이크'다.

인간관계는 상호활동이며 어느 한쪽의 열정만으로 친구가 되기는 어렵다. 상대방이 당신을 믿으면, 당신도 그에게 충분한 믿음을 주어야 한다. 마치 감정이라는 계좌에 저축하듯 두 사람이 쌓은 믿음이 많아지면서 자연스럽게 관계가 좋아지고 단단해져서 절대 무너지지 않을 것 같은 안정감을 느낄 수 있다. 난관에 부딪혔을 때, 이 신뢰의 크기가 곧 당신이 얻을 수 있는 도움의 크기다.

⸙ 서로 존중하라, 멀고 가까움은 인연에 맡기고 ⸙

중국 철학자 저우궈핑周國平은 에세이집《사랑, 그리고 고독(愛與孤獨)》에서 "서로 존중하라. 멀고 가까움은 인연에 맡기고"라고 했다. 그는 이 책에서 자신의 사교 철학을 다음과 같이 멋스럽게 이야기했다.

모든 인간관계에서 첫 번째 미덕은 단연 '상호존중'이다. 사람과 사람 사이에 필요한 거리 역시 존중의 표현이다. 사교를 더 가치 있게 만드는 것은 사교 자체가 아니라 사교 당사자 각자의 가치다. 사교 중에 상대방에게 전달하는 가치는 자신이 지닌 가치 이상일 수 없다. 상대방으로부터 볼 수 있는 것 역시 자신이 가진 것으로 결정된다. 수준 높은 우정은 매우 훌륭한 인격체 두 명 사이에서만 발생하며, 양측이 서로 상대를 진심으로 좋아하고 존중하기에 가능하다. 즉 우리는 스스로 끊임없이 자신을 가치 높은 인격체로 만들고, 역시 그러한 친구와 어울려야 한다. 이는 우정을 위해서 지금 당장 해야 할 일이다.

상호존중은 모든 인간관계의 핵심이다. 사교 당사자는 각기 독립된 인격체로서 상대방으로부터 무엇을 얻기를 바라서는 안 된다. 사교를 더 잘하고 싶을수록 상대방이 아니라 자신에 더 집중하고 노력해야 한다. 상대방이 기꺼이 자신과 어울리고 싶게 만들어야지, 무조건 자신을 받아들이라고 강요할 일이 아니다.

수준이 낮고 불건전한 사교에서는 양측의 위치가 달라서 대부분 한쪽은 너무 높고 다른 한쪽은 너무 낮다. 전자는 후자를 한심하게 보고 후자는 전자를 우러러본다. 낮은 쪽이 '노예근성'에 심취한 경우가 아니라면 이들 사이에 '상호존중'은 절대 존재하지 않는다. 이런 관계가 오래 계속될 리 없다.

⟩ 귀한 관계는 시간의 흐름이 만들어낸다 ⟨

참을성은 인간관계에서 매우 중요한 요소다. 원래 참을성이 없는 사람은 제대로 일을 해내지 못하고, 인간관계에서도 참다운 우정을 경험하지 못한다. 그러므로 상대방이 자신에게 맞는 사람인지, 나의 진정한 친구가 될 수 있을지를 너무 성급하게 판단하지 않기 바란다. 몇 마디 나눠보고, 한두 차례 함께 일했다고 해서 그가 어떤 사람인지 속속들이 알 수는 없는 법이다. 또 단 한 번 우연히 발생한 일 때문에 섣불리 그의 전체를 부정했다가 자칫 평생 친구로 삼을 만한 사람을 잃을 수도 있다.

인간관계를 맺을 때 '절박'이라는 두 글자는 반드시 사라져야 한다. 귀중한 관계는 모두 시간의 흐름이 만들어내는 것이다. 상대방에 대해서 너무 빠르게 결론을 내렸다가 평생 후회할 일을 하게 될 수도 있다. 짧은 만남 속에서 상대방이 당신에게 모든 것을 내보였을 리 없고, 당신 역시 당장 눈에 보이는 것으로 그의 진짜 모습을 알아볼 수 없다.

사람이든 사물이든 우리는 항상 '인연'을 중시해야 한다. 참을성을 발휘해서 진실한 태도로 천천히 관계를 맺자. 너무 꽉 움켜쥘 필요도 없고, 그가 떠난다고 과하게 애통해할 일도 없다.

나는 창업하고 얼마 지나지 않아 거액의 사기를 당했고, 회사는 커다란 곤경에 빠졌다. 그때 내 삶은 암울했고, 아무런 희망도 보이지 않았다. 종일 길모퉁이의 작은 바에 틀어박혀서 술을 마시며 우울감에 젖어 있는 날이 계속되었다.

그날도 역시 혼자 술을 마시고 있는데 한 노신사가 다가와 내 옆에 앉았다. 며칠째 수염도 깎지 않고 거지꼴을 한 채 앉아 있었으니 그는 분명히 나의 불행을 눈치 챘을 것이다. 지금 생각해보면 노신사 역시 외로워서 이야기를 나눌 사람을 찾고 있었던 것 같다. 그는 내게 "사는 게 참 쉽지 않죠?"라고 말을 건넸다.

며칠째 계속 내 머릿속을 맴도는 말이었다. 왜 이렇게 살기 힘들까? 나는 여전히 멍한 눈빛과 표정으로 대꾸했다. "사업을 하는 데 곧 망할 판입니다. 되는 일이 없네요. 세상은 사기꾼으로 넘치고 사방에 함정뿐이에요."

노신사는 웃으며 천천히 말했다.

"나도 30대에 그런 기분을 느꼈죠. 아마 지금 당신보다 더했으면 더했지, 못하지 않았을 겁니다. 나도 사업을 했거든. 아버지가 남기신 유산을 전부 투자했는데 결과는 처참했죠. 돈 한 푼 벌지 못하면서 세상에 돈을 뿌리기만 하는 멍청이였지. 나도 당신처럼 매일 술을 마시며 울분을 쏟아냈는데 그중에는 친구들을 향한 원망도 많았어요. 내가 필요할 때, 다들 어디로 갔는지 도와주지 않더라고. 절망에 빠진 나는 한참이나 집에 처박혀서 아예 나오지 않았어요."

"그래서 어떻게 되었습니까?"

"나는 '해결하지 않기'라는 방법을 찾아냈습니다. 사람이든 일이든 전부 인연과 운명에 맡기는 거죠. 과거는 흘려보내고, 더 중요한 미래를 생각하기 시작했습니다. 당장 내일 뭐 할지부터 고민했죠."

노신사의 말은 내 머리에 찬물을 끼얹는 것 같았다. 이후 술독에서 완전히 빠져나와 정신을 차린 나는 노신사를 다시 한 번 만나고 싶었지만 그날 연락처를 주고받지도 않았으니 방법이 없었다. 어쩌면 내 인생에 아주 커다란 가치가 있는 우정을 쌓을 수도 있는 기회인데 포기하자니 너무 아쉬웠다.

하는 수 없이 나는 매일 밤 길모퉁이 작은 바에 가서 가볍게 술을 마셨다. 물론 이전과는 전혀 달랐다. 그때는 회의와 우울을 감당하지 못해 술을 마시러 갔지만 지금은 그를 만나기 위해서였다. 실의에 빠진 나를 구해준 '귀인'을 만나기는 쉽지 않았다. 나중에는 바텐더까지 도와주겠다고 나섰지만 끝내 인연이 닿지 않았다.

아마 노신사는 그날 이후로 길모퉁이 작은 바에 다시는 방문하지 않은 것 같았다. 물론 왔었는데 나와 길이 엇갈렸을 수도 있다. 시간이 흘러서 바텐더도 직원도 모두 바뀌었고 나도 천천히 포기했다.

지금까지 나는 수많은 사람을 만나고 친구를 사귀었다. 낯선 이였다가 친구가 된 사람도 있고, 친구였으나 낯선 이보다 못하게 된 사람도 있다. 그 과정에서 나는 인간관계가 밀어붙인다고 되는 일이 아님을 깨달았다. 상대방이 아무리 중요하고 큰 도움을 주었으며 내게 꼭 필요하다고 해도 친구가 되어달라고 요구하거나 강요할 수는 없다. 수준 높은 사교와 좋은 우정은 모두 자연스럽게 발생하며 일부러 의도를 가지고 억지로 해봤자 오래갈 수 없다.

그 노신사가 말한 '해결하지 않기'는 결국 밀어붙이지 않는 것이었다. 사람이든 사물이든 모두 이런 자세로 대해야 삶이 더 홀가분하고 행복해질 수 있다.

어떤 사람을 처음 만나면 그의 기질, 말, 표정, 몸짓 등이 자신과 맞을지 맞지 않을지 느낌이 온다. 찬찬히 두고 볼 필요도 없이 딱 보는 순간 느껴지는 일종의 '여섯 번째 감각'이다. 직감이 긍정적이면 상대에 호감을 표하겠지만 부정적이라면 강한 거부감이 생긴다.

문제는 이 느낌이 늘 옳다고 할 수 없으며, 과학적인 근거가 매우 부족하다는 사실이다. 그러므로 우리는 진지하고 신중한 태도로 상대방을 객관적으로 평가하고 더 다양한 각도에서 그를 이해해야지 서둘러서 판단하면 안 된다. 어떤 사람은 개인적으로 만나면 사교에 능수능란한데 여러 사람 앞에서는 좀처럼 맥을 못 춘다. 이런 상황에서 그를 정확히 파악하기란 거의 불가능하며 반드시 시간이 필요하다. 시간을 두고 천천히 교류하면서 그를 헤아려야 한다.

이렇게 해서 그가 당신의 친구가 될 수 있는지 없는지 판단이 섰다면 본격적으로 관계맺기를 시작한다. 물론 이미 '마음 결정'은 끝났고, 이후부터는 이 마음을 검증하는 과정이다. 문제는 이때 대부분 사람이 자신의 판단과 결정에 유리한 증거만을 찾는다는 사실이다.

⟩ 때론 흘러가는 대로 둬라 ⟨

누구나 첫인상에 배신당한 경험이 있다. 처음 만났을 때는 괜찮은 사람 같아 보였는데 시간이 흐르면서 전혀 아니었다는 이야기는 너무나 흔하다. 특히 각자의 이익에 관계된 문제에 조절할 수 없는 의견 차이가 발생하고, 한쪽이 피해를 본다면 간신히 이어오던 얄팍한 우정의 민낯이 드러난다. 갈등이 심해지면 서로 원수가 되어 공격하는 일을 서슴지 않는다. 아마 익숙한 이야기일 것이다.

불행하게도 이런 일이 발생했다면 당신이 취할 수 있는 가장 좋은 태도는 '모든 일은 인연에 맡기자'다. 상황을 바꾸려거나 문제를 해결하려는 어떠한 행동도 하지 않는 편이 더 낫다. 관계가 잘못된 방향으로 나아갈 때, 뭔가 하려고 했다가 더 잘못되는 일이 많다. 가만히 있을 수 없어서 굳이 뭔가를 해도 갈라진 틈을 가릴 수 있을지는 모르나 양측의 마음속에 깊이 새겨진 기억의 도장까지 없앨 수는 없다. 이 도장은 평소에 죽은 듯이 잠자코 있겠지만, 나중에 무슨 갈등이라도 발생하면 겉으로 확 불거져 나와 서로에게 상처를 입힐 것이 분명하다. 일단 한 번 금이 가고 곧 사라질 관계 때문에 크게 흥분하고 분노할 필요 없다. 설령 당신이 잘못하지 않았고 상처받은 쪽이라 해도 분노와 원한의 감정 속에 빠지면 괴롭기만 할 뿐이다. 그 때문에 놓치는 수많은 아름다운 시간이 너무나 큰 낭비 아닌가.

나의 제안은 단 하나, '인연에 맡기는 것'이다. 상대방을 존중하는 마음을 잃지 말고 관계를 돌이켜보면서 이후의 일은 모두 인연이 이끄는 대로 하는 편이 좋다. 상대방의 입장에서 생각해보면 분명히 나름의 입장이 있으니 그에게 이익을 포기하라고 요구할 수는 없는 일이다.

인간관계에서 언제나 당당한 태도를 취하려면 각종 자질구레한 심사心事에 연연해서는 안 된다. 누구와의 어떠한 관계이든 사교는 늘 시원스러워야 한다. 쉽게 말해 '가는 사람 잡지 말고, 오는 사람 안 막는' 그런 태도를 취하는 게 좋다. 좋은 인연이 생기지 않는다고 한탄할 것이 아니라, 지금 내 곁에 있는 인연을 감사해할 줄 알아야 한다. 이런 사람만이 인간관계에서 존중받고 내면의 평상심을 잃지 않을 수 있다.

인간관계에서 충성은 한없이 약하다

줄리는 도무지 이해할 수 없다는 표정으로 심리상담사를 찾아왔다. 이야기를 하면서 넘쳐흐르는 눈물을 참지 못해서 얼굴이 통통 붓고, 숨조차 제대로 쉬기 힘들어서 몇 번이나 말을 멈췄다. 심리상담사가 진정시켜 보려고 했지만, 줄리는 점점 더 심하게 울었다. 그녀는 연신 눈물을 닦으면서 자신이 '너무 멍청해서' 미쳐버릴 지경이라고 말했다. 한참 후, 어느 정도 진정한 줄리는 무슨 일이 있었는지 천천히 이야기하기 시작했다.

줄리에게는 애니라는 친구가 있었다. 두 사람은 같은 또래고 취미와 성격이 비슷해서 퇴근 후에 자주 같이 어울렸다. 우정은 점점 깊어져 서로 속 이야기까지 털어놓았으며 숨기는 것이 없었다. 사실 줄리는 애니를 부러워했다. 애니는 예쁘고 가정환경도 좋으며, 성격도 명랑하고 줄리 외에도 친구가 많았기 때문이다. 줄리는 애니와 함께 있으면 즐거웠지만, 왠지 자신이 부족하다는 생각을 떨칠 수 없었다. 이랬던 줄리의 태도는 멋진 남자 친구가 생기면서 완전히 바뀌었다.

줄리는 드디어 자신에게 애니보다 더 나은 부분이 생겼다고 생각했다. 그녀는 남자 친구를 자랑하고 싶은 마음에 애니를 만날 때마다 남자 친구가 얼마나 멋진지, 자신이 얼마나 행복한지 끊임없이 주절댔다. 그때마다 애니가 부럽다고 말하면 기분이 그렇게 좋을 수 없었다.

줄리는 전세가 역전된 것 같아 너무나 행복했다. 사실 이쯤에서 멈추었다면 줄리의 만족감과 행복, 희열은 계속되었을 것이다. 하지만 줄리는 그러지 못했다. 그녀는 남자 친구의 사랑과 충성도를 테스트한다는 '대담한' 계획을 세웠다.

그녀의 계획은 참으로 어설프고 유치하기 짝이 없는 것이었다. 줄리는 남자 친구와 만날 때마다 애니를 불러내고, 말도 안 되는 핑계를 대면서 자리를 떴다. 그래놓고 몰래 숨어서 남자 친구와 애니가 어떻게 행동하는지 보기 시작한 것이다. 두 사람은 조금도 이상한 행동을 하지 않았으며 정확하게 거리를 유지했다. 이를 본 줄리는 역시 남자 친구는 자신을 무척 사랑하고 애니도 가장 좋은 친구라고 생각하며 크게 만족했다.

하지만 남자 친구와 애니는 줄리의 계략 '덕분에' 서로 호감이 생겼다. 두 사람은 줄리가 판을 깔아준 덕에 연락처를 주고받았고 비밀스럽게 서로의 마음을 이미 확인했다. 그리고 셋이 함께 저녁을 먹은 날, 마침내 줄리에게 사실을 이야기했다.

"정말 상상도 못 했어요. 어떻게 나를 배신할 수가 있어요? 악몽을 꾸는 것 같았어요. 얼마 후에는 그 두 사람이 곧 약혼한다는 이야기까지 들었어요. 그때 정신이 좀 들더라고요. 사실은 내가 멍청해서 이런 일이 생겼다는 걸 알았어요. 나는 그놈의 '의리'에 집착하느라 사랑하는 남자 친구와 좋은 친구를 잃은 거예요. 주변 사람들이 저를 보면서 '실연의 상처에 무너진 여자'라고 수군거리더군요. …… 누구 탓을 하겠어요. 전부 제가 멍청해서 생긴 일이에요. 평생 잊지 못할 거예요." 여기까지 말한 줄리는 다시 펑펑 울기 시작했다.

나중에 그녀는 남자 친구를 테스트한다고 말했지만 사실 본심은 애니를 시험하고 싶었던 것 같다고 털어놓았다. 남자 친구의 사랑만 확인하고 싶었다면 제삼자를 고용했을 것이다. 물론 그녀도 사전에 이런 어처구니없는 행동으로 발생할 수 있는 결과를 따져보았다. 하지만 설마 그럴 리는 없을 거라는 근거 없는 결론을 내렸다.

줄리의 이야기에서 우리는 '아름다운 것일수록 본질은 약하다'는 사실에 주목할 필요가 있다. 인간관계에서 비할 데 없이 진귀한 '충성'이 대표적이다. 충성의 사전적 의미는 '진심에서 우러나오는 정성'이다. 사람과 사람 사이에서 이처럼 고귀한 마음이 생겨나려면 몇 개월, 아니 몇 년이 걸리지만 무너질 때는 단 몇 초면 충분하다. 대단한 일 때문도 아니고 아주 작은 칼로 톡 치기만 해도 속절없이 쪼개질 것이다. 달걀이 자기 것임을 확인하기 위해 더 꽉 쥐었다가는 깨지고 만다. 인간관계에서 섣불리 상대방의 충성을 시험했다가 닭을 놓치고 달걀까지 깨뜨려서 빈손이 되는 일이 없기 바란다.

⸝ 충성을 강요하지 마라 ⸜

상대방을 향한 감정이 깊어지면 일종의 '강박 증세'를 보이는 사람이 있다. 그가 자신에게 무조건 충성하기를 바라는 것이다. 그러겠다고 약속해도 만족하지 못하고, 일부러 위험한 상황을 만들면서까지 관계를 검증하고 시험하려고 든다. 원래 강박이란 절대 포기할 수 없는 심리다. 강박은 자신만 괴롭게 할 뿐 그걸로 다른 사람까지 구속할 수는 없다.

만약 친한 지인이 당신에게 충성하기 바란다면, 그를 어설프게 감시하고 시험할 생각일랑 접고 그를 수십, 수백 배 소중하게 생각해야 한다. 중국 속담에 "부부는 같은 숲에 사는 새다. 숲에 총성이 울리면 제각각 날아간다."라는 말이 있다. 부부의 의리를 너무 가볍게 이야기한 것 같아 불편한 사람도 있을 것이다. 하지만 꼭 틀린 말이라고 할 수도 없다. 환경이 변하면 사람과 사람 사이의 관계 역시 변화가 발생하기 때문이다.

아무 문제 없는 정상적인 환경에서는 각자의 마지노선을 유지하면서 타인과 우호적으로 지내고 내면의 선량한 모습을 드러내는 관계가 가능하다. 하지만 극단적인 혹은 처참한 환경에 놓이면 순식간에 안정감이 사라진다. 특히 이익에 심각한 손상이 발생하면 상상하기 어려운 일까지 발생한다. 비정상적인 환경에서 도덕적 구속력은 제대로 작용하지 않고, 인간관계와 관련한 모든 논리와 이론은 다시 써져야 한다. 이런 상황에서 가장 먼저 무너지는 것이 바로 사람과 사람 사이의 충성이다.

사람을 극단적인 환경이나 상황에 몰아붙여 놓고 반응을, 특히 그런 상황에도 선하고 옳게 행동하는지를 시험하려는 생각은 너무나 졸렬하다.

사랑이든 우정이든 그 관계를 성공적으로 유지하는 방법은 좋은 환경

위에 튼튼히 쌓은 신뢰뿐이다. 어떤 이유이든, 그것이 아무리 선의의 호기심이었다고 해도 상대방의 충성도를 시험하는 행위는 금물이다. 인간관계에서 충성은 약하고도 약한 것이다. 연약한 풀을 움직일 정도의 작은 바람만 불어도 무너진다.

이런 글을 읽은 적 있다. "빛과 어둠, 승자는 누구일까? 나는 빛이라고 생각한다. 태초에는 빛이 없었기 때문이다. 만약 빛의 존재를 당연하다고 여긴다면 당신에게는 어둠뿐이다." 인간관계에서 충성은 반드시 있어야 하는 것이 아니다. 사랑, 선함, 믿음……, 이러한 밝은 인성 역시 당연하게 생각한다면 결국 상처를 입을 것이다. '충성'은 인간관계의 족쇄도 부담도 되어서는 안 된다.

﹥ 상대를 '장악'하려는 마음 ﹤

친하다는 이유로 감정을 자제하지 못하고 상대방을 '장악'하려는 사람이 있다. 자신의 생각을 그의 머릿속에 주입하려고 하고, 원하는 대로 행동하기 바라며, 모든 중요한 문제에서 의견을 따르기를 요구한다.

누구나 인정하는 부득이한 때가 아니라면 절대 친구를 간섭하고 통제해서는 안 된다. 이는 상대방의 영토를 침범하는 행위이고 그 영토는 아마도 '출입금지지역'일 가능성이 크다.

아주 작지만 상대방이 민감하게 생각하는 부분을 건드리는 순간, 둘 사이에 '파괴의 씨앗'이 떨어졌다고 보면 된다. 신뢰 관계를 유지하는 가장 좋은 방법은 잦은 연락이 아니라 도를 지키며 서로 간섭하지 않는 것이다. 좀 더 개방적인 마음가짐으로 교류하고 상대방을 존중하는 태도여야만 좋은 사람과 수준 높은 사교를 할 수 있다.

⸱ '통제욕'은 모든 관계를 죽이는 살인마 ⸱

모든 것을 간섭하고 통제하기 좋아하는 사람은 어디서든 환영받지 못한다. 이 문제만 빼고 다른 모든 면은 완벽하다고 해도 어울리려는 사람이 없다.

론 웨인은 애플의 창립 구성원 중 한 명이지만 이미 대중에 잊힌 사람이다. 그는 친구이자 동료였던 스티브 잡스와 함께 일하기 힘들어서 사업 초기에 가지고 있던 지분 10%를 800달러에 팔고 나왔다. 지금 가치로 350억 달러를 웃도는 지분이다. 웨인은 이처럼 '비싼 실수'에 대해 "조금도 후회하지 않는다."라고 말했다. 그때 지분을 포기하고 나온 덕분에 독단적인 잡스로부터 벗어나서 좋아하는 일을 하며 행복해질 수 있었기 때문이다.

웨인은 잡스를 '사교가 불가능한 통제광'으로 묘사했다. 추운 겨울날 몸을 녹이기 위해 잡스에게 가느니 차라리 얼음덩이를 껴안고 있는 편이 낫다고까지 말했다.

"잡스는 매우 자기중심적이고 독단적인 사람입니다. 그가 뭔가를 하려고 할 때, 반대 의견을 내거나 제지하려고 해서는 안 됩니다. 그랬다가는 이마에 잡스의 신발 자국이 남을 겁니다."

잡스는 분명히 뛰어난 사업가이지만, 좋은 친구는 아니었다. 사실 많은 사람이 어느 정도는 '통제광'의 면모를 지니고 있다. 일반적으로 능력 있는 사람일수록 모든 일을 통제하려는 욕구가 굉장히 강하다. 문제는 자신의 영역뿐 아니라 다른 모든 방면에서까지 그런다는 사실이다.

차이는 지금 꼭 '감옥'에 사는 것만 같다. 심각한 통제광인 아내 때문이다. 아내는 차이가 뭘 하든 간섭하고 통제하려고 든다. 아내와 함께 있기만 해도 온몸이 긴장되어서 집에 있어도 편하지가 않다. 숨이 막히는 불편함이 지긋지긋했다.

"한번은 30분 정도 늦게 들어갔는데 아내가 전화를 걸어서 불같이 화를 냈습니다. 7시 반까지 돌아오지 않으면 아예 들어올 필요 없다고 소리치더군요. 스피커폰으로 통화한 것도 아닌데 옆에 있던 동료들이 전부 그 소리를 들었죠. 다들 웃으면서 제가 '세계 최고의 공처가'라고 놀리더군요. 이 이야기가 삽시간에 회사 전체에 퍼졌어요."

차이의 아내는 한 기업의 고위직이었다. 능력을 인정받는 그녀는 에너지가 왕성하고 모든 일을 직접 해야 직성이 풀렸으며 다른 사람을 가르치는 것을 좋아했다. 하지만 사람들은 그녀의 '친절한 권유'를 별로 달가워하지 않았다. 동료와 선후배들은 모두 뒤에서 "왜 저렇게 일 벌리기를 좋아하는 거야! 자기가 무슨 세상의 중심이라도 되는 줄 아나?"라며 수군거렸다. 차이의 아내는 친구의 일에도 관심이 넘쳐서 큰일, 작은 일 따지지 않고 무조건 '오지랖'을 부려서 당사자 대신 결정을 내렸다, 친구들은 이런 그녀를 무척 피곤해했다.

그녀는 종종 남편인 차이에게 주변 사람들을 욕했다. "다 자기들 잘되라고 하는 소리인데 그것도 모르나 봐! 정말 야비한 인간들이야!" 그녀는 자신이 틀렸다고 절대 생각하지 않았는데, 왜냐하면 어디까지나 선한 동기에서 하는 행동이었기 때문이다.

사실 차이는 아내 주변 사람들의 반응을 이해했다. 아내의 통제욕이 정말이지 너무나 강하기 때문이다. 차이의 회사 일까지 뭐라 하지는 않지만, 집에서는 아내가 컴퓨터처럼 아주 정밀하게 모든 것을 통제한다는 느낌을 오랫동안 받아왔다.

"아이에게도 마찬가지예요. 매일 몇 시에 일어나서 밥 먹고, 몇 시에 숙제하고, 몇 시에 얼마만큼 운동하는지 표로 만들어서 지키도록 해요. 회사 일처럼 엄격하게 시간을 따져가면서 완벽하게 통제하고 있죠. 아이는 스스로 자신의 주인이 되어본 적 없어요. 아내는 저나 아이들이 언제, 어디서, 무슨 일을 해야 하는지를 정해두었어요. 그중 하나라도 덜하거나 잘못하면 크게 화를 내죠. 또 아내는 트집 잡기를 좋아하는 사람입니다. 강박증이 너무 심해요. 어떤 때는 제가 참지 못할 정도입니다. 당장 헤어지고 싶어요."

차이의 상황은 부부뿐 아니라 모든 인간관계에서 흔히 등장한다. 우리가 속한 무리에는 일종의 '리더' 역할을 담당하는 사람이 하나씩 꼭 있다. 한 심리학자는 이렇게 지적했다. "어떤 사람이 '이렇게 안하면……' 이라는 말을 계속하면 그에게 통제광의 경향이 있다는 의미입니다. 이런 표현은 자기도 모르게 나오는 거고, 아마 본인은 자기가 그런 말을 하는지 의식조차 못할 겁니다. 통제욕은 본질적으로 내면의 초조나 불안 심리에서 비롯됩니다. 자신이 손대지 않은 일은 전부 잘못된 거라고 걱정하고, 자신에게 익숙한 프로세스가 통제를 벗어날까 봐 겁내죠. 그 바람에 더 큰 문제를 유발하는 겁니다. 통제욕은 자기조절을 통해 제어하는 수밖에 없습니다. 절대 다른 사람을 간섭하거나 통제하지 않겠다고 마음을 먹어야죠. 자신의 기대를 타인에게 투영해서는 안 됩니다."

⤜ 좋은 관계는 당신을 편안하게 만든다 ⤛

친구에게 무엇을 바라는가? 왜 친구를 사귀기 바라는가? 답은 간단하다. '같이 놀고 싶어서' 그리고 '위로받고 싶어서'다. 이는 친구에게 바라는 가장 원시적이고 기본적인 요구다. 우리는 괴롭고 힘들 때, 친구와 이야기를 나누어야겠다고 생각하고, 친구가 자기 대신 문제를 분석하고 해결하며 대책을 제안해주기를 기대한다. 설령 구체적인 도움이 없이 친구가 그저 들어주기만 해도 스트레스를 해소하고 내면의 고통까지 줄일 수 있다.

하지만 이런 긍정적인 효과는 좋은 친구인 경우에만 가능한 일이다. 어떤 친구는 무슨 전쟁터에라도 나선 듯이 당신이 하는 모든 말에 사사건건 트집을 잡고, 마치 불 난 데 기름을 들이붓는 양 군다. 마음에는 진심이 없고 머릿속은 꿍꿍이로 가득하다. 이런 사람한테는 이야기해봤자 잘 해결되기는커녕 새로운 고민만 생겨날 것이다.

베이징의 직장인 커커는 회사를 그만두고 싶었다. 월급은 쥐꼬리만한데 업무량이 너무 많고 스트레스가 컸기 때문이다. 커커는 가장 친한 친구인 루루를 만나 고민을 털어놓았다. "사장이 워커홀릭이라 매일 야근해야 해. 사내 규정도 너무 엄격해서 합당한 이유 없이는 절대 휴가도 낼 수 없어. 조금만 지각하거나 일찍 퇴근해도 벌금을 물리고, 상여금 같은 것도 없어. 정말이지 더는 못 견딜 것 같아."

루루는 친구 일에 함께 분노하면서 당장 그만두고 나오라고 길길이 날뛰었다. 친구를 혹사한 사장을 더 골탕 먹일 방법이 없는 게 한스럽다고도 했다.

알다시피 퇴사는 사직서 한 장 던지고 나올 수 있는 간단한 일이 아니다. 중간 관리자인 커커는 팀에서 꽤 중요한 일을 맡고 있으므로 후임자에게 제대로 인수인계를 해야 정식으로 퇴사할 수 있다. 여기에 보통 한 달이 소요된다. 사실 커커는 퇴사 의사를 밝히기 전에 다른 회사와 미팅을 했다. 그 회사는 좋은 조건을 제시하면서 최대한 빨리, 가능하면 일주일 안에 출근해달라고 말했다. 커커는 이 좋은 기회를 놓치고 싶지 않았지만, 한편으로는 지금 회사가 놓아주지 않을까 봐 걱정이었다. 그녀는 다시 한 번 루루를 만나 의견을 물었다. 루루에게 무슨 뾰족한 방법이 없어도 그냥 들어주기만 하면 좋을 것 같았다.

루루는 저번과 마찬가지로 마치 자기 일인 것처럼 흥분했다. "어차피 그만둘 건데 지금 회사 눈치를 볼 필요 있어? 그냥 빨리 탈출해! 거기서 인수인계한다고 한 달이나 더 다니다가 이렇게 좋은 기회가 날아가면 어떡해? 요즘에 재취업하기가 그렇게 쉬운 줄 알아? 당장 내일 사직서 한 장 던지고, 네 물건 싹 정리해서 나와. 모레부터 출근하지 말고, 전화 오면 그만두었으니 연락하지 말라고 해. 사람 귀한 줄 알아야지 말이야. 그 사장이라는 인간 얼굴 좀 보고 싶네!"

커커는 루루의 말을 듣고 답답했던 속이 좀 풀리는 것 같았다. 친구의 말처럼 하루라도 빨리 지금 회사에서 벗어나고 싶은 마음이 굴뚝같았지만 그랬을 때 발생할 수 있는 결과를 차분히 생각해보았다. 아무리 생각해도 루루의 말대로 하는 건 무리였기에 다음 날 평소처럼 출근했다. 커커는 사내 규정에 따라 끝까지 완벽하게 인수인계를 마치고 퇴사하기로 했다. 며칠 후 루루는 커커가 아직 퇴사하지 않은 사실을 알고 탓하듯 말했다. "왜 하라는 대로 안 해? 그렇게 물러서 어쩌자는 거야? 사장에게 본때를 보여줘야지!"

루루의 말을 들은 커커는 스트레스를 받았다. 그날 저녁, 커커는 아버지에게 전화를 걸어 그동안의 일을 이야기했다. 아버지는 신중한 목소리로 이렇게 말했다.

"친구 말대로 하지 않은 건 잘했다. 그렇게 하면 잠시 통쾌한 기분이 들겠지만, 자칫 네 앞날에 나쁜 영향을 미칠 수도 있다. 모든 업계는 생각보다 넓지 않단다. 사장들은 대부분 서로 알고, 어떤 사람들은 친한 친구이기도 하거든. 네가 이 회사에서 어떻게 하고 나왔는지가 새로운 회사의 사장 귀에 들어갈 확률이 커. 또 재취업을 해도 지금 회사와 협력할 일이 있을 수 있지. 회사에서 인수인계 기간을 한 달로 제시했으면, 그만큼 잘 마무리하는 편이 좋아. 뭘 하든 마무리를 야무지게 해야지 애도 아니고 기분대로 움직이면 좋은 소리 듣기 힘들단다. 책임감 없는 사람을 반기는 회사는 없거든. 좋은 기회를 잃을까 봐 걱정되겠지만, 이럴 때는 솔직하게 이야기하면 그쪽에서 이해할 거야. 직원을 쓰는 사람들은 능력도 능력이지만 인품을 중요하게 생각하니까 솔직하게 이야기하면 너를 더 마음에 들어 할 수도 있어. 고민이 있을 때 털어놓을 수 있는 좋은 친구가 있어서 좋겠다. 그런데 친구가 고통을 분담해줄 수는 있어도 책임은 없어. 책임은 너 혼자 지는 거야. 그러니까 생각을 잘해야 해. 안 그래도 힘든데 친구 때문에 스트레스가 더 커지면 안 되지."

누구나 루루 같은 친구가 있다. 무슨 이야기든 무조건 내 편이 되어서 나와 똑같이 기뻐하고 화내고, 내게 잘못한 사람에게 적대감을 보이는 그런 친구 말이다. 마치 내 머릿속에 들어와 있는 것처럼 모든 말과 행동을 나와 같은 각도와 입장에서 한다. 그와 이야기하면 당연히 그의 말처럼 해야 한다는 생각이 든다. 하지만 이상하게도 조금만 더 생각해보면 친구의 말이 실제로 문제를 해결하는 데는 큰 도움이 되지 않음을 발견하게 될 것이다. 오히려 스트레스만 더 키울 수 있다.

진정으로 좋은 친구는 아주 푹신한 소파처럼 편안해야 한다. 나의 스트레스를 풀어주고, 이성적인 제안을 해주어야 한다. 서로 희로애락을 나눌 수 있어야 한다. 새로운 고민을 만들고 걱정을 키우는 사람은 좋은 친구라 할 수 없다. 누구나 속마음을 털어놓고 싶을 때가 있다. 지금 휴대폰 연락처에는 당신의 걱정을 해소해줄 사람이 있는가?

⟩ 훌륭한 선생님이자 이로운 친구 ⟨

자기 분야에서 성공한 사람들은 '훌륭한 선생님이자 이로운 친구'의 역할을 하는 친구가 한 명 혹은 그 이상 있다. 이런 친구는 늘 보고 배울 만한 모범이 되며, 옳은 방향으로 끊임없이 전진하게 만드는 등대와 같은 존재다. 당신에게 문제가 생겼을 때 선한 마음으로 잘못된 길을 지적하는 '사리 밝은 사람'이다.

'투자의 귀재'라 불리는 버핏은 여러 차례 공개적으로 벤저민 그레이엄에 대한 감사를 표현했다. 버핏은 그레이엄을 '마음속 영웅이자 훌륭한 선생님'이라고 말했다. "나는 그에게 주식이 어떻게 돌아가는지 배웠습니다. 주식은 생산품이 아니라 비즈니스고, 가격 파동은 악재가 아니라 호기이며, 투자할 때는 반드시 안전선을 확보해야 한다는 걸 알게 되었죠." 버핏의 유명한 '가치투자 이론' 역시 그레이엄으로부터 시작되었다고 해도 과언이 아니다. 버핏에게 그레이엄은 그야말로 '훌륭한 선생님이자 이로운 친구'였다.

최근 10여 년 동안 나는 스미스라는 훌륭한 선생님이자 이로운 친구와 함께했다. 나는 종종 그에게 농담을 건넨다. "너는 말이야, 좋은 동료이자 친구지. 하지만 아직 '최고 수준'에는 이르지 못했으니까 좀 더 분발해야겠어!" 말은 이렇게 해도 우리는 늘 함께 일하며 서로 맞춰가는 좋은 친구다.

동업자로서 스미스는 모든 일을 사업과 관련해서 고려하며 결국에는 이익을 최대화하는 전략을 내놓는 사람이다. 과감한 도전을 즐기지만, 그에 따른 위험을 논리적으로 따져보고 각각 대처법이나 대안을 준비하는 데도 능하다. 그는 경영전략을 확정하는 데 없어서는 안 될 사람이지만, 이것만으로 훌륭한 선생님이자 이로운 친구라 하기는 어렵다. 스미스는 내가 개인적으로 문제에 부딪혔을 때 매우 이성적인 시각과 논리적인 사고로 나를 위해 해결책을 제시한다. 중국인인 내가 미국의 문화를 이해하고 부드럽게 녹아들 수 있도록 도움을 주었다. 또 문화충돌이 발생했을 때 기꺼이 완충제 역할을 맡아 거주지, 생활 등의 다양한 방면에서 유익한 정보와 제안을 건넸다.

훌륭한 선생님이자 이로운 친구, 우리는 모두 이런 친구를 만나야 한다. 너무 많을 필요도 없다. 설령 한 명뿐이라고 해도 평생 도움이 될 것이다.

함께 행복한
진짜 관계

빈부, 학력, 성격의 차이가 너무나 큰 두 사람이 오랫동안 우정을 유지하는 친구가 될 수 있을까? 인간관계 전문가 사일러는 이에 관해 다음과 같이 설명했다. "이런 이야기를 하면 계산적이라느니 친구 사이에 그런 게 뭐 중요하냐느니 하지만, 우리는 모두 실제로는 불가능하다는 걸 잘 알고 있습니다. 원래 진실은 고통스러운 거죠. 물론 만인은 평등하지만 사람을 만나다 보면 이 점을 떠올리게 되는 순간이 분명히 있습니다. 부와 능력, 성격, 가치관 등이 전혀 다른 사람과는 친밀한 관계를 쌓고 진정한 우정을 나누기가 쉽지 않습니다. 억지로 친구가 될 수는 있어도 서로 중요하게 생각하는 대상이 되기는 어렵죠."

⁓ 안주하는 사람은 친구로 환영받지 못한다 ⁓

캘리포니아 대학에서 강의할 때의 일이다. 나는 늘 20분쯤 일찍 도착해서 교실 한쪽에서 조교와 이야기를 나누며 눈으로는 학생들을, 더 정확하게 말하자면 학생들이 '짝꿍을 정하는 방식'을 관찰했다. 강의 내내 짝꿍끼리 다양한 상호활동을 하기 때문에 학생들은 짝꿍이 되고 싶은 사람과 나란히 앉았다. 그들은 늘 가장 친한 사람과 짝꿍을 맺었고, 이는 공공연한 비밀이었다.

강의가 끝난 후에도 관찰은 계속되었다. 나는 학생들이 밝게 웃으며 가방을 챙겨 나가는 모습을 유심히 바라보았다. 그들은 삼삼오오 모여서 강의에 관해 이야기했다. 몇 차례 관찰을 통해 나는 학생들이 늘 성적과 생각이 서로 비슷한 사람끼리 모인다는 사실을 확인했다. 모범생은 모범생끼리, 열등생은 열등생끼리 짝꿍이 되기를 선호했다. 물론 모범생과 열등생의 조합도 없지는 않았지만, 예외로 생각해도 좋을 만큼 극소수였다.

이후 우리 연구팀은 몇 가지 실험과 조사를 통해 우수한 사람과 친구가 되려면 그에 걸맞은 수준을 갖추어야 한다는 사실을 발견했다. 모든 면에서는 아니더라도 각기 상황에 따라 특정 방면에서만큼은 같거나 더 우수해야 했다. 그렇지 않으면 소통의 길이와 깊이가 현저히 줄어들어 결국 관계가 흐지부지되고 만다. 능력이 상대방에 미치지 못하면 열심히 노력이라도 해야 한다. 그래야 상대방의 존중을 얻으며 관계를 이어나갈 수 있다.

⇃ 좋은 관계는 함께 성장한다 ⇂

단언컨대 사람들은 보수적이고 편집적인 사람을 싫어한다. 이런 사람과 친구가 되면 고통스럽기 그지없기 때문이다. 한때 잡스의 독단적인 성격 때문에 고생한 웨인은 이렇게 말했다. "잡스는 분명히 천재입니다. 하지만 그는 다른 사람을 편하게 하는 사람은 아닙니다." 친구가 되려면 기본적인 가치관이 비슷해야 한다. 사상, 정치, 가치관에 큰 차이가 없어야 서로 친하게 지내면서 편안하게 해줄 수 있다.

우수한 사람과 친구가 되려면 그에 걸맞게 우수한 사람이 되어야 한다. 적어도 그렇게 되려고 최선을 다해 노력해야 한다. 그래야만 상대방으로부터 존중받는 사람이 될 수 있다. 그래서 나는 모든 사람이 장기적인 '개인 성장 계획'을 마련해야 한다고 생각한다. 이 계획에 따라 스스로 자신을 업그레이드해, 부족한 점을 채워야 한다. 이는 친구들이 서로 자극하고 성장하는 플랫폼이 될 수 있다.

건강하고 개방적이며 선의로 충만한 가치관이 있는 사람이 되고, 그에 부합하는 친구를 찾기 위해 열심히 노력하자. 물론 모든 능력과 사상, 가치관 등이 100% 같을 필요는 없다. 약간의 차이가 존재하더라도 기꺼이 협력함으로써 관용과 이해를 배울 수 있다.

⇃ 친구에게 현명하게 기대는 방법 ⇂

17세기 영국 시인 존 던은 "세상 어느 누구도 외따로 떨어진 섬이 아니다. 모든 사람은 대륙의 한 조각이며, 대양의 한 부분이다."라고 했다.

우리는 모두 각각의 개체로 독립해서 사는 동시에 서로 의존해야 한다. 물론 둘 중 어느 한쪽 극단으로 쏠리는 상황은 바람직하지 않다.《건강한 의존증(Healthy Dependency)》에서 작가 로버트 본스타인[Robert F. Bornstein]과 메리 랭귀랑[Mary A. Languirand]은 친구에게 도움을 구함으로써 스스로 더 강해질 수 있다고 말했다. 맞는 말이다. 친밀함과 깊은 우정을 쌓는 과정에서 꼭 필요한 적당한 의존은 반드시 있어야 할 요소라 해도 과언이 아니다. 서로에게 바라거나 얻고 싶은 것이 하나도 없다면 친구의 가치가 있다고 할 수 있는가?

전통적으로 사람들은 '남에게 기대는 행위'를 '무능하다'는 의미로 해석해왔다. 중국의 실리콘밸리라 불리는 베이징 중관춘에서 일하는 루이도 그중 한 명이었다. "정말 그랬습니다. 다른 사람에게 부탁하거나 의지하지 않으려고 했죠. 어렸을 때부터 독립적이어서 학교 다닐 때도 부모님께 기대지 않았어요. 동창들에게 뭐 하나 부탁하는 일 없었고, 직장생활 할 때도 마찬가지였죠. 다 큰 성인이라면 혼자 모든 일을 알아서 척척 해내야 한다고 믿었기 때문입니다. 하지만 그 일이 있고 난 뒤에 제 생각이 틀렸을 수도 있다고 생각했습니다."

이전에 한 IT 기업에서 일한 루이는 능력 있고 성격도 외향적이어서 입사 3년 만에 핵심부서의 팀장으로 고속 승진했다. 이후 2년 동안 열심히 경력을 쌓은 그는 과감하게 독립해서 자기 회사를 열었다. 10명 정도의 직원이 있는 작은 규모의 회사였지만, 루이의 능력 덕에 꽤 성과를 거두었다. 하지만 시장이 침체하면서 자금 사정이 크게 나빠졌다.

처음에는 은행 대출을 받아 위기를 모면하려고 했지만 여의치 않았다. 대출 담당자가 "이번에는 어려울 것 같습니다."라고 말했을 때, 루이 이제 친구들에게 도와달라고 말할 때라는 생각이 들었다. 커다란 자괴감이 몰려왔다. 과거 십 수 년 동안 학교에서든 직장에서든 늘 독립적이고 자신만만하게 살아서 '뭐든 못 하는 일이 없는 사람'으로 통하던 그였다. 누구에게든 부탁 비슷한 것도 한 적 없는데 인제 와서 하려니 자기 신세가 처량하기 이를 데 없었다.

그날 밤 루이는 한숨도 자지 못하고 줄담배를 피우며 새벽까지 고민했다. 그리고 다음 날 아침, 마침내 친구에게 전화를 걸어 사정을 이야기했다. 친구는 크게 웃으며 농담을 던졌다. "옛날에 학교 다닐 때 이야기했던 거 기억나? 너는 무슨 일이 있어도 혼자서 알아서 하겠다고 큰소리쳤잖아. 우리 도움은 필요 없다고 말이야. 그때 얼마나 서운했는지!" 루이는 너무나 부끄러워서 연신 미안하다고 말했다. 며칠 뒤, 그는 몇몇 친구가 도와준 덕에 경영 위기를 무사히 넘겼다.

이 일은 루이의 가치관을 크게 바꾸었다. "행복하게 살려면 무조건 강해져서, 모든 일을 혼자 알아서 해야 한다고 생각했습니다. 십대 시절부터 그랬어요. 다른 사람한테 기대면 무슨 큰일이라도 나는 줄 알았습니다. 하지만 이번 경험으로 꼭 그런 것만은 아닌 걸 알게 되었습니다. 친구 사이의 우정은 서로 도움을 주고받으면서도 생겨나는 것이었어요. 서로에게 필요한 존재이고, 혼자는 어려워도 여럿이 함께하면 쉽다는 걸 깨우치게 되면서요."

친구 사이에 너무나 과하게 독립적으로, 조금도 의존하지 않으려는 태도는 결국 서로를 멀어지게 할 수 있다. 서로 필요하고 도움을 줄 수 없다면 친구를 사귀는 이유가 무엇인가? 나는 인간관계를 연구하기 시작하면서부터 이 문제를 매우 중요하게 생각했다. 삶을 더 행복하게 하고 우정을 더 키우려면 혼자 어려움을 안고 끙끙대느니, 솔직하게 속마음을 드러내고 도움이 필요하다고 말해서 '아주 적당히 의존해도' 괜찮다. 친구에게 도움을 구하는 행위는 무능함의 표현이 아니라 '너는 내게 중요한 존재야'라는 메시지를 전달할 수 있다.

'아주 적당한 의존'에는 고도의 '자기조절'이 필요하다. 자신을 컨트롤하면서 적당함의 정도를 유지할 때, 도움을 얻으면서 관계를 더욱 단단하게 만드는 건강한 우정이 완성된다. 이때 자신과 친구를 바라보는 방식과 태도가 매우 중요하게 작용한다.

나는 누구인가? 친구는 누구인가? 두 사람은 한쪽이 다른 한쪽에게 일방적으로 기대는 것이 아니라 '서로 필요한 존재'여야만 한다. 성숙한 사고를 하는 사람은 우정 역시 성숙하게 이성적으로 만들어나간다. 이런 사람은 도움이 필요하다고 느꼈을 때, 친구에게 도움을 부탁하면서도 여전히 자신감을 잃지 않는다.

친구에게 아주 적당히 의존하고 싶다면 자신과 친구의 능력, 성격 등을 모두 종합해 그 '적당함의 수준'을 확정해야 한다. 이는 객관적인 상황을 살펴서 신중하게 결정할 일이다. 다음의 방법을 참고하자.

첫째, 당신이 친구에게 어떤 존재인지 파악하라

친구는 나를 어떻게 대하는가?

친구는 나를 어떻게 바라보는가?

친구의 마음속에 나는 어느 정도를 차지하는가?

쉽게 말해서 우선 '친구가 나를 도우려고 할까?'를 생각해야 한다. 이는 친구 무리에서 당신의 신용도가 어느 정도인지와 관계가 크다. 자기 머릿속의 상상으로 추측하지 말고, 거울을 보듯 친구의 눈으로 자신을 들여다보자. 평소에 건강하고 성실하며 긍정적인 사람이었다면 친구들 사이에서도 이미지가 좋아 비교적 쉽게 도움을 받을 수 있다. 이런 사람에게 부탁받으면 친구들도 즐거운 마음으로 기꺼이 도와줄 것이다. 반면에 평소 신용이 좋지 않고 언행이 바르지 않은 사람은 도움을 얻기는커녕 부정적인 이미지만 더 강화될 수 있다.

둘째, 필요한 도움을 현명하게 전달하라

필요한 것을 어떻게 표현하는가는 매우 중요한 문제다. 진실하지 못한 태도로 도움의 이유를 숨기거나 얼버무리고, 도움의 수준을 과장한다면 믿음을 주지 못한다. 아마 친구는 당신이 과하게 의존한다고 여기고 연락을 피할 것이다.

이런 결과를 피하려면 다음의 세 가지를 잘 생각해보아야 한다.

- 무엇이 필요한가?
- 어떻게 도움을 구해야 할까?
- 누구에게 부탁해야 할까?

현명한 사람은 부탁과 요구의 미묘한 차이를 구별할 줄 안다. 말하는 기교가 부족해서 분명히 부탁했는데도 상대방은 요구로 받아들여 낭패를 보는 경우가 허다하다. 반면에 어떤 사람은 굳이 말하지 않아도 표정만으로 친구가 먼저 도움이 필요하냐고 묻게 한다. 아주 적당히 고뇌와 무력감을 드러내서 친구가 사정을 이해하고 기꺼이 도움을 제공하도록 한다.

셋째, 기대는 마음이 더 커지지 않도록 주의하라

모든 일은 정도가 있어야 한다. 친구에게 의지할 때도 마찬가지다. '지금 나는 네가 꼭 필요해, 하지만 계속 기대지는 않을 거야.' 원칙과 정도를 지키는 '아주 적당한 의존'은 인간관계를 강화해서 서로 더 이해하고 친밀하게 만든다. 서로를 향한 감정이 돈독해지며 응집력이 커져서 외롭지 않다. 이처럼 커다란 행복을 놓치지 않으려면 자신의 감정을 잘 조절하고 제어할 줄 알아야 한다.

우정에는 반드시 진정성이 있어야 한다. 깊은 우정을 쌓는 일은 절대 쉽지 않으며, 시작부터 수준 높은 인간관계를 가질 수 있는 사람은 없다. 이는 매우 어려운 과정이며 누구에게나 순조롭지 않다. 긴 시간 동안 수차례 상황을 돌이켜보고 조절하며 경험해야 한다. 다만 포기하지 않고 꾸준히 한다면 친구와 서로 필요한 도움을 주고받으며 양측 모두 행복한 우정을 실현할 수 있다.

╡ '같음'을 요구할 수 없다 ╞

맷 데이먼은 〈라이언 일병 구하기〉, 〈엘리시움〉, 〈마션〉 등 수많은 할리우드 대작의 주연 배우다. 그는 한 인터뷰에서 자신은 애완동물을 무척 사랑하지만, 애완동물이라면 질색하는 친구가 많다고 말했다. 그에 따르면 애완동물 외에도 다른 점이 여럿 있었다.

"그럼 의견이 맞지 않을 때, 싸우기도 하나요?"

"서로 치고받고 싸우냐고요? 아뇨, 절대 그런 일은 없어요. 우리는 종종 별로 유쾌하지 않은 화제를 놓고 토론하면서 자기 생각을 말합니다.

상대방의 말에 동의하지 않지만, 잔을 들고 건배 한 번 하면 다른 일은 전혀 발생하지 않아요. 친구니까요!"

친구는 우리를 즐겁게 하는 수단이 아니며 내 생각에 동의하라고 요구할 수도 없다. 친구 사이에는 서로 인정하고 의지하는 동시에 완전히 독립적인 부분도 있어야 한다. 우리는 독립된 두 개체가 공존하며 화합하고 모두 행복한 사교를 추구해야 한다.

한 칼럼에서 '모든 조직은 내부 동의를 요구하고, 차이를 소멸한다'라는 글을 본 적 있다. 사실 친구 관계도 일종의 조직이다. 하지만 일치하지 않는 부분에 대해서는 어느 정도 공간을 남겨두고 존중해야 나의 생각도 인정받을 수 있다. 즉 '인정을 요구하지 않음으로써 인정받을 수 있는' 것이다. 무슨 패러독스 같지만 실제로 그렇다.

어떤 사람들은 친구가 항상 자신과 똑같기를 바란다. 스포츠, 동물, 책, 정치, 연예인 등 분야를 가리지 않고 모든 면에서 말이다. 친구가 자신과 다른 의견을 제시하면 용인하지 못할 뿐 아니라 분노를 참지 못한다. 심지어 "아무래도 그 친구랑 절교해야겠어요!"라고 말하는 사람도 본 적 있다. 그는 친구가 사람들 앞에서 자기 의견에 동조해주지 않은 일을 절교의 이유로 들었다. 가능하다면 나는 그 친구라는 분에게 이 사람과 절교하라고 제안하고 싶다. 그는 친구에게 무조건 자신의 의견에 동의하라고 요구하는 속 좁은 사람이기 때문이다. 이는 친구로서 할 수 있는 일이 아니다. 어떠한 상황이라도 진정한 친구라면 모두 상대방의 생각을 존중할 줄 알아야 한다.

그렇게 각자 자기 생각을 고집한다면 친구로서 의미가 없지 않느냐고 되묻는 사람이 있을지도 모르겠다. 하지만 각자의 독립된 생각을 고수하는 상황에서도 우정은 가능하다. 친구는 서로 돕고 따뜻한 보살핌을 주고받는 동시에 일정한 거리와 공간을 유지해야 한다. 나와 스미스가 그렇다. 우리는 많은 부분에서 좁힐 수 없는 커다란 차이점이 있지만, 상대방의 생각을 절대 부정하지 않는다.

"제발 말 좀 들어, 그런 말도 안 되는 생각을 버리라고."

"네 생각이 틀렸어. 그냥 내가 하자는 대로 해!"스미스와 나 사이에 절대 존재할 수 없는 말들이다. 우리는 이런 태도가 친구에게 자아를 포기하라고 강요하는 것임을 잘 알고 있다. 당신은 자아를 포기할 수 있는가? 아니라면 다른 사람에게도 그것을 요구해서는 안 된다.

⸙ 우정과 경쟁의 균형 잡기 ⸙

스누커 세계선수권대회가 열리기 며칠 전, 강력한 우승 후보인 로니 오설리번Ronnie O'Sullivan은 역시 우승 후보들인 존 히긴스John Higgins, 마크 윌리엄스Mark Williams와의 관계를 언급했다. '75년생 삼인방'으로 불리는 세 사람은 친구이자 경쟁자다. 오설리번은 세 사람의 관계를 테니스 슈퍼스타 노박 조코비치, 라파엘 나달, 로저 페더러의 경쟁에 비교했다. 그는 히긴스와 윌리엄스가 있었기에 더 성장할 수 있었다고 말했다.

세 사람은 똑같이 1992년에 프로 경기를 시작해서 장장 20년 동안 스누커 황금시대를 이끌었다. 세 사람의 우승 기록을 합산하면 세계선수권 우승 11회, 대형 랭킹 라운드 71회에 달하며 9개 마스터스 대회도 빠짐없이 우승했다. 오설리번, 히긴스, 윌리엄스가 가져간 우승 트로피는 모두 126개로 세 사람이 스누커를 통치했다고 해도 과언이 아니다. 물론 이 통치는 지금도 계속되고 있다.

"우리는 서로 자극이 됩니다. 상대방이 최고의 상태로 경기에 나서기를 바라죠. 나는 우리 세 사람이 아주 특별한 우정을 쌓고 있다고 생각합니다. 서로 자극하면서 즐겁고 행복해하죠. 프로선수에게는 더할 나위 없이 최고의 파트너입니다. 저번에 히긴스가 저의 세계선수권 5회 우승기록을 깨고 싶다고 말하더군요. 그래서 꼭 목표를 달성하기 바란다고 했어요. 많은 시간이 흘렀지만 우리는 여전히 세계 최정상급 수준에서 경기합니다. 셋이 함께했기에 가능한 일이죠."

친구인 동시에 경쟁자인 관계도 있다. 이때 우리는 우정과 경쟁 사이에서 적당한 균형점을 찾아야 한다. 일하면서 알게 된 사람이지만 그가 당신의 둘도 없는 친구가 될 수 있다. 분명히 친하고 좋은 사람이지만 분명히 직업적인 경쟁이 존재할 것이다. 복잡하지만 적당한 균형점만 찾는다면 아주 중요하고 이로운 관계가 될 수 있다.

⟫ 영혼으로 교감하는 관계가 필요하다 ⟪

2011년 크리스마스이브 맨해튼 5번가, 일면식도 없는 두 사람이 록펠러 센터의 서점 입구에 서 있었다. 이 건물에 있는 한 기업의 부회장인 호지어와 서점 직원 글렌이었다. 호지어는 독실한 기독교인, 글렌은 확고한 무신론자였다. 이 만남은 두 사람의 인생에 커다란 영향을 미쳤다.

그날 맨해튼에는 폭우가 내리고 엄청난 바람이 불었다. 마치 도시 전체가 거대한 폭풍 속으로 말려들어 가는 것 같았다. 호지어는 오도 가도 못 하고 서점 앞에 발이 묶였고, 글렌도 마찬가지였다. 두 사람은 나란히

선 채로 날씨, 지리, 사회, 경제, 정치까지 많은 이야기를 나누었다. 록펠러 센터 내부의 시시콜콜한 이야기도 주고받았다. 호지어는 글렌이 자기 회사에서 일어난 경영권 분쟁까지 손바닥 들여다보듯이 훤히 꿰고 있는 걸 알고 깜짝 놀랐다. 안 그래도 그는 요 며칠 이 분쟁 탓에 골머리를 앓고 있었다. 이사회에서 주주 몇 명과 격렬한 논쟁을 벌였는데 아무래도 승산이 없어 보였다. 자칫 부회장 자리까지 내놓아야 할 판이었다. 이번 내홍 탓에 경영 상황도 악화되어서 수익이 연이어 석 달이나 내림세를 면치 못했다. 호지어는 허탈한 표정으로 글렌에게 물었다.

"이 일이 어떻게 마무리될 것 같나요?"

글렌은 고개를 들어 하늘을 한 번 쓱 쳐다보더니 이렇게 대답했다.

"신이 우리를 위해 이 큰비를 막아줄까요?"

동문서답 같은 말이었지만 호지어는 이 말을 듣고 깊은 생각에 빠졌다. 잠시 후, 폭우가 멈추고 함께 비를 피하던 사람들도 모두 제 갈 길을 갔다. 호지어는 글렌이 작별인사를 하고 떠난 후에도 한참이나 그곳에 그대로 있다가 발길을 떼었다.

며칠 후, 그는 누구도 예상하지 못했던 결정을 내렸다. 자발적으로 부회장 자리를 내놓고 주식을 양도한 것이다. 이제 그에게 남은 것은 이사회 구성원으로 투표권을 행사할 수 있을 정도의 주식뿐이었다. 그를 공격하던 사람들은 예상보다 수월하게 큰 승리를 거두었다며 반색했고, 빠르게 새로운 부회장 인선에 착수했다. 그들은 이전에 호지어가 내렸던 결정을 모두 철회해서 그의 공적을 지웠다.

폭우가 내리던 날, 분노에 차서 반격을 준비했던 호지어는 글렌의 입에서 무심히 흘러나온 말을 가만히 생각했다. 그는 신을 믿었지만 신은 뉴욕은 물론이고 미국 동부 전체를 강타한 폭우를 막아주지 않았다. '왜 신은 사고를 유발하고 생명을 앗아가는 폭우를 내버려두는 걸까? 나의 반격이 모든 일의 결말을 바꿀 수 있을까? 아니, 불가능한 일이야······.' 여기까지 생각한 호지어는 어쩌면 아무것도 하지 않고 내려놓는 것이야 말로 가장 좋은 전략이라는 생각이 들었다.

얼마 지나지 않아 상황이 바뀌었다. 신임 부회장의 경영전략이 전혀 효과를 발휘하지 못해 실적이 더 크게 떨어진 것이다. 연이어 수개월 동안 회사 수익이 역대 최저 수준까지 떨어지자 이사회는 큰 불만을 쏟아내며 신임 부회장을 해고했다. 그들은 이 위기를 해결할 구원투수로 호지어를 떠올렸다. 특히 지난번 갈등이 불거졌을 때, 대범하게 결단을 내려서 더 이상의 논쟁을 피한 점이 큰 호평을 받았다. 이렇게 해서 호지어는 다시 부회장으로 선출되었으며 반년 후에는 회장 자리에까지 올랐다.

이 모든 결과를 끌어낸 것은 놀랍게도 서점 직원의 한마디였다. 호지어는 글렌의 말에서 이전에 배운 어떠한 지식보다 중요한 지혜를 얻었다. 정신적으로 가장 힘들고 외로울 때, 누군가의 말에서 해결의 실마리를 얻는다면 절대 잊을 수 없는 은인처럼 여겨진다. 실제로 이후 호지어는 글렌이 일하는 서점으로 찾아갔고 두 사람은 나이, 지위, 부, 종교를 넘어 좋은 친구가 되었다. 호지어는 글렌이 자신보다 더 큰 통찰력으로 세상을 바라보며, 이는 어떠한 재물보다 귀하다고 생각했다.

'영혼의 친구'란 호지어와 글렌처럼 물질적, 환경적 요소를 모두 넘어 정신적인 교감을 나눌 수 있는 친구다. 평생 이어지는 관계가 아닐 수도 있고, 특정한 사람을 지정해서 맺는 관계도 아니다. 영혼의 친구는 서로 깊은 이해와 신뢰를 바탕으로 소통할 수 있으며, 유익한 가치를 제공한다. 자주 만나거나 함께하지 않아도 그저 몇 마디만으로 서로 깊은 감동과 깨달음을 주는 관계다. 이러한 관계에서 양측은 상대방에게 친구의 의무를 요구하지 않으며, 자유로운 어울림 속에서 수준 높은 정신적 가치를 공유한다.

나 역시 정신적 교감을 나누는 친구가 있다. 중국 남부에서 사업하는 그는 대학 시절에 친하게 지냈던 친구다. 졸업 후에 함께 여행하자고 약속하기도 하고, 같이 몇 차례 사업을 시도하기도 했다. 지금 우리는 거의 7~8년이나 만나지 못했으며, 서로 멀리 떨어져 있어 들리는 소식도 거의 없다. 명절이 되면 가끔 안부 전화와 이메일을 주고받는 정도다. 이 간단한 연락은 늘 깊은 인상을 남기며 마음속에 특별한 흔적으로 자리잡는다. 왕래가 잦지 않아도 정신적으로 교감하는 그와 나의 특별한 우정에 행복하고 감사할 따름이다.

⨟ 가치 있는 사교의 기본은 진정성이다 ⨞

신이 남자 한 명과 바보 한 명에게 똑같이 양고기 한 근과 요리법을 주었다. 두 사람은 한 손에 양고기 한 근, 다른 한 손에 요리법이 적힌 종이를 들고 신이 나서 집으로 향했다. 그런데 어디선가 새들이 나타나 두 사람 손에 있는 양고기를 모두 홱 낚아채어 날아갔다. 너무 순식간에 일어난 일이라 방어하고 말고도 없었다. 이렇게 재수 없는 일이 일어나다니!

남자는 너무 화가 나서 정말 돌아버릴 지경이었다. 그는 분을 참지 못하고 길길이 날뛰면서 손가락으로 하늘을 가리키며 욕을 내뱉었다. 양고기를 낚아챈 새들을 잡아 갈기갈기 찢어놓겠다고 목이 터져라 외쳤다. 바보의 반응은 전혀 달랐다. 그 역시 하늘을 바라보았지만 의기양양하게 큰소리로 웃으며 이렇게 외쳤다. "양고기를 가져가도 소용없어! 요리법은 아직 내 손에 있다고!"

이 이야기에서 무엇을 느꼈는가? 우리가 살면서 만나는 모든 일에는 득과 실이 존재한다. 좀 더 행복한 삶을 살려면 무언가를 잃었을 때, 무엇이 남았는지를 생각해야 한다. 이야기에서 남자는 잃은 것에 집중하느라 신이 준 요리법은 무시했다. 반면에 바보는 얻은 것에 더 집중하면서 자신의 손에 아직 요리법이 있음을 기뻐했다. 남자와 같은 마음가짐을 지닌 사람은 모든 일의 득실 중 실, 즉 잃은 부분만 바라본다. 이런 사람은 친구를 사귈 때도 뭐라도 하나 손해볼까 봐 전전긍긍한다. 사람을 사귈 때는 바보와 같은 마음가짐으로 하는 편이 좋다. 어떤 친구를 사귀든 그로부터 얻은 것에 집중할 때, 더 의미 있는 인간관계를 맺을 수 있다.

특히 득에 집중하지 않는 사람만이 더 행복하고 수준 높은 인간관계를 다질 수 있다. 계산적인 태도로 처세하지 말 것이며 계산적인 마음가짐으로 친구 사이의 득실을 따져서는 안 된다. 친구와 어울릴 때는 언제나 진정성을 잃지 말고, 솔직하게 대해야 한다. 상대방으로부터 실질적인 무슨 이득이라도 얻어내고야 말겠다는 마음가짐은 친구는 물론이거니와 자신에게도 못 할 짓이다. 득실을 따질수록 당신의 관계는 더 무의미해질 것이다.

친구라면 진심으로 성실하게 서로를 위해 물질적인 혹은 정신적인 가치를 제공하고 보상을 바라서는 안 된다. 그래야만 계산적인 태도를 버리고 마음의 평정 상태에 도달할 수 있다. 순수했던 어릴 적 친구, 일하며 만난 사이, 부자와 가난한 자, 현실적인 이용가치의 유무…… 이런 요소들을 전부 한쪽으로 치우자. 진정성을 잃지 않고 관계를 만들어나가야 비로소 마음의 위안이 되는 우정을 누릴 수 있다.

미시간 대학교에 다니는 중국인 유학생 샤오왕은 미국에 와서 인터넷으로 여러 친구를 사귀고 다양한 모임에 참가했다. 처음에는 분명히 재미있고 유학 생활에 꽤 도움이 된다고 여겼지만, SNS를 통해 알게 된 친구 대부분은 진정성이 없었다. 진심을 담은 우정과 감동을 주고받을 만한 사람은 찾지 못했다. 넓지만 정작 알맹이 없는 인간관계는 피곤하기만 할 뿐 아무런 효과를 기대할 수 없었다. 사실 따지고 보면 당연한 일이다. SNS이나 인터넷에 올린 사진을 보고 '좋아요'를 누른 사람과 무슨 진정한 가치를 기대한다는 말인가? 그는 이렇게 말했다. "허구와 환상의 사교 거품이라고 생각합니다. 사람들은 하나 혹은 그 이상의 가면을 겹겹이 쓴 채, 진짜 의도를 감추고 있어요. 진정성이란 건 없어진 지 오래죠. 지금의 인간관계는 맹수와 함정이 가득한 밀림 같습니다."

고귀한 품격이자 가장 훌륭한 사교술인 진정성은 우리가 꾸준히 지켜야 하는 덕목이다. 계산적이고 가식적인 마음을 버리고 진심을 담아 성실하게 좋은 친구를 마주해야 한다. 어쩌면 당신은 진심으로 친구를 대했는데 친구는 그렇지 않을 수도 있다. 그로 말미암아 우정에 회의감을 느끼고 좌절하더라도 크게 상심하지 말기 바란다. 친구의 함금량含金量을 검증하는 과정이었다고 생각하자. 당신의 친구가 될 수 없는 사람을 걸러내는 과정이니 너무 속상해할 필요 없다.

하지만 안타깝게도 현대 사회의 사교 환경은 날로 나빠지고 있다. 이는 부인할 수 없는 객관적인 사실로 현대인이라면 진정성이 사라지고 계산적인 마음이 점령한 세태를 실감할 것이다. 이런 와중에도 우리는 최대한 자신만의 인간관계 원칙을 정하고 진정성을 담아 올곧게 지켜야 한다. 또 상대방이 이렇게 하는 데 대해서도 감사하는 마음이 있어야 한다. 이 '감사하는 마음'이 많아질수록 우정의 가치는 더 커지며 두 사람 사이의 유대감이 강해진다.

순수한 진정성을 담은 마음으로 친구를 마주하면 우정의 가치를 최대화한다. 이런 우정을 누리는 사람이야말로 즐거우면서도 행복하게 관계를 유지할 수 있다.

막역하나 서로를 잊고 사는 친구도 있다

캘리포니아 대학에서 만난 리처드가 내게 질문했다.

"친구의 최고 경지는 무엇이라고 생각합니까?"

"막역하나 평소에는 잊고 사는 친구죠."

좀 더 쉽게 설명하자면 '거리가 멀다고 소원해지지 않고, 시간이 오래되었다고 어색해지지 않는 친구'다. 몸이 어디에 있든, 시간이 얼마나 흘렀든 서로를 향한 감정은 조금도 옅어지지 않는 그런 친구다. 이런 친구는 상대방의 생각과 인생 계획에 반하는 요구를 하지 않으며 상대방의 의견과 선택을 존중하고 응원한다.

내게도 이런 친구가 있다. 중국 항저우에 사는 라오다. 사실 그는 나보다 두 살 어린데, 젊어서부터 탈모 증상이 있어 친구들끼리 '라오 형'이라는 별명으로 부르곤 했다. 올해 3월 어느 저녁 살짝 잠이 들었는데 라오에게 전화가 왔다. LA로 출장을 왔다면서 혹시 다음 날 잠깐 만날 시간이 있냐고 물었다. 약속을 정하고 전화를 끊은 후 나는 우리의 우정이 벌써 20년 가까이 되었다는 생각을 했다.

대학에 다닐 때, 나와 라오 비슷한는 부류의 사람이었다. 두 사람 모두 평범한 외모와 무던한 성격으로 뭘 하든지 중간 수준을 유지했다. 또 라오는 탈모, 나는 느릿느릿한 걸음걸이라는 '결점'이 있는 사람이었다. 대단한 능력도 야심도 없는, 말투와 태도마저 '평온한 호수' 같은 사람들이었다. 아침저녁으로 만나야 친한 친구라 할 수 있다, 아무리 친한 친구도 1년 정도 떨어져 있으면 어색해진다……, 우정에 관해서 흔히 하는 말이다. 하지만 라오와 나는 이런 말들을 비웃어 넘길 만큼 끈끈한 우정을 이어오고 있다.

대학 시절 라오와 나는 다른 친구들처럼 한 기숙사에 살면서 같이 많은 일을 했다. 하지만 졸업 후에 각자의 일로 바쁜 나머지 거의 6개월이나 전화 한 통화도 하지 못했다. 다시 연락하게 된 계기는 내가 그의 도움이 필요했기 때문이다. 당시 나의 첫 창업은 실패를 목전에 두고 있었다. 컴퓨터 부품 생산에 투자한 20만 위안이 고스란히 날아갔고, 고객과 직원들에게 지급해야 할 돈이 15만 위안에 달했다. 1990년대 중국에서 이 정도 돈은 거액이었다.

나는 문제를 해결하기 위해 동분서주했고 간신히 10만 위안을 마련했다. 이제 5만 위안만 더 구하면 되는데 더 이상 빌릴 곳이 없었다. 그때 머릿속에 떠오른 사람이 바로 라오였다. 그의 아버지는 항저우의 유명한 상인으로 라오가 대학에 합격하자 30만 위안을 축하금으로 주었다. 대학 생활하면서 필요한 데 쓰거나 나중에 창업할 때 자금으로 써도 되는 돈이었다. 하지만 라오는 4년 내내 이 돈을 한 푼도 쓰지 않고, 방학만 되면 아르바이트를 해서 스스로 생활비를 벌었다. 어쩌면 그 돈을 빌릴 수 있지 않을까? 하지만 좀처럼 용기가 나지 않았다. 졸업 후에 한참이나 만나지 않았고 전화도 안 했는데, 갑자기 연락해서 돈을 빌려 달라니 너무 뻔뻔하지 않은가? 아마 누구라도 내가 너무 염치없다고 말했을 것이다. 나는 담배를 피우며 밤을 꼬박 새웠다.

'말해? 그러면 우리 우정은 끝나겠지. 내 이미지까지 박살 날 테고.'

'말하지 마? 그럼 회사는 어떻게 해? 빨리 정산을 해줘야 하는데 방법이 없잖아!'

나는 돈 빌려달라는 말을 하느냐, 마느냐 사이에서 갈팡질팡하면서 뜬눈으로 밤을 새웠다. 다음 날 아침, 나는 라오에게 전화를 걸었다. 그는 반갑게 전화를 받고서 "요즘 잘 지내?"라고 물었다. 나는 10초 정도 아무 말도 못 하다가 간신히 입을 뗐다. "사실 부탁할 일이 있어서 전화했어." 라오는 그 말만 듣고 바로 물었다. "돈이 필요한 거야? 얼마나?"

밤새 여러 상황을 떠올려 봤지만, 그가 먼저 돈이 필요하냐고 물을지는 전혀 예상하지 못했다. 나는 자포자기한 목소리로 솔직하게 말했다.

"아직 5만이 부족해."

"알았어. 30분만 기다려!"

전화를 끊은 라오는 30분 뒤에 5만 위안을 송금하고, 전화를 걸어 이제야 전후 사정을 물었다. 내 이야기를 전부 들은 그는 "실패하거나 안 좋은 일도 있을 수 있지. 어찌 되었든 나는 네 편이야!"라고 말했다.

그 순간, 나는 진정한 우정이란 거리와 시간의 영향을 받지 않는다는 사실을 깨달았다. 지난밤, 잠도 자지 못하고 고민을 거듭하다니 얼마나 바보 같은 짓인가? 나는 우리의 우정을 너무나 가볍게 보았다.

"정말 미안해, 오랜만에 전화해서 대뜸 돈을 빌려달라니…… 면목이 없어."

"무슨 소리야? 네 마음이 불편하면 나를 그냥 투자자라고 생각해!"

얼마 후, 다행히 나는 라오의 돈뿐 아니라 모든 빚을 깨끗하게 청산했다. 그리고 상하이에서 몇 개월 더 사업을 하다가 미국으로 건너왔다. 라오는 고향 항저우에서 아버지 회사를 물려받아 경영했다. 우리는 다시 연락이 뜸해졌고 6~7개월 동안이나 아무 소식이 없을 때도 있었다. 하지만 우리는 늘 서로를 생각한다. 잊힌 것은 거리와 시간일 뿐, 우정은 영원히 마음에 남아 있다.

﹥ 시간은 진정한 우정을 발견하도록 돕는다 ﹤

우리는 성장 과정에서 영원히 잊을 수 없는 사람을 많이 만난다. 유치원에서 함께 뛰어놀았던 친구, 초등학교부터 대학교까지 형제처럼 지낸 동창, 사회 초년생의 어려움을 함께 나눈 동기, 어려울 때 늘 도움이 된 이웃 등 살면서 끊임없이 새로운 친구를 사귀고, 옛 친구를 잊는다. 어떤 사람은 거리가 멀어지면 친하게 지냈던 세월이 무색할 정도로 순식간에 낯설어진다. 이 도시에서 저 도시로 이사하고 일정 시간 못 만나면 그의 생김새는 어렴풋이 기억나는데 이름은 기억나지 않을 수도 있다.

이것이 바로 시간의 마력이다. 시간은 당신이 만난 사람들의 그림자를 천천히 제거한다. 머릿속 기억들은 잔혹하고 공평하게 시간의 '심판'을 마주하고 그 커다란 파도에 휩쓸려 씻긴다. 이때 남는 것은 진정한 우정, 진짜 친구다. 화려할 뿐 실속 없는 관계는 모두 사라진다. 가장 소중히 할 가치 있는 친구들은 아무리 먼 곳에 있어도 당신을 위해 기도하고,

언제나 당신에게 따뜻한 두 손을 내밀 준비가 되어 있다. 자주 연락하고 만나지 않아도 서로 소중한 존재이기에 잊은 듯해도 절대 잊지 않는다.

이런 친구 관계는 정신적인 교감을 나눈다. '막역하나 서로를 잊고 사는 친구'란 시공간을 초월한 우정을 의미한다. 무릇 친구란 가까이 있으면서 못 하는 말이 없을 정도로 친하게 지낼 수도 있지만, 한참이나 소식을 듣지 못해도 마음에 뿌리를 내려 굳건히 자기 자리를 지킬 수도 있다. 이런 친구가 있다는 것은 커다란 행운이고 모든 사람은 이러한 인간 관계를 추구해야 한다.

Chapter

5

- - - - - - - - -
관계의 재정리

연락처 다이어트가 ─
시급하다

　인간은 본능적으로 빼기보다 더하기에 더 익숙하다. 아무리 단순한
일도 생각에 생각을 더해 스스로 더 복잡하게 만들고, 배가 부른데도 계
속 더 먹는다. 필요가 있든 없든 꾸준히 무언가를 사고, 컴퓨터 용량이
거의 다 찼는데도 계속 저장한다. 집안에는 끝없이 물건이 늘어나고, 휴
대폰에는 계속 새로운 전화번호가 입력된다. 덩달아 인간관계의 규모도
점점 커져서 몸이 피곤할 정도다. 시간은 자꾸만 부족해지고, 분명히 열
심히 사교 활동을 하고 있는데 크게 효과도 없는 것 같다. 그렇게 스스
로 판 함정은 절대 빠져나오지 못할 정도로 깊어진다.

　리아는 중국판 트위터라 할 수 있는 웨이보에서 화장품을 홍보하고
판매하는 웨이상微商이다. 그녀의 모든 업무는 웨이보를 기반으로 이루어
진다. 매일 웨이보 친구들에게 브랜드와 신상품, 새로운 프로모션 등을

소개하고 각종 질문에 답변하며, 구매 의사가 있는 고객에게 상품을 판촉한다. 따지고 보면 그녀는 '사교의 방식'을 이용해서 사업하는 셈이다.

"꺼놓지 않은 다음에야 하루 24시간 내내 휴대폰이 울린다고 보면 됩니다. 몸이 먼저 반응해서 무슨 알림이라도 떴다 싶으면 바로 집어 들고 확인해요. 주문이나 문의 사항을 하나라도 놓치면 안 되니까요. 자고 있을 때도 휴대폰이 울리면 바로 눈을 떠서 확인합니다. 잘 때도 대부분 손에 휴대폰을 쥐고 자거든요. 제 생명줄인데 놓을 수 있나요? 사업을 더 키우려면 기존 친구들과 소통하면서 새로운 친구를 많이 끌어들이는 게 관건이에요. 저는 매일 수십 명의 전화번호를 받아서 그들의 웨이보를 찾아가 친구로 추가한답니다."

상황이 이렇다 보니 리아는 식사 시간이나 휴식 시간은 물론이고, 가족과 함께 보내는 시간이나 목욕 시간조차 자유롭지 못하고 일에 묶여 있었다. 오랜만에 친구들을 만났을 때도 늘 휴대폰을 들고 고객과 소통하느라 밥도 제대로 먹지 못한다. 입에 맞지 않아서가 아니라 맛있는 음식을 맛볼 시간조차 없어서다. 친구들은 그녀가 밥 먹는 자리에서조차 고개를 숙이고 돈 버는 데만 정신이 팔렸다고 탓하지만 어쩔 수 없다. 그냥 씁쓸하게 웃을 수밖에.

⸔ 감당할 수 없이 불어난 인간관계 ⸕

이 이야기는 리아뿐 아니라 대부분 웨이상이 공동으로 겪는 일종의 폐해다. 손에 든 휴대폰 한 대가 생계를 좌우지하고, 심지어 모든 시간을 점유한다. 웨이상의 휴대폰에는 수천 명의 전화번호가 저장되었지만 그들은 대부분 낯선 사람이다. 웨이보 친구가 곧 시장이고, 사교에 열을 올리지 않으면 판로가 사라진다. 리아 역시 이 점을 알기에 웨이상이라는 거대한 경쟁에 뛰어든 순간, 매일 쉬지 않고 연락처를 확보하고, 웨이보 친구를 추가한다. 밥 먹으러 간 식당의 사장님, 지하철 옆자리 승객, 머리 자르러 간 미용실의 헤어디자이너 등 안면을 트고 말 몇 마디 나누면 무조건 그녀의 웨이보 친구, 즉 잠재고객이 된다.

어찌나 열심히 일했는지 리아의 휴대폰에 저장된 연락처는 1년 만에 수십 명에서 2,000명까지 크게 늘어났다. 가능한 모든 수단을 동원해서 '데이터베이스'를 늘리려고 아등바등하는 리아의 모습은 주변 사람들 눈에 편집증처럼 보일 정도다. 리아도 알지만 어쩔 수 없다. 그녀는 고객 수를 늘려야 하고, 웨이보 친구가 하나라도 더 많아야 상품을 판매할 가능성이 커지기 때문이다. 이렇게 하지 않으면 금세 경쟁에서 도태될 것이다.

그러던 어느 날, 리아는 많다 못해 비대해진 자신의 데이터베이스가 인간관계와 사업에 그다지 큰 도움이 되지 않는다는 사실을 발견했다. 도리어 너무 많은 탓에 부작용이 발생하고 있었다. 그녀는 너무 열심히 친한 척을 한 나머지, 주변 사람들로부터 차단당하는 신세가 되었다. 사람들은 판매에만 혈안이 된 리아의 태도에 크게 실망하고 반감마저 보였다. 심지어 원래 친했던 친구들이 모인 단체 채팅방에서 추방당해서 진짜 인맥마저 잃고 말았다.

리아가 매일 상품 정보를 발송하는 웨이보 친구 중에는 일면식이 없는 사람도 있고, 그녀가 파는 제품에 딱히 관심이 없는 사람도 많았다. 오랜 친구들은 함께 있어도 휴대폰만 붙잡고 있는 리아의 모습에 짜증이 났다. 그들은 천천히 리아를 멀리하다가 급기야는 다시 연락하고 싶지 않다고 했다. 우울해진 리아는 웨이보 친구 목록을 열어 한참을 들여다보고 몇 번이나 뒤적여서 간신히 '친한 편'이었던 친구 한 명을 찾아냈다. 그녀에게 오랜만에 만나서 식사하고 싶다고 메시지를 보냈지만 아무런 반응이 없었다. 전화해도 받지 않았다. 이틀 후 그 친구는 "요즘 바쁘니까 다음에 만나자."라고 메시지를 보내왔다. 그 순간 리아는 전화번호와 웨이보 친구가 이렇게 많지만, 진짜 친구는 한 명도 없다는 사실을 깨달았다.

"2년 남짓 SNS로 사업하면서 친구를 많이 잃었어요. 가만히 생각해보니까 고정적으로 구매하는 사람은 수십 명 정도뿐이고, 대부분은 미구매자였어요. 간혹 가격을 묻는 사람은 있었지만 실제 구매로 이어지지 않았습니다. 상품에 만족한 기존 고객은 알아서 주변 친구에게 소개하더라고요. 기존 고객이 신규 고객을 끌어들이는 식이죠. 이런 사람들이 진짜 잠재고객이었어요. 길거리에서 만난 사람을 웨이보 친구로 등록한다고 잠재고객이 되는 게 아니더라고요. 그래서 저는 과감하게 정리했어요."

⚡ 무의미한 관계 함정에서 벗어나는 법 ⚡

이제 리아는 두서없이 혼란하기만 했던 상황에서 마침내 빠져나왔다. 이전에 무의미한 사교와 인맥으로 모든 일을 해결하려는 영업 방식은 엄청난 시간과 에너지, 비용을 낭비하면서도 크게 효과는 없었다. 그 바람에 리아는 친구와 사업도 모두 엉망진창이 된, 그야말로 '꿩도 놓치고 매도 놓치는' 결말을 맞았다. 뭔가 잘못된 것을 깨달은 그녀는 급선무였던 사업과 사교를 분리하는 일부터 착수했다. 필요 없는 연락처는 전부 지우고, 고정 고객과 진짜 친구들만 남겼다. 또 카테고리를 나누어서 개인적인 친구들만 따로 모았다.

현재 리아는 매주 정기적으로 연락처와 웨이보 친구를 정리해서 총 200명 정도의 인맥을 유지하고 있다. 이 200명을 다시 가족과 친구, 기존 고객, 잠재고객으로 나누어서 따로 관리했다. 이외에 다른 일로 만난 사람들은 연락처를 받되 별도로 정리해서 웨이상 사업과 완전히 분리했다. 이렇게 해서 리아는 자신의 사교와 사업을 좀 더 깔끔하게 정리하고 스스로 파놓은 함정에서 빠져나왔다.

무의미한 관계가 너무 많아지면 엄청난 시간과 에너지가 낭비된다. 지금 옆에 놓여 있는 휴대폰의 연락처를 열고 정리를 시작하자.

우선 한 사람이 여러 번호로 중구난방 저장되어 있다면 삭제하거나 합친다. 그리고 6개월 이상 연락하지 않았거나 누군지 기억나지 않는 사람을 삭제한다. 공통점이나 성향이 맞지 않는 사람, 그다지 좋아하지 않는 사람도 과감하게 삭제한다.

마지막으로 '기타' 카테고리를 만들어서 별로 친하지 않은 사람을 저장하자. 직업, 나이, 관계 등을 간단히 기록해두면 나중에 연락처를 다시 정리할 때 도움이 될 것이다.

공적인 관계와
사적인 관계는 절대 하나일 수 없다

사람들은 백이면 백, 모두 일과 사생활을 구분해야 한다고 말한다. 이 두 가지가 두루뭉술하게 섞여 있으면 얼마 못 가 분명히 무슨 문제가 생길 거라는 거다. 하지만 말을 그렇게 해도 살다 보면 이 두 가지를 무 자르듯이 딱 자를 수 없다는 걸 알게 된다. 특히 요즘처럼 인간관계 수단이 빠르게 발전하는 시대에는 더욱 그러하다. 일로 알게 된 관계와 개인적인 관계의 경계가 모호해지면서 친한 친구가 함께 일하는 동료가 되거나, 원래 동료였는데 마음이 맞아 친한 친구로 발전하기도 한다.

친구가 동료가 되면 워낙 잘 알고 마음에 맞는 친구와 함께 일할 수 있으니 좋은 일 같다. 도움이 되었으면 되었지, 문제가 생길 일은 없을 것이다. 반면에 후자는 상대적으로 위험해 보인다. 일하면서 상대방의 성격, 인품, 사교 관계 등을 어느 정도 파악하지만, 그건 어디까지나 동료로서다. 친구가 되어 사생활로 들어가면 전혀 예상하지 못한 상황이 발생할 수도 있다. 이렇게 비교해 보면 확실히 전자가 후자보다 더 안전해 보인다.

정말 그럴까? 실제로는 어떤 방향이든 두 종류의 관계가 교차하면 예측하지 못한 문제가 분명히 발생한다. 일과 우정을 선택해야 할 때, 고심 끝에 어느 쪽이든 하나를 선택한다면 나머지 하나도 잃는 거라고 보면 된다.

이 문제와 관련해서 한 상담자는 이렇게 말했다. "일하면서 발생하는 경쟁 상황은 그냥 내 일에만 집중하면 됩니다. 상대방보다 더 뛰어나서 우위에 서면 끝나는 거죠. 어차피 약육강식 세계니까 서로 서운하고 말 것도 없습니다. 도덕적으로도 문제가 없고요. 하지만 여기에 개인적인 관계가 개입하면 이야기가 달라지죠. 이제는 일과 의리 중에 하나를 선택해야 해요. 자신의 이익을 챙기고 싶은 마음이 굴뚝같지만, 우정을 배신했을 때 발생하는 후폭풍을 생각하면 선뜻 결정하기 힘들죠."

인간관계 상담을 하다 보면 이런 유의 내용이 정말 많다. 상담자들은 일로 만난 관계와 개인적인 관계의 경계가 모호해지고 뒤섞인 '이중 관계'로 곤혹스러운 상황에 놓였다고 호소한다. 일을 잘해내는 동시에 사적인 관계까지 무난히 꾸려가려니 너무 골치가 아프고 여기에 너무 많은 시간과 에너지가 들어간다는 것이다. 다음의 두 가지 사례가 전형적이다.

사례1

회사원 제레미는 몇 개월이나 백수로 놀고 있는 친구가 안타까워 자기 회사에 소개했다. 친구는 업무 능력이 별로여서 이전 직장에서 해고되었지만 제레미는 상사에게 최대한 좋게 말했다. 사지 멀쩡해서 밥벌이도 못 하는 모습이 가슴 아팠기 때문이다. 제레미를 신임하는 상사는 오직 그의 말만 믿고 친구를 고용했다. 친구는 제레미에게 고마워서 어쩔 줄 몰랐고 이 일로 두 사람의 우정도 더 커졌다.

친구는 입사하자마자 열심히 일했다. 인상과 말솜씨도 좋아서 제레미뿐 아니라 다른 동료와도 아주 친해졌다. 하지만 얼마 후 부족한 업무 능력이 슬슬 드러나기 시작했다. 친구는 계속 크고 작은 실수를 저질렀다. 조금만 신경 쓰면 되는 자잘한 문제들을 끊임없이 일으켰다. 제레미는 매일 그 뒤처리를 하느라 자기 업무를 할 시간도 부족했다. 처음에는 좋은 마음으로 도왔지만 슬슬 짜증이 몰려왔다.

그러다가 결국 큰일이 터지고 말았다. 부주의한 친구가 소수점이 잘못 기재된 계약서에 덜렁 서명하는 사고를 친 것이다. 나중에 사실을 안 상사가 고객의 양해를 구하고 문제를 해결했지만 이 일로 회사는 하마터면 수백만 달러의 손실을 볼 뻔했다. 상사는 불같이 화를 내면서 제레미에게 어떻게 이런 사람을 추천하느냐고 고래고래 소리를 질렀다. 원래 상사는 다음 핵심 프로젝트를 제레미에게 맡길 생각이었지만, 이 일로 생각을 바꾸었다. 제레미의 경력에 큰 도움이 될 핵심 프로젝트는 결국 다른 동기에게 넘어갔다.

물론 친구는 해고되었다. 제레미는 친구에게 실망하고 화도 났지만 한편으로는 더 이상 친구가 저지르는 실수를 뒤치다꺼리하지 않아도 된다는 생각에 안도의 한숨을 쉬었다. 사실 그동안 불안해서 일도 제대로 할 수 없을 정도였기 때문이다. 착하고 순진한 제레미는 일이 이렇게 되어서 같이 일할 수는 없어도, 다시 예전의 친구로 돌아갈 수 있을 거라고 생각했다. 나중에 만난 친구가 해고를 막아주지 못했다며 원망할 줄은 상상도 못했다. 이것만큼은 제레미도 참지 못했고 두 사람은 크게 싸웠다. 이렇게 제레미는 좋은 친구 한 명을 잃었다. 만약 그를 회사에 소개하지 않았다면 둘도 없는 친구가 되었을지도 모른다.

사례2

캐서린과 메이스는 마케팅팀에서 함께 일하는 동료다. 두 사람은 같이 하는 일이 많아서 회사에서 대부분 시간을 함께했다. 명랑하고 친절한 메이스는 캐서린의 생각을 잘 들어주고 지지를 아끼지 않았다. 캐서린 역시 이런 메이스를 좋아하고 함께 일하게 되어 다행이라고 생각했다. 두 사람은 함께 일하고 이야기를 나누며 서로 취미나 관심사가 비슷하다는 사실을 알게 되었다. 시간이 흐르면서 캐서린과 메이스는 절친한 친구가 되었다.

그녀들은 항상 함께 커피를 마시고, 쇼핑하고, 영화를 보러 갔다. 어느새 회사 일부터 사적인 문제까지 못 하는 말이 없을 정도로 막역한 사이가 되었다. 함께 일하던 동료가 가장 친한 친구가 된 셈이다. 두 사람은 아주 개인적인 비밀까지 공유했다. 캐서린은 남자 친구에게 우울증 증상이 있다고 이야기했고, 메이스는 아들이 친구를 괴롭혀 정학 당했다고 털어놓았다. 두 사람은 행복이든 슬픔이든 가리지 않고 공유하는 사이였다.

캐서린은 메이스를 가장 좋은 친구라고 생각했고 상대방도 당연히 그럴 거라고 여겼다. 메이스가 항상 자신을 '내 친구'라고 불렀기 때문이다. 설령 업무 중에 의견 차이가 생겨도 사적인 소통으로 서로 양보하고 절충해서 해결책을 찾았다. 업무 따위가 두 사람의 관계에 영향을 미칠 수는 없었다.

그 견고한 관계는 회사가 새로운 프로젝트에 사내 공모제를 도입하면서 틀어지기 시작했다. 상사는 직급에 관계없이 모든 직원에게 사업 방향에 관한 보고서를 내라고 지시했다. 선정되면 새로운 프로젝트의 책임자가 될 수 있었다.

규모가 큰 프로젝트여서 책임자가 되어 성공시킨다면 나중에 수십만 달러에 달하는 인센티브를 받을 수도 있었다. 모든 직원이 이 좋은 기회를 놓치지 않으려고 최선을 다했다. 당연히 캐서린과 메이스도 경쟁에 뛰어들었다. 두 사람은 좋은 친구였지만, 이건 어디까지나 경쟁이므로 각자 아이디어를 공유하지 않고 따로 준비했다.

두 사람은 모두 최종까지 올라 프레젠테이션을 시작했다. 알고 보니 두 사람은 정반대의 의견을 내놓았다. 캐서린은 자금을 더 과감하게 투입해서 공격적으로 프로젝트를 성공시켜야 한다고 주장했고, 메이스는 자본 투입을 최소화하고 실속을 차리며 안정적인 사업을 펼쳐야 한다고 주장했다. 프레젠테이션이 끝나고 회사 고위층은 격렬한 토론을 거쳐 최종적으로 캐서린의 손을 들어주었다.

공모전 후 캐서린은 메이스의 태도가 바뀐 것을 알아차렸다. 이전에는 업무가 끝나면 함께 커피나 차를 마시면서 이야기를 나누었는데 요즘에는 이리저리 피하기만 하고 퇴근할 때도 쌩하니 먼저 갔다. 이래서는 안 되겠다고 생각한 캐서린이 어떻게든 오해와 갈등을 풀어보려고 해도 메이스는 계속 피하기만 했다. 업무 때문에 어쩔 수 없이 이야기할 때도 차갑고 딱딱한 태도를 고수했다. 캐서린은 메이스가 일부러 자신과 거리를 두는 것 같아 무척 속이 상했다. 심지어 메이스가 뒤에서 다른 동료들에게 자기를 욕하고 다니는 걸 알았을 때는 너무나 괴로워 잠도 오지 않았다. 그렇게 죽고 못 살던 관계는 어디론가 사라졌고, 지금 두 사람은 보통의 동료보다 훨씬 못한 관계가 되었다.

⸝ 어렵기만 한 이중 관계 ⸜

첫 번째 사례에 나온 제레미와 친구는 사적인 친구에서 동료가 되었고, 두 번째 사례에서 캐서린과 메이스는 그 반대다. 어느 쪽이든 두 개의 서로 다른 관계를 결합한 결과는 '친구와 동료를 모두 잃은' 최악의 상황이었다.

알다시피 친구끼리 벌이는 말다툼은 시시비비를 가르는 원칙의 문제가 아닌 다음에야 우정에 큰 악영향을 미치지 않는다. 단순한 동료 관계에서도 업무를 놓고 의견이 다를 수는 있지만, 공적인 일에서 더 나은 방향을 찾으려는 의도이니 관계에 크게 문제가 없다. 오히려 동료 사이에는 꾸준히 경쟁하고 협력하는 편이 관계를 더 돈독하게 할 수 있다. 문제는 이 두 가지 관계가 섞였을 때 발생한다. 이렇게 되면 어느 한쪽의 원칙과 태도로 문제를 해결하는 것이 불가능하다. 상대방과의 관계가 공적인 관계인지 사적인 관계인지 명확하게 구분하기 어렵기 때문이다. 과감하게 어느 한쪽의 태도를 확정해야 하는데, 사실 어느 쪽을 선택하든 명쾌하게 해결하기는 어렵다. 공적인 관계의 규칙을 따르면 개인적인 우정에 치명적인 상처를 입힌다. 심한 경우 이전에 사적으로 이야기했던 내용이 공격의 빌미가 되기도 한다. 반대로 사적인 관계의 규칙을 따르면 자기 이익이나 경력을 포기해서 미래에까지 영향을 미칠 수도 있다. 다시 말해 어느 쪽을 선택하든 시간과 에너지가 소모되며 다른 일에 집중하기 힘들다.

제레미와 친구는 원래 친했는데 같이 일하면서 틀어졌고, 캐서린과 메이스의 관계도 친한 관계에서 업무상 실리를 추구하다가 무너졌다. 만약 그들이 각각 사적인 관계와 공적인 관계를 꾸준히 유지했다면 관계는 더 오래 유지되었을 것이다.

공적인 관계와 사적인 관계가 서로 명확한 경계 없이 슬그머니 섞이면 발밑에 언제 터질지 모르는 지뢰 하나를 묻은 거라고 보면 된다. 아무 일 없어 보이지만 어쩌다가 뇌관을 건드리는 순간, 크게 폭발해서 치명상을 입힐 것이다. 특히 개인의 이익에까지 연관된 일이라면 더 근본적인 충돌, 그러니까 살아남으려고 상대방을 버리는 일까지 발생한다. 이익 앞에서는 우정도 한없이 약한 존재다.

한 심리학자는 이렇게 말했다. "관계가 복잡하게 얽히고설켜 있을 때, 무엇을 선택하겠습니까? 정당성? 우정? 이것은 매우 고통스러운 문제입니다. 잔혹한 일이죠. 이 난제를 대면할 준비가 되지 않았다면 관계의 뿌리가 송두리째 뽑히고 다른 모든 것도 잃게 됩니다."

하지만 말로는 아무리 공적인 관계와 사적인 관계를 명확히 구분해야 한다고 강조해도 이것이 막상 자기 일이 되면 쉽지가 않다. 인터넷과 SNS가 빠르게 발전하면서 사교 방식이 크게 변화했고, 이 두 가지의 경계가 모호해져서 일과 생활이 하나로 뒤섞이는 일이 발생하고 있다. 친한 친구가 인터넷으로 당신에게 상품을 판매할 수도 있고, 동료와 상사가 SNS를 타고 들어와서 당신의 사생활을 들여다볼 수도 있다. 고객이 SNS 친구가 될 수도 있다. 당신이 SNS에 업로드하는 모든 내용은 동료, 상사, 고객에게 공개되며 이때 당신은 일과 사생활 중 어느 쪽을 희생할 것인가를 깊이 고민해볼 필요가 있다.

⟩ 이토록 복잡한 인간관계, 어떻게 해야 할까? ⟨

원칙 정하기

공적인 관계와 사적인 관계가 뒤섞인 '이중 관계'에서 발생하는 문제를 피하려면 우선 당사자 양측이 반드시 지켜야 할 원칙을 정해야 한다. 조금 딱딱하게 여겨질 수도 있지만, 나중에 서로 껄끄러워지거나 아예 절교하는 상황을 방지하려면 꼭 필요한 일이다. 예컨대 첫 번째 사례에서 제레미와 친구는 사전에 회사에서는 친구가 아니라 동료로 대하며 각자 자기 업무만 책임질 것, 업무는 사무실에서 끝내고 개인적으로 만날 때는 업무 이야기를 배제할 것 같은 원칙을 정했어야 한다.

원칙을 정해두면 나중에 문제가 발생했을 때 억지나 생떼를 피할 수 있다. 갈등이 생겼을 때, 미리 정해 둔 원칙에 근거해서 문제를 해결함으로써 불필요한 구설수나 논쟁을 피하고 관계에 영향을 미칠 확률을 낮춘다.

사적으로 소통하기

이중 관계에서는 당사자 사이에서 입장의 충돌이 발생하고, 이 충돌이 다른 방면에 영향을 미치는 일을 피하기 어렵다. 이런 일이 생겼다면 즉각 정면으로 충돌하기보다는 좀 더 차분하게 상황을 주시하고 최선책을 찾는다는 태도로 상대방과 적극적으로 소통해야 한다. 사전에 이런 문제가 발생할 여지가 있다고 생각하면 먼저 이야기를 꺼내어 의견과 생각을 교환해도 좋다. 두 번째 사례에서 캐서린과 메이스는 사전에 이야기를 나누어 공모전 결과가 관계에 영향을 미치지 않을 것을 확인했어야 한다. 그랬다면 프레젠테이션이 끝나고 서로 얼굴을 붉히는 일이 없었을 것이다.

우리는 사적인 소통을 통해 서로 생각을 듣고 자기 생각을 완성할 수 있다. 더불어 상대방과 의견이 나와 다르다면 설득까지는 못 하더라도 양해를 구하거나, 나중에 발생할 수 있는 오해와 질투를 피할 수 있다. 감정이 격화된 상태에서 충돌해 무의미한 논쟁과 다툼으로 번지는 일을 방지하는 방법이다.

사생활 차단하기

나는 동료와 너무 친해져서 공적인 관계가 사적인 관계로 발전하는 데 회의적인 사람이다. 사생활 보호 측면에서도 이런 일은 너무나 위험하다. 애초에 동료란 이익을 기반으로 만들어진 관계다. 설령 친구가 된다고 하더라도 각자의 이익에 문제가 없을 때나 가능한 일이다. 이런 관계는 너무나 약해 깨지기 쉽다. 양측의 이익이 보장되지 않는다면 그 약한 우정은 곧 태풍에 말려든 연과 같은 신세가 될 것이다. 사실 태풍이 아니라 바람만 살짝 불어도 그 일격을 당해낼 재간이 없다. 이기적인 동물인 인간은 중요한 때에 우정을 포기하고 더 큰 이익을 선택한다. 선택의 순간이 오기 전에 절대 그럴 리 없다고 이야기하는 건 아무 의미 없다. 절친한 사이에 이익 문제가 발생하면서 관계가 틀어졌다는 이야기는 흔하디 흔하다. 친구끼리도 이럴진대 하물며 기본적으로 경쟁 관계에 놓인 동료끼리는 더 심하지 않겠는가?

당부하자면 공적인 세상에 사생활을 공개하는 무모한 모험은 삼가야 한다. 일로 만난 사이에는 이익만 있을 뿐 우정이 존재하지 않는다. 나중에 싹이 틀 일도 없다. 다시 한 번 말하지만, 동료는 동료다. 관계가 아주 좋다면 '좋은 동료'다. 절대 친구가 될 수는 없다. 그를 당신의 사생활로 들이면 스스로 골칫거리를 만드는 셈이다.

우정을 이용하지 말기

친하다는 이유로 우정을 이용해서 개인의 편익을 취하고 그래도 친구가 개의치 않을 거라고 생각하는 사람들이 있다. '친구가 되어서 설마 이 정도도 못 해주겠어? 큰 피해도 아닌데 이런 사소한 일로 절교한다고 나서지는 않겠지!' 혹시 이렇게 생각한다면 당신은 곧 그 친구를 잃을 것이다.

작년에 나와 상담한 캐리는 힘이 하나도 없는 표정으로 친구가 자꾸 물건을 팔려고 해서 기분이 나쁘다고 말했다. 그녀는 친구가 말로만 우정이라고 하지 결국 우정을 이용해서 물건을 팔 생각밖에 없는 사람이라고 분통을 터트렸다. 캐리도 나름 머리를 써서 지금 미용 제품을 살 정도로 자금 사정이 넉넉하지 않다고 부드럽게 거절했다. 하지만 물건을 파는 데 혈안이 된 친구는 그녀의 머리 꼭대기에 있었다. "일단 가져가서 쓰고, 나중에 돈 생기면 줘! 우리 사이에 그 정도도 못 해주겠니?"

결국 캐리는 더는 거절하지 못하고 물건을 가져왔다. 며칠 후 친구는 계속 전화해서 "어때? 좋지? 내가 마음에 들 거라고 했잖아!"라고 말했다. 캐리는 차마 별로라고 말하지 못하고 "좋은 것 같아. 그런데 내 피부에 안 맞아."라고 했다. 이렇게 해서 친구의 영업을 차단하려는 계산이었지만 친구는 포기하지 않았다. "아냐! 그게 아니라 네가 다른 걸 쓰다가 써서 그래. 계속 쓰다 보면 효과가 있을 거야."

캐리는 그 후로도 한참이나 우정의 굴레에 묶여서 필요 없는 물건을 많이도 샀다. 처음 이야기와 달리 계산도 즉각 해줘야 했다. 친구가 얼굴만 보면 늘 "수금이 안 되어 힘들다."라고 투덜거려서 마음이 불편해 버틸 재간이 없었다.

사람과 사람 사이의 우정은 강하면서도 한없이 약하다. 특히 한쪽이 다른 한쪽을 이용하기 시작하면 순식간에 금이 간다. 이쪽에서 볼 때는 작은 일이 반대쪽에서는 크게 보일 수 있음을 명심해야 한다. 이 차이 때문에 배신과 배반이 난무하고, 작은 틈 하나 없이 가까웠던 관계가 언제 그랬냐는 듯이 크게 멀어질 수도 있다. 이런 종류의 우정은 계속 서로 소모전만 벌이다가 결국 길에서 스치는 낯선 행인보다 못한 사이가 되고 만다.

아무 때나
연락할 수 있는 친구가 있는가

어느 날, 사일러는 내게 이렇게 고백했다.

"유감스러운 일이지만, 나는 아무 때나 연락할 수 있는 친구가 없어. 누구를 만나려면 미리 시간을 들여서 생각하고, 계획하고, 의견을 주고받아 약속을 확정해야 해. 심지어 부모님을 만나러 갈 때도 그래. 일주일 전에는 전화해서 '예약'해야 한다니까."

사람들은 '아무 때나 연락할 수 있는 친구'가 한 명쯤 있어서 기쁠 때나 슬플 때나, 내 상황이 좋을 때나 나쁠 때나 전화 한 통화면 만날 수 있기를 바란다. 하지만 이런 친구는 아주 우연히 얻는 큰 행운일 뿐 간절히 바란다고 생기지 않는다. 한 설문 조사 결과에 따르면 응답자 중 약 90% 이상이 자신에게 그런 친구가 없다고 답했다. 먼저 가장 친한 친구들의 이름을 나열하게 하고, 그중 한 사람을 골라보라고 해도 좀처럼 선택하지 못했다. 교양, 배려, 예의…… 무엇 때문이든 아무리 친해도 '아무 때나' 전화하는 건 다른 문제였다.

한밤중은 참 이상한 시간이다. 낮에는 멀쩡하다가 밤이 깊어지면 두뇌 회전이 빨라지고 감정의 기복도 심해진다. 번뜩이는 영감을 얻거나 창의적인 아이디어가 떠오를 때도 있고 갑자기 불안하거나 심한 우울감이 들기도 한다. 그럴 때마다 누군가와 이야기를 나누고 싶은 마음이 들지만, 그렇다고 상대의 편안한 휴식 시간을 방해할 수는 없는 노릇이다. 이야기할 사람이 필요해서 휴대폰을 들고 연락처를 뒤적거릴 수는 있지만 막상 거리낌 없이 전화할 수 있는 사람을 찾기란 쉽지 않다. 혹시 당신에게는 그리 어려운 일이 아니라면 큰 축복이니 자랑스러워할 만하다. 이런 행운아를 제외하고 대부분 사람은 용기를 내서 전화해도 안 좋은 소리를 듣기 십상이다. 어쩌면 단잠에서 깬 친구가 욕을 퍼부을 수도 있으니 조심하기 바란다. 보통 "할 이야기 있으면 내일 하자."라는 말을 듣겠지만, 날이 밝으면 이미 흥분했던 마음이 가라앉아 굳이 통화할 필요를 못 느낀다.

어떤 사람들은 자신의 인맥에 자부심이 대단하다. 사교에 공을 들여 여러 분야에서 많은 친구를 사귀었고, 아주 좋은 관계를 유지하는 사람들이다. 하지만 어느 날 우울한 기분을 누군가에게 털어놓고 싶을 때, 연락처를 뒤적여보면 마땅한 사람이 없을 수 있다. 또 이 친구라면 내 마음을 알아줄 것 같아 전화했는데 실제로는 아닐 수도 있다. 이는 서로 생각하는 우정의 크기가 다른 탓이다. 둘도 없는 친구라고 생각해서 속마음을 전부 털어놨는데 상대방은 전혀 예상과 다를 수 있다. '또 징징거리고 정말 예민하게 구네. 대체 나한테 왜 이러지?'와 같은 생각을 하는 사람들에게서 무슨 위안을 얻을 수 있겠는가?

우리가 말하는 '아무 때나 연락할 수 있는 친구'란 단순히 적당하지 않은 시간에 전화할 수 있는 사람이 아니다. 당신에게 문제가 생겼을 때, 묻지도 따지지도 말고 도움을 제공하며 위안이 되는 친구다. 당신 곁에는 이런 친구가 있는가?

아무리 자주 함께 밥을 먹고 술을 마시며 친하게 어울렸어도 그가 나를 위험에서 구출해 줄 친구라고 확정하기는 어렵다. 나와 그들이 생각하는 우정의 편차가 생각보다 클 수 있기 때문이다. 돈과 시간의 결합은 우정의 크기를 가늠할 수 있는 가장 효과적인 요소다. 한밤중에 돈이 필요한 상황을 떠올려보자. 당신에게 바로 돈을 빌려줄 친구는 몇 명이나 될까?

⋛ 관계의 온도차를 인지해야 한다 ⋚

우리 연구팀은 이와 관련해서 흥미로운 실험을 계획하고 참가자를 모집했다. 실험 주제는 '당신은 한밤중에 친구에게 돈을 빌릴 수 있나요?' 였다. 여러 지원자 중에서 최종적으로 참가자 50명이 확정되었다. 대부분 현재의 인간관계에 큰 불만이 없으며, 자신이 어려움에 놓이면 도와줄 친구가 있고 아마 꽤 많은 친구가 나서줄 거라고 자신했다. 하지만 '돈 빌리기'라는 미션에 대해서는 조금 걱정하는 반응을 보였다. 몇몇 참가자는 친구에게 돈을 빌려본 적 없어서 말을 꺼내는 일 자체가 쉽지 않을 것 같다고 걱정했다.

실험 규정에 따라 참가자 전원이 새벽 1시에 한 장소에 모여 친구 한 명 이상에게 5,000달러가 필요하다는 문자메시지를 보냈다. 두 시간 후, 그러니까 새벽 3시까지 답장이 없으면 전화를 걸어서 말해보기로 했다.

문자메시지에는 '바로 쓸 수 있도록'이라는 말이 꼭 들어가야 했다. 과연 자다 말고 침대에서 일어나 친구에게 5,000달러를 송금할 사람이 몇 명이나 될까?

참가자 찰스는 매우 자신만만했다. 그는 평소에 인맥도 넓고, 특히 부유한 친구가 많아서 5,000달러 정도 빌리는 일은 식은 죽 먹기라며 웃었다. 그는 실험을 시작하기도 전부터 가장 먼저 송금받을 거라고 확신하며 "1만 달러도 어렵지 않습니다. 아무에게나 연락해도 가능하죠!"라고 큰소리쳤다.

찰스는 연락처에서 나름의 고민 끝에 경제 상황과 지식수준이 대동소이한 친구 여섯 명을 골라 똑같은 내용의 문자메시지를 보냈다.

"지금 문제가 좀 생겨서 급히 5,000달러가 필요해. 이 계좌로 송금 좀 부탁해. 만약 어렵다면 답장 좀 보내줘. 기다릴게. 친구 찰스가."

이후 30분 동안 찰스는 문자메시지 다섯 개를 연이어 받았다. 내용은 전부 제각각이었지만, 결국 하려는 이야기는 같았다.

'어쩌다가 급전이 필요한 지경이 된 거야?'

'장난치지 마, 돈도 잘 벌면서 엄살은!'

'미안한데 며칠 전에 차를 바꿔서 돈이 한 푼도 없어, ○○에게 연락해보지 그래?'

'미안해, 내가 원래 돈을 모으고 그런 성격이 아니잖아.'

'지금 농담하는 거야? 늦었으니까 어서 자!'

처음과 달리 초조해진 찰스는 아직 오지 않은 마지막 문자메시지에 모든 희망을 걸었다. 그는 무슨 생명줄이라도 된 듯 휴대폰을 손에 꼭 쥐었다가 품에 안았다가 하면서 "곧 좋은 소식이 올 겁니다."라고 계속 중얼거렸다. 마지막 문자메시지를 받은 때는 그로부터 두 시간 후였다.

'지금 두바이에서 여자 친구와 휴가를 보내는 중이야. 내 신용카드는 계속 그녀의 손에 있다고. 2주 후에나 돌아갈 예정인데, 그때라도 괜찮겠어? 일단 내가 돌아가면 다시 이야기하자! 알았지?'

전혀 예상하지 못했던 결과에 찰스는 보는 사람이 민망할 정도로 크게 실망했다. 그는 한참 말이 없다가 한탄하듯 입을 열었다.

"그동안 제게 큰 힘이 되는 좋은 친구들이 많다고 생각했는데, 오늘 이렇게 뒤통수를 맞네요. 놀랍게도 저는 '친구'가 한 명도 없는 거였어요. 이전에 제가 그들을 얼마나 많이 도와줬는지 아시나요? 나는 그들에게 단 한 번도 인색하게 군 적 없었는데…… 제 신세가 참 한심하네요."

다른 참가자들의 사정도 좋다고는 할 수 없었다. 총 50명 중 10명이 친구 두 명에게, 15명이 친구 한 명에게 돈을 빌렸다. 나머지 사람들은 돈을 빌리는 데 실패했다.

물론 돈을 빌릴 수 있느냐 없느냐는 우정의 크기를 가늠할 수 있는 객관적인 지표가 아니다. 하지만 참가자들은 이 실험을 통해 적어도 경제적 곤경에 빠졌을 때 친구에게 돈을 빌리는 일이 절대 쉽지 않다는 사실을 알게 되었다. 당신이 돈을 빌려달라고 말하는 순간 상대방은 머릿속으로 당신의 경제 상황을 따져보고 빌려줄 만한 가치가 있는지 고민할 것이다. 만약 며칠 만에 상환할 능력이 없다고 판단하거나 둘 사이의 우정이 그 정도로 크지 않다고 생각하면 딱 잘라 거절할 것이다. 어쩌면 그는 이 부탁을 일종의 시험으로 받아들일 수도 있다. 나는 친구가 어려움에 부닥쳤을 때 도움의 손길을 건네는 사람인가? 빌려주지 않으면 관계가 나빠질 테고 빌려주면 회수할 수 없는 위험에 빠진다. 자칫 돈도 잃고 친구도 잃는 최악의 상황에 놓일 수도 있다. 부탁받은 입장에서는 생각하지 않을 수 없는 일이다.

이미 눈치 챘겠지만 이 실험은 인간관계의 수준에 관한 것이다. 사실이 실험에서 우리가 주목한 부분은 미션 성공률이 아니라 친구 두 사람이 각자 생각하는 우정의 크기가 서로 얼마나 다른지 실감하는 것이었다. 이를 통해 함부로 '그는 나의 가장 좋은 친구'라고 정의하면 안 된다는 걸 알기 바랐다.

찰스는 아마 혼자서 그 여섯 명을 '좋은 친구'라고 여겼던 것으로 보인다. 반면에 상대방은 찰스를 가끔 함께 식사하며 어울리기 무난한 친구 정도로만 생각했을 뿐, 둘 사이에 무슨 대단한 우정이 있다고 보지 않았다. 찰스에게는 안타까운 일이지만 사실이 그러했다.

아주 흥미롭고 유의미한 결과도 있었다. 전혀 예상하지 않았는데 돈을 빌리는 데 성공한 경우다.

참가자 클라크는 믿기지 않는다는 표정으로 말했다. "그가 내게 돈을 빌려줄 거라고는 정말 상상도 못 했습니다. 거의 1년 넘게 연락 한 번 없었거든요. 아마 그는 제가 어지간해서는 이런 말을 하지 않을 사람이니까 정말 큰일이 일어났다고 생각한 거 같아요. 문자메시지를 보내자마자 바로 돈을 보냈더라니까요!"

참가자 에밀리아 역시 의외의 결과에 놀랐다. "걔가 가장 친한 친구는 아니거든요. 그냥 보통 친구 중 한 명이고 아주 친하게 지내지도 않았어요. 한 달 동안 연락도 안 했고요. 방금 잠깐 통화했는데 제가 돈을 빌려

달라고 해서 놀라기는 했지만, 어려울 때 자신을 떠올려줘서 고맙고 영
광이라고 말하네요. 믿어줘서 행복하다고요!"

함께 실험을 진행한 사일러는 이 흥미로운 결과를 이렇게 해석했다.
"이렇게 의외의 호의를 베푸는 친구들은 모두 공통점이 있습니다. 아마
그들은 남에게 뭔가를 부탁하는 사람이 아니고, 친구에게 먼저 말을 건
다거나 모임 참석에 열을 올리는 스타일도 아닐 겁니다. 눈에 잘 안 띄
는 편이죠. 모임을 갖거나 사람을 사귈 때 대부분 시간을 묵묵히 주목하
기만 합니다. 덕분에 누군가에게 미움받을 일도 없고 아주 안정적인 인
간관계를 유지하지만 오히려 매우 신중한 편이에요. 그들이 좋은 친구
라고 생각하는 사람은 세 명 이상을 넘지 않습니다. 한참이나 연락이 없
던 사람에게 기꺼이 돈을 빌려준 이유는 사실 우정보다는 그 사람 자체
의 선량함에서 비롯되었을 가능성이 큽니다. 이제 문제는 도움을 받은
사람이 까다로운 그들에게 믿음을 줄 수 있는가입니다."

개인적으로 내가 가장 흥미롭게 본 참가자가 있었다. 사전 인터뷰에
서 그는 자신이 실제로 경제 상황이 좋지 않고, 친구도 형편이 비슷한 세
명뿐이어서 분명히 실패할 거라고 말했다. 하지만 실험 결과는 그와 우
리를 모두 놀라게 했다. 그 세 친구는 모두 문자메시지를 확인하자마자
전화를 걸어서 상황을 물었다. 그들은 새벽 1시에 침대에서 벌떡 일어
나서 참가자를 위해 걱정을 아끼지 않았으며 당장 5,000달러는 어렵지
만 2,000달러씩 보내겠다고 했다. 이렇게 해서 실패를 확신했던 그 참가
자는 액수를 초과해서 미션을 달성했다. 옆에 있던 찰스만 민망한 상황
이 되었다.

⸹ 관계의 재정리로 '진짜'만 남겨두기 ⸵

실험에서 참가자들에게 던졌던 '돈을 빌릴 수 있는가?'라는 질문은 경제력이 아니라 '마음이 있는가?'에 관한 문제였다. 상대방이 당신을 좋은 친구로 여긴다면 아무리 힘들어도 어떻게든 도울 방법을 찾을 것이다. 돈이 없으면 상황을 좋게 만들 방법을 함께 고민하며 고통을 분담하고자 할 것이다. 어쩌면 다른 데서 빌린 돈을 같이 갚으려고 나설지도 모른다. 관계의 깊이는 서로에 대한 신뢰를 의미하고 '네가 원하는 것이 내가 원하는 것'이라는 공동 인식을 만든다. 그들은 무슨 일이든 기꺼이 당신 편에 서서 함께 고민하고 걱정해줄 사람들이다. 문제가 생겼는데 찾아가지 않으면 안 왔다고 화를 낼 사람들이다.

이런 우정은 이전에 함께 고난을 겪으면서 서로 충분히 믿을 때 생겨난다. 인생에서 가장 중요한 시기를 함께 보내고 서로의 삶에서 큰일을 함께 하며 차곡차곡 쌓인 감정이 만들어낸다. 이들에게는 개인의 이익을 넘어서는 끈끈한 우정이 있다.

다시 안타까운 찰스의 이야기로 돌아가보자. 찰스는 실험이 끝나고 돌아가는 순간까지 '돈이 있으면서 안 빌려주는 괘씸한 인간들'이라며 분통을 터트렸다. 그는 왜 돈을 빌리는 데 실패했을까? 간단하다. 우정의 깊이가 그 정도는 아니었기 때문이다. 부유하고 편안한 상태만 공유했던 그들은 함께 어려운 일을 겪은 적 없다. 물리적이든 심리적이든 실리적인 면이 더 강한 우정이라 해도 무방하다. 찰스와 친구들의 우정은 얕디얕아서 그중에 무슨 문제라도 발생하면, 마치 총성이 울린 숲속의 새들처럼 사방으로 날아가 흩어진다.

중요한 시기에 친구가 당신을 도우려고 나서지 않는 까닭은 그가 근본적으로 악한 사람이라서가 아니라 당신이 둘 사이의 우정을 너무 깊고 대단하게 보았기 때문이다. 그 친구에게도 분명히 열 일 제쳐두고 기꺼이 돕고자 하는 다른 친구가 있을 것이다. 단지 당신이 그 '반열'에 들지 못한 것뿐이다.

이러한 착각과 오해는 당신의 인간관계가 제대로 관리되지 않고 있다는 의미다. 인간관계 관리와 관련해서 가장 흔하게 볼 수 있는 실수가 바로 연락을 자주 하면 친하다는 착각이다. 요즘처럼 인터넷과 SNS가 발달한 사회에서는 연락은 예전보다 훨씬 간편하고 잦아졌지만 우정의 깊이는 더 얕아졌다. 사람과 사람 사이의 사교는 고도로 발달한 기술 덕에 '전자화', '대량화' 관리되고 있다. 각종 SNS 플랫폼에서 제공하는 전자 축하카드를 쓰고, 선물도 직접 만나 건넬 필요 없이 기프트콘을 보내면 된다. 명절 축하카드는 수십, 수백 개씩 한꺼번에 보내는 일도 가능하다. 인터넷을 기반으로 한 사교의 장에서는 실체가 없는 허상 같은 인사와 감사, 감동이 떠다닌다.

이런 상황에서 우정이 깊어지고, 관계가 돈독할 리 있는가? 아마 감정이라는 계좌에 적립된 신뢰는 0에 가까울 것이다. 아무런 의미도 가치도 없는 '깡통 계좌'에 불과하다. 다시 한 번 말하지만 지금 당신을 기꺼이 돕고자 하는 친구가 없다면 인간관계 관리에 문제가 있는 것이다. 당장 주변의 친구들을 새롭게 분류하고, 시간과 에너지를 신중하게 배분해서 진짜 중요한 사람에게 투자해야 한다. 연락을 자주 하지 않아도 분명히 깊고 두터운 우정을 키우며 믿을 수 있는 친구가 진정으로 중요한 사람이다. 그들이야말로 '아무 때나 연락할 수 있는' 친구다.

최소의 시간으로 ─── 최대의 사교 효과 누리기

최근 몇 년 동안, 인맥은 각종 이점을 제공하는 자원이나 도구로 언급되었다. 각종 서적과 강연은 어떻게 하면 최단 시간 안에 가장 우수한 인맥을 확보하고 이용할 수 있는가를 전파했다. 아주 노골적으로 계산적인 면을 드러내면서 성공을 위한 치밀한 사교술을 소개했다. 성공을 갈망하는 사람들은 사교의 왕이 되기를 꿈꾸며 각종 사교술을 열심히 공부했다. 여섯 단계 이론이나 단편화는 더 이상 생소한 이론이 아니다. 물론 실제로 이런 방법으로 인맥을 확장해서 성공한 사람도 있다.

문제는 사람들이 각종 '인맥 확대 기법'을 아무런 사고 없이 무작정 받아들인다는 데 있다. 그 바람에 지금 많은 사람이 업무 외 남는 시간을 전부 사교에 쏟아부어서 인맥 넓히기에 치중하고 있다. 이들은 인간관계의 본질이 자신의 삶을 더 충실하게 만드는 것임을 망각한 채, 피곤

한 눈을 비비면서 여기저기 사람들을 만나러 다닌다. 이미 인맥 확대를 위한 사교의 폐단이 사방에서 터져 나오고 있다. 이 비정상적인 상태를 개선하려면 우선 자신의 인간관계를 객관적인 눈으로 돌아보고 새롭게 계획해야 한다. 인간관계에 들어가는 시간과 에너지를 합리적으로 배분하고 조정해야 한다.

⟫ 불필요한 사교를 피하라 ⟪

사만다는 LA에 있는 한 패션기업의 크리에이티브 디렉터로 업계에서 꽤 유명한 인물이다. 그녀는 업무 특성상 사교에 매우 능하고 유행의 최전선에서 주목받기를 즐기는 사람이었다. 과거 3년 동안 사만다는 SNS에 거의 매일 평균 10여 개의 글을 썼다. 간단한 감상이나 아이디어를 올리기도 하고, 자기 사진이나 회사를 홍보하는 이미지 하나만 올린 적도 있다. 페이스북이나 트위터를 열기만 해도 그녀가 어디서 무얼 하는지 알 수 있을 정도였다. 그녀는 웃으면서 이렇게 말했다.

"그야말로 오늘 아침에 변비였는지 설사였는지까지 온 세상에 알렸습니다. 그렇게 안 하면 사람들이 나를 잊을까 봐 걱정되었거든요."

그런데 2개월 전 사만다가 갑자기 사라졌다. 사람들은 더 이상 SNS에서 그녀의 모습을 볼 수 없었고 이전에는 빠짐없이 얼굴을 비추던 각종 쇼나 파티에서도 마찬가지였다. 페이스북과 트위터에는 회사 홍보 자료조차 없었다. 회사의 모든 정책이 그녀의 결재를 거쳐 결정되었지만 그에 관한 어떠한 소리도 들리지 않았다.

사만다의 이런 '이상 행동'은 업계에 각종 뜬소문을 만들었다. 그녀가 이직을 준비하는 것 같다는 사람도 있었고, 뭔가 대단한 기획으로 패션계에 큰 파란을 일으킬 거라 추측하는 사람도 있었다. 또 어떤 사람은 사만다가 불치의 병에 걸린 것 같다고도 했다.

떠도는 유언비어들을 언급하면서 사만다는 크게 웃었다.

"역시 한가한 사람들이 많더라고요. 저는 더 이상 SNS에서 만나는 친구들과 어울리지 않기로 했어요. 번잡하고 시끄러우면서 나를 옥죄기만 하니까요. 나는 삶을 좀 더 심플하게 만들고 싶었어요. 이전에는 왜 그렇게 인간관계나 주목받는 일에 매달렸나 모르겠어요. 그냥 어느 순간, 나를 위한 시간을 되찾겠다는 생각이 들더라고요. 그 소중함을 이제야 깨달았죠."

모든 무의미한 사교 활동을 차단하기 위해 사만다는 자신의 휴대폰에 사교 차단 프로그램을 깔았다. 효과는 나쁘지 않았다. 한번은 회사에서 두 블록 떨어진 커피숍에서 친구를 만났다가 나오려는데, 이 프로그램이 지인 중 한 명이 약 300미터 근방에 있다고 알렸다. 회사 업무 때문에 알게 되었는데 그다지 좋아하지 않는 사람이었다. 괜히 그와 마주쳐서 궁금하지도 않은 안부를 묻느라 시간을 낭비하기 싫었으므로 사만다는 일부러 커피숍의 반대편 문으로 나갔다. 오직 그 지인과 마주치지 않으려고 더 먼 길을 선택해서 회사로 돌아왔다.

"많이 줄였지만 지금도 인간관계에 들어가는 시간이 적다고는 할 수 없어요. 이 와중에 만나고 싶지 않은 사람과 불필요한 만남까지 할 수는 없어요. 피할 수만 있다면 시간을 최대한 절약해서 가족과 보내겠어요."

⁝ 사교 시간을 조정하라 ⁝

스스로 조금만 생각해봐도 지금 하는 사교 활동의 많은 부분이 불필요하다는 생각이 들 것이다. 특히 인터넷을 기반으로 한 SNS에서의 사교 활동에 투입하는 시간이 너무 많다. 이미 어느 정도 알고 있겠지만 여기에 시간을 투자해봤자 낭비일 뿐 그 수준이 올라가지 않는다. 엄지손가락의 현란한 춤사위 사이로 당신의 귀중한 시간만 빠져나갈 뿐, 긍정적인 가치는 전혀 없다.

전 NBA 선수 찰스 바클리는 지금까지 단 한 번도 SNS 계정을 만든 적 없다. SNS 활동이 시간 낭비라고 생각하는 그는 한 인터뷰에서 이렇게 말했다. "누군가 내게 300만 달러를 주면서 트위터를 하라고 말한다면 아무리 많은 돈을 줘도 절대 안 할 거라고 말하겠습니다. 그가 포기하지 않고 TV쇼에 나와 달라고 하면 억만금을 줘도 그런 쓰레기 같은 프로그램에는 출연하지 않겠다고 말할 겁니다."

전 세계를 하나로 만들고, 많은 순기능도 있는 SNS를 이렇게까지 싫어할 필요 있나? 혹시 세상과 단절되고 싶은 걸까? 물론 아니다. 바클리는 그저 인터넷이나 SNS를 이용해서 자신을 드러내거나 유명세를 키우고 싶지 않을 뿐이다. 그가 보기에 SNS는 세상에서 가장 쓸모없는 짓이다.

"내가 아침에 일어나서 무엇을 하는지 알고 싶다고요? 바보 같은 생각이군요. 나는 왜 내 생활을 시시각각 외부에 알려야 하는지 모르겠어요. 사람들이 '바클리처럼 하자!'라고 이야기하는 것도 싫어요. 너무 무서운 일이에요."

마지막으로 휴대폰을 끈 게 언제인가

⟩ '단절'이 두려운 사람들 ⟨

"휴대폰을 끄지 않은 지 얼마나 되었나요? 항상 전화나 메시지를 기다리는 느낌인가요?" 강연 중에 이 질문을 던질 때마다 청중들은 대부분 비슷한 반응을 보인다. 모두 지구의 종말을 받아들일지언정 휴대폰이 꺼지는 건 절대 용납할 수 없다는 표정이다.

얼마 전 몰튼은 '휴대폰 불안증'이라는 진단을 받았다. 휴대폰을 1분만 못 해도 손에 땀이 나고 온몸의 신경이 곤두서는 몰튼은 심리상담사를 찾아가기 전에 이미 심각한 상황이었다. 그는 휴대폰과 50센티미터 이상 떨어지면 못 견디는 사람이었다. 화장실에 가거나 샤워할 때도 항상 가지고 다녔으며 틈만 나면 충전했다. 혹시라도 배터리 잔량이 50%

이하로 떨어지면 난리가 났다. 배터리가 없어서 세상과 연락이 끊기고 버려질까 봐 걱정이 이만저만이 아니었다.

지난달 몰튼은 친구와 함께 단체 등산 여행에 참여했다. 산속 깊은 곳까지 들어갔을 때 몰튼은 휴대폰에 '서비스 지역 아님' 표시가 뜬 걸 보고 소스라치게 놀랐다. 이때부터 그는 마치 길 잃은 어린 양처럼 어쩔 줄 모르며 땀을 삐질삐질 흘렸다. 몰튼은 다른 사람들을 쫓아다니며 역시 신호가 잡히지 않는지 일일이 확인하기 시작했다. 모든 전화가 먹통이라는 사실을 확인한 그는 인솔자의 팔을 붙잡으며 더 가면 안 된다고 통사정하기 시작했다.

"지금 여기 있는 사람들 휴대폰이 전부 안 된다고요! 사고라도 나면 어떻게 구조요청을 하겠어요?"

"아! 걱정하지 마세요. 여기만 넘어가면 다시 신호가 잡혀요."

인솔자는 참을성을 발휘해서 친절하게 말했지만 몰튼은 두 눈을 크게 뜨고 휴대폰 화면만 뚫어지도록 쳐다보았다. 그는 하늘이라도 무너진 것처럼 커다란 불안과 초조함에 휩싸였다.

다른 참가자가 좋은 마음으로 말을 건넸다.

"괜찮아요. 걱정하지 말고 위험하니까 휴대폰이 아니라 길을 잘 보면서 걸어요! 나는 오히려 등산할 때 휴대폰이 참 거추장스럽더라고요. 아예 안 가져온 적도 여러 번 있어요."

안타깝게도 이 말은 몰튼의 귀에 전혀 들리지 않았다. 그는 자신이 통제할 수 없는 상황 속에 있다는 생각에 너무 불안한 나머지 심장이 빠르게 뛰고 손까지 벌벌 떨렸다. 속이 메슥거리고 호흡도 원활하지 않았다. 친구와 다른 참가자들이 달랬지만 소용없자 인솔자는 하는 수 없이 전진을 포기했다. 그는 다른 참가자 두 명과 함께 몰튼을 부축해서 휴대폰 신호가 잡히는 넓은 곳으로 가서 응급구조센터에 연락했다. 몰튼의 등산 여행은 이렇게 끝났다.

몰튼은 꽤 심각한 휴대폰 불안증을 앓고 있다. 물론 정도는 각각 다르겠지만 현대인이라면 남녀노소 누구나 휴대폰 불안증이 있다고 해도 과언이 아니다. 건강염려증이나 치과 공포증의 정도를 넘어선 지 오래다.

휴대폰이 없다는 이유만으로 불안감에 떠는 사람이 점점 더 많아지고 있다. 자신은 휴대폰 불안증이 없다고 말하는 사람조차 휴대폰이 없는 삶을 상상하기 싫다. 물론 수시로 연락을 받아야 하는 직업이라 그럴 수도 있지만 대부분 경우 24시간간 휴대폰을 끄지 않는 이유는 일보다 관계 중독으로 인한 불안 때문이다. 이런 사람들은 인간관계가 생활의 최우선 사항이다. 휴대폰이 꺼지는 순간, 그 우선순위가 무너지므로 몸과 마음에서 모두 불안증세가 발생하는 것이다.

하루는 나와 사일러가 한 술집에서 간단한 조사를 했다. 우리는 친구와 함께 있는 테이블 대여섯 개를 무작위로 선정해 인터뷰를 시도했다. 정말 의외인 점은 우리가 다가가도 다들 고개를 숙이고 휴대폰을 보느라 전혀 눈치 채지 못했다는 사실이다. 손님들은 웨이터가 오는지 살인마가 접근하는지 관심도 없었다.

여하튼 우리는 테이블로 가서 휴대폰 사용 빈도와 이유 등에 관한 인터뷰를 정중하게 요청했다. 대답은 거의 비슷했다. 대부분 습관적으로 휴대폰을 쥐고 뭔가를 했고, 아무 이유 없이 주머니에 있는 휴대폰을 꺼내서 본다고 했다. 종종 자신도 고쳐야 한다고 생각하지만, 어느새 휴대폰을 멍하니 보고 있게 된다고 털어놓았다. 그날 우리가 인터뷰한 사람은 대부분 20~35세의 젊은 층이었다. 더 높은 연령대는 군이 인터뷰할 필요도 없었다. 그들은 모두 서로의 얼굴을 보면서 대화하거나 술을 마셨고 휴대폰은 신경도 쓰지 않고 있었다.

"심심할 때 휴대폰을 꺼내서 이것저것 보면 기분이 훨씬 나아져요."

"제 아이폰은 지난 2년 동안 한 번도 꺼진 적 없어요. 아니다, 몇 달 전에 고장이 나서 한 번 꺼졌네요."

"그냥 얼굴 보면서 이야기하며 놀 때가 더 즐겁지 않나요? 모여서 공통의 관심사를 이야기하고, 현실에 집중할 수 있으니까요."

사일러의 질문에 젊은이들이 몇 초간 서로 얼굴을 보더니 동시에 크게 웃었다.

"할 이야기는 SNS에 올리면 되죠! 만나도 딱히 할 이야기가 없어요. 인스타그램이나 트위터에 올라오는 글을 읽고 '좋아요'를 누르거나 리트윗하는 편이 훨씬 재밌어요!"

그렇다. SNS 소통은 이미 면대면 소통을 대체하고 있었다. 과학통신 기술이 발달하면서 교류는 더 빠르고 빈번해졌지만 사람과 사람 사이의 거리는 분명히 더 멀어지고 있었다.

⟩ 휴대폰 불안증 테스트 ⟨

우리 연구팀에 합류한 심리전문가 대프리는 이런 현상의 첫 번째 원인으로 불안을 꼽았다. "불안에 공허와 무료가 더해진 결과라고 생각합니다. 보통 뚜렷한 목표가 없는 사람일수록 남는 시간과 에너지를 인간관계에 집중합니다. 삶과 영혼의 공허함을 채워보려는 거죠. 그들에게 휴대폰만큼 간편한 사교 도구는 없습니다."

대프리는 두 번째 원인으로 '혼자 있기 능력'이 부족하기 때문이라고 했다. 젊은 세대는 타인과 직접적으로 장시간 교류하기를 꺼린다. 동시에 완전히 혼자 있는 것도 무섭다. 휴대폰은 관계 욕구와 고독이라는 상반된 심리 두 가지를 모두 해결해주는 최고의 도구다. 다음은 휴대폰 불안증 증상이다.

- 휴대폰을 꺼놓은 적 없다. 한밤중이라도 전화가 오면 즉각 받는다.
- 늘 휴대폰 배터리 잔량, 문자나 이메일을 확인하고, SNS를 계속 새로고침을 하면서 친구들의 동태를 살핀다.
- 휴대폰이 방전될까 봐 한 시간 이상 외출할 때는 항상 충전기나 보조배터리를 휴대한다.
- 화장실 갈 때, 목욕이나 수영할 때에도 항상 휴대폰을 가지고 들어가서 손만 뻗으면 닿을 수 있는 곳에 둔다.
- 휴대폰을 잡고 있어야 더 편해서 껴안고 잠드는 일이 많다.
- 가끔 휴대폰이 울리는 것 같은 환청을 듣는다.
- 30분 이상 집중하기 어려우며 몇 분마다 휴대폰을 가지고 논다.
- 휴대폰을 집에 두고 나오면 아무리 멀리 갔어도 다시 집으로 간다. 휴대폰 없는 외출은 상상할 수도 없다.

이상의 항목 중 두 개 이상에 해당하면 당신은 이미 휴대폰 불안증이 있다.

어떤 사람은 하루 동안 SNS에 로그인하지 않으면 사람들이 자신을 찾을까 봐 무척 걱정하지만 다음 날 막상 로그인해보면 아무도 자신을 찾지 않았음을 발견한다. 그 순간 전날의 불안과 걱정은 곧 실망과 슬픔으로 변한다.

예전에 나는 휴대폰을 잠시 끊어보려는 생각에 '서비스 일시정지'를 신청했다. 지금에서야 털어놓지만 실로 대단한 도전이었다. 처음에는 좌불안석을 넘어 미칠 지경이었다. 사람들이 얼마나 궁금해할까? 전화도 문자메시지도 먹통이니 답답해 죽을 거야. 나중에 일시정지를 해지하면 전화에 불이 나겠지. 한편으로는 사람들이 전화를 걸어서 "어떻게 된 거야? 깜짝 놀랐잖아!"라며 걱정과 안도의 말을 건넬 일을 생각하니 묘한 만족감이 들었다.

아마 모두 예상했겠지만 서비스 일시정지를 해지한 후의 상황은 나의 예상과 전혀 달랐다. 업무 때문에 필요한 연락을 제외하고 상상한 것만큼 숨이 넘어가게 나를 찾는 이는 하나도 없었다. 당시 나는 적잖이 충격을 받고, 나의 존재와 위치까지 고민했다. 예상과 달리 세상은 나를 중심으로 돌지 않았고, 내가 없어도 잘만 굴러갔다.

지금 SNS에 과도하게 의존한 사교를 한다면 혹은 아무래도 '혼자 있기 능력'이 부족해서 휴대폰을 손에서 내려놓지 못한다면 당장 행동에 나서야 한다. 아무도 연락하지 않는데 오매불망 기다리면서 낭비하는 시간을 더 충실하게 채워보자. 휴대폰을 내려놓고 혼자 있기 능력을 기르라는 말은 아무것도 하지 말고 혼자 멍하니 방에 앉아 있으라는 의미가 아니다. 독서나 명상 같은 좀 더 유의미한 일로 혼자 있는 시간을 즐길 줄 알아야 한다. 휴대폰을 멀리 던져두어 세속의 번잡함을 잊고 좀 더 순수하게 자신을 바라보기 바란다.

─── 정도를 지켜야 ───
관계의 질이 올라간다

⌇ 나의 존재감 직시하기 ⌇

베이징에 살 때 이웃인 저우에게 들은 이야기다.

저우의 아들 샤오밍은 성격이 활달하고 적극적이어서 친구들 사이에서 인기가 많았다. 그는 자주 아버지에게 자신의 SNS 팔로워 수를 알려주면서 이런저런 단체 채팅방에 초대되어 인맥을 잘 관리하고 있다고 자랑스레 이야기했다. 저우 가 보기에도 아들은 아주 인기가 많았다.

그해 초여름 샤오밍은 느닷없이 모든 SNS 활동을 접었다. 샤오밍은 부모님과 학교 선생님을 제외한 나머지 사람들, 심지어 한 골목에서 자란 죽마고우나 동창들까지 친구 목록에서 삭제했으며 단체 채팅방에서도 전부 나왔다고 말했다.

"샤오밍 말로는 SNS 앱을 삭제하면서 무척 흥분되더랍니다. 이러다가 다음 날 전화기 폭발하는 거 아닌가 싶어서요. 사람들이 무슨 일이라도 난 줄 알고 계속 전화하고 문자메시지를 보낼 거로 생각했나 봐요. 무슨 일이 일어날지 상상하니까 잠도 안 오더래요."

새벽에서야 간신히 잠든 샤오밍은 다음날 오전 10시까지 잤다. 그는 잠에서 깨자마자 이불 속에서 손을 뻗어 휴대폰을 열었다. 하지만 예상과 달리 그의 휴대폰은 너무나 평온했다. 누구도 그에게 전화하지 않았으며 심지어 문자메시지 한 통 없었다. 샤오밍은 깜짝 놀랐지만 희망을 버리지 않고 컴퓨터를 켜서 SNS에 로그인했다. 여기에서도 모든 것은 평소와 다를 바가 없었다. 쪽지도 없고, 새로운 친구 신청도 없었다. 당황한 샤오밍은 일단 마음을 가라앉혔다. '아직 이른 시간이야, 다들 일어난 지 얼마 되지 않아서 내가 사라진 사실을 알아차리지 못한 거지…….'

그는 일단 오후까지 기다려보기로 했다. 하지만 그의 기다림은 3일 후까지 계속되었다. 그동안 샤오밍은 식음을 전폐하고 제대로 잠도 못 자면서 휴대폰과 컴퓨터 화면만 멍하니 바라보았다. 하지만 아무도 샤오밍이 SNS에서 사라진 사실을 알아차리지 못했고, 3일 내내 전화 한 통화 오지 않았다.

샤오밍은 이 일로 큰 깨달음을 얻었다. 학교 다닐 때부터 늘 인기 있었던 샤오밍은 자신이 친구들에게 매우 중요한 존재이며 모두 자신을 중심으로 움직인다고 여겼다. 전부 착각이었다.

한참 후에 샤오밍은 아버지에게 갑자기 SNS에서 사라져서 더 큰 관심을 끌 수 있기 바랐다고 고백했다. 나름의 '신비주의 전략'을 쓴 거다. 하지만 생각과 달리 세상이 자신을 중심으로 돌아가지 않으며 자신이

'수많은 별 중의 하나'에 불과하다는 사실만 확인했다. 마치 땅바닥에 내동댕이쳐진 유리컵처럼 자신감은 산산조각이 나고, 충격이 너무 커서 사실을 받아들이기가 여간 힘들지 않았다.

나는 샤오밍이 치기 어린 행동을 했다고 생각한다. 어린아이들은 잘 놀다가도 밥 먹으라고 부르면 갑자기 어디로 숨어버린다. 자신이 사라진 사실을 가족들이 눈치 채고 찾아내는지 보려는 거다. 관심을 끌고 주목받으려는 전형적인 유아기 행동이라 할 수 있다. 샤오밍이 한 행동도 이와 크게 다르지 않다.

인간관계에서 어느 정도의 신비감을 유지할 필요가 분명히 있다. 하지만 샤오밍과 같은 목적이어서는 안 되며 자신을 더 낫게 만들기 위해서여야 한다. SNS 활동을 줄이는 까닭은 관계의 질을 높이기 위해서여야지 사람들의 관심을 끌려는 '전략'이 되면 안 된다.

적당한 신비감은 타인의 눈에 비친 자신의 이미지를 좋게 만들고 개인적인 매력을 키울 수 있다. 알다시피 호기심은 인간의 천성이다. 사람은 본능적으로 '닿을 수 없고 꿰뚫어 볼 수 없는 것'에 매료되어 더 알고자 한다. 그래서 적당한 신비감을 유지하면 상대방의 관심과 주목을 유도하고 그와 더 가까워질 수 있다. 유명인사의 생활이 궁금하고 그들의 작은 뉴스에도 눈이 가는 이유도 바로 이 때문이다.

⸘ 과하게 드러내지 않으며 관계의 질 높이는 법 ⸘

개인적인 이야기를 최소화한다

물론 서로 솔직하게 이야기하는 태도는 좋다. 하지만 자신을 과하게 드러내면 상대방은 곧 흥미를 잃고 더 이상 관심을 보이지 않을 것이다. 시시비비를 판가름하는 일이 아니라면 굳이 모든 질문에 아주 구체적이고 세부적으로 대답할 필요는 없다. 예컨대 어디 가냐는 질문을 받으면 누구와 어떤 일 때문에 어떤 방식으로 어디에 간다고 시시콜콜하게 대답하지 말고, 우아하고 예의 바르게 '잠깐 다녀올 곳이 있다'라고 말하자. 이야말로 아주 효과적인 사교 기법이다.

SNS에 사생활 정보를 공개하지 않는다

인터넷 기술이 발달하고 SNS가 활성화되면서 각종 정보를 얻고 소통하는 일이 편리해졌지만, 사생활 유출이라는 문제도 함께 발생했다. 모든 사생활을 SNS에 올리면 타인은 따로 소통하지 않아도 이 정보만으로 당신에 대한 인상을 확정한다.

요즘에는 사람들이 SNS에 어디에 가고 무슨 음식을 먹었으며 누구와 무엇을 했는지, 그것도 친절하게 사진까지 꼼꼼하게 첨부해서 올린다. 이렇게 자신의 일상을 불특정 다수와 공유하면서 존재감을 드러내는데 사실 그다지 바람직한 행동이 아니다. 얼마나 알차고 멋진 삶을 사는지를 보여주는 게 아니라 오히려 얼마나 외롭고 심심한지 만천하에 외치는 꼴이다. 정말 바쁘고 충실하게 사는 사람들은 SNS에 소비할 시간이 없으며 애초에 SNS를 떠도는 데 관심도 없고 이해도 못 한다.

존재감을 드러내 타인이 당신을 주목하게 만들고 싶다면 지금부터라도 SNS를 줄여야 한다. 특히 위치 정보 공개는 반드시 삼가기 바란다. 사생활을 지킬 줄 아는 사람이야말로 더 많은 사람의 관심과 주목을 받을 수 있음을 명심하자.

무리에 쓸려 다니지 말고 독립적으로 행동한다

무리와 함께 움직이는 한 사람에게 신비감을 느낄 수 있을까? 자기 생각을 고수하며 혼자 자기 길을 걷는 사람이 신비감을 주는 법이다. 다른 사람 말에 휩쓸리지 말고 자주적으로 행동하자. 늘 여러 사람과 어울릴 필요 없으니 사교의 정도도 적당히 조절해야 한다. 무리의 일부가 아니라 독립적이며 나름의 영역을 가진 개체라는 사실을 증명하는 것이다. 신념과 주견에 따라 행동하면 상대방의 말과 생각을 객관적으로 평가해서 대중의 사고와 행위 모델의 영향을 받지 않을 수 있다.

스트레스에 무너지지 않는다

스트레스를 감당하지 못하고 작은 일에도 당황하는 사람은 보통 사교할 때도 조심스럽고 걱정이 많다. 그 안절부절못하는 모습에서 상대방은 그가 어떤 사람인지 금방 파악할 것이다. 당연히 신비감은 전혀 없다. 반면에 감정 조절에 능숙한 사람은 큰일을 당해도 침착한 표정과 태도를 유지한다. 스트레스가 있어도 무너지지 않고, 사람들 앞에서 자신을 잘 컨트롤한다. 이렇게 해서 자신의 약점을 드러내지 않는 동시에 냉철하게 사고해서 문제를 빠르게 해결할 수 있다.

자신의 감정을 똑똑하게 처리하고 사람들 앞에서 감정적인 행동을 삼가자. 감정적인 행동은 공감을 끌어내기는커녕 믿을 만한 사람이 아니라는 인상만 남긴다. 물 샐 틈 하나 없이 완벽하게 감정을 억제하지는 못해도 최대한 노력해 안정적인 수준을 유지하기 바란다.

스트레스를 풀 수 있는 사적 공간을 확보한다

나는 무슨 일이든 정도를 지키는 사람에게 신비감을 느낀다. 아무 감정도 느끼지 못하는 둔하고 무심한 사람이 되라는 말이 아니다. 누구나 사교 중에 신체적 혹은 심리적인 문제가 발생할 수 있다. 이럴 때는 사람들 앞이라고 죽기 살기로 버티면서 아닌 척하지도 말고 그렇다고 완전히 정신을 놓고 포기해서도 안 된다. 대신 가장 믿을 수 있는 사람 혹은 심리상담사라도 찾아가서 솔직한 심정을 털어놓아야 한다. 스트레스가 해소되지 않고 계속 쌓이면 또 다른 문제가 발생할 수 있다. 가장 중요한 점은 여러 사람 앞에서 자신에게 어떠한 문제가 있는지 말하지 않는 것이다. 섣불리 이야기했다가 기대와 전혀 다른 반응, 예를 들어 엄살을 부린다거나 정신 상태가 약하다는 소리만 듣기 십상이다.

독서로 지적 수준을 높인다

한 사람이 하는 말은 그가 읽은 책과 걸어온 길을 보여준다. 누구나 사귀고 싶어 하는 사람은 신비감이 느껴진다. 내가 알지 못하는 것을 알고, 이해할 수 없는 지식을 갖추었기 때문이다. 좋은 책을 많이 읽으면 그 사람의 기질이 좋은 방향으로 바뀐다. 외모가 출중하지 않아도 매력이 넘치는 사람은 모두 좋은 기질을 갖추었다. 독서로 지식과 교양을 쌓으면 내면이 깊고 풍부해지며 자신도 모르는 독특한 매력을 발산할 수 있다.

타인과 어떤 문제에 관해 이야기를 나눌 때, 책을 많이 읽은 사람일수록 사고의 방향이 다양하고 폭이 넓다. 여러 방면에서 자기 생각과 입장을 정확하게 전달할 수 있으며, 주변을 깜짝 놀라게 할 깊이 있는 관점을 제시하곤 한다.

최근 나는 인간관계에 할애하는 시간을 꾸준히 줄이고 있다. 나의 시간을 오로지 나에게 투자하고 일할 때 더 집중하려고 한다. 십 수 년 만에 처음 있는 일이다. 덕분에 매일 두 시간씩 서예를 하면서 생각을 정리한다. 나는 이제야 내가 없다고 세상이 돌아가지 않는다는 착각에서 벗어났다. 나 아니면 큰일 날 것 같은 걱정을 버렸더니 더 효율적으로 일하고, 홀로 깊이 사고하게 되었다.

혹시 자신의 인간관계 규모와 범위가 너무 방대해졌다고 생각하지 않는가? 사람을 지치게 하는 '과잉 관계'는 정작 효과도 그리 크지 않다. 당장 관리를 시작해야 한다.

Chapter

6

- - - - - - - - - - -
혼자 있는 시간의 힘

독립적으로
사고하라

항상 바쁘고 복잡하게 굴러가는 사회에서 인간관계는 절대 놓칠 수 없는 필수요소다. 외부 세계와 완벽하게 단절되어서 타인에 기대지 않고 잘 살아가는 사람은 없다. 현대인의 삶은 모두 타인과의 교류 및 가치 교환으로 실현된다고 해도 과언이 아니다. 조건 없는 사랑과 지지를 보내는 가족을 제외하고, 친구라는 동반자는 늘 필요하다. 우리는 그들을 통해서 목표를 달성하고 더 많은 이익을 얻는다. 즉 친구는 삶의 동반자인 동시에 실리적인 이유로도 꼭 필요한 존재다.

사교의 본질은 '실리'이며, 그 기초는 경제활동에서 상품 교환처럼 '가치 교환'에 있다. 이는 의심할 바 없는 사실이다. 생각해보자. 나는 가치가 있고, 당신은 없다. 그럼 당신은 대체 무엇으로 나의 가치와 교환할 것인가? 나는 왜 당신의 친구가 되어야 하는가? 각박하게 들리겠지만 이

것이 현실이다. 사교하면서 뭔가 얻고 싶은 것이 있다면 그만한 가치를 갖추어야 한다. 상류사회에 진입하고 싶지만, 그에 상응하는 가치가 없다? 그렇다면 상류사회 사람들이 그에게 주목할 이유가 있는가? 어떤 사람들은 노력하지도 않으면서 자신을 더 낫게 만들어줄 '귀인'만 찾는다. 인간관계에 매달리고 인맥 확장에 사활을 거는 이유도 다 이 때문이다. 그들은 자신의 진짜 가치를 단 한 번이라도 제대로 사고한 적 있을까? 장담컨대 그들은 성공한 사람의 경력을 모방할 뿐 그 성공에 대해 제대로 사고해보지 않았을 것이다. 사교는 성공을 향해 열린 문이 아니다. 목표가 크든 작든 그것을 실현하는 과정에 도움이 될 수 있는 아주 작은 수단에 불과하다. 지금 당신은 어떤 사교를 하고 있는가? 인맥을 넓혀야 한다, 인간관계에 좀 더 신경을 써야 한다와 같은 말은 전부 한쪽으로 치워놓자. 철저히 독립적이고 이성적으로 현재의 사교 상황과 전략을 따져보아야 한다. 당신이 진짜 원하는 것이 무엇인지, 그것에 지금의 인간관계와 인맥이 꼭 필요한지, 정말 필요한 것이 무엇인지 깊이 생각해보자.

⸜ 성공 사례를 내 것으로 만들어라 ⸝

사람들은 어떤 이론을 이야기할 때 성공 사례를 다양하게 들어 설득력을 높이고자 한다. 이 때문에 성공한 기업가나 유명인사들의 작은 에피소드들이 계속 전해진다. 문제는 이를 자신에게 직접 실행하려는 사람들이 있다는 사실이다. 이런 사람들은 그들처럼 행동하고 좋은 인연을 만들면 자신도 성공할 수 있다고 철석같이 믿는다.

정말 그럴까? 절대 그렇지 않다. 성공학에 심취한 사람치고 진짜 제대로 성공한 사람은 없으며 오히려 성공하기 더 어렵다. 이런 사람들은 모방하려는 '시범 사례'를 그대로 따라하느라 뭘 해도 조심스럽게 이것저것 확인하느라 바쁘다. 무조건 그대로만 해야 성공할 수 있다고 믿기 때문이다.

나는 이를 '아주 우아한 세뇌'라고 표현한다. 성공한 사람들처럼 하면 성공할 수 있다는 착각은 조금만 생각해봐도 말이 안 된다는 걸 알 수 있다. 마윈은 중국에서 가장 성공한 기업가로 수많은 젊은이가 그의 책을 읽으며 우상으로 숭배한다. 그런데 왜 아직도 중국에 마윈이 하나뿐이겠는가?

성공을 모방해서 얻을 수 없듯이 인맥도 만능이 아니다. 한때 인맥 관리 열풍이 불었을 때, 그럴듯한 '인맥 만능주의'가 성행했다. 성공이든 인맥이든 다른 누구의 의견과 간섭이 개입하지 않는 독립적인 사고가 필요하다. 현실을 기반으로 자기 상황에 가장 알맞은, 자기만의 독특한 성공 역사를 쓰기 바란다. 물론 성공한 사람들을 우상으로 생각하거나 화려한 인간관계 이론에 매료될 수 있다. 하지만 실행에 옮길 때는 반드시 실제 상황에서부터 출발해야 한다.

덧붙이자면 성공한 사람들의 이야기는 그대로 따라 할 것이 아니라 사고의 기초로 삼아야 한다. 그들의 성공 과정에서 공통점을 찾아내고, 여기에 다시 자신의 수요를 결합하는 것이다. 이어서 실현 가능한 방침을 확정해서 착실하게 집행해야 한다.

⸱⸵ 진짜 원하는 것이 무엇인가? ⸴⸱

나는 다양한 상담 사례를 통해 자신이 진짜 원하는 것이 무엇인지 모르는 사람이 많다는 사실을 발견했다. 그들은 목표가 뚜렷하지 않고 삶에 대한 믿음이 없다. 일과 생활을 오가며 그럭저럭 사는 식이다. 어쩌면 자신은 목표가 돈, 그것도 아주 많은 돈이라고 말하는 사람도 있다. 커다란 집이나 슈퍼카 한 대, 성공한 기업…… 이처럼 눈으로 볼 수 있고 손으로 만져볼 수 있는 물건은 욕망일 뿐 인생의 목표라 할 수 없다. 욕망과 목표를 구별하는 방법은 간단하다. 욕망은 이룬 후에 다시 더 커다란 욕망이 발생하므로 영원히 만족할 수 없다. 반면에 목표는 실현하면 커다란 만족을 느끼고 전혀 공허하지 않다.

그렇다면 어떻게 해야 진짜 원하는 것을 알 수 있을까?

이는 무슨 대단히 심오하거나 철학적인 질문이 아니다. 수준 높은 책을 읽거나 가르침을 구할 사람을 찾아다닐 필요도 없다. 종이와 펜을 준비해서 차 한 잔 들고 조용한 곳으로 가자. 그리고 종이에 자신이 원하는 것을 하나씩 쭉 써본다. 너무 많은 거 아닌가 걱정하지 말고 원하는 대로 전부 솔직히 쓰면 된다.

다 쓰고 나면 처음부터 하나씩 짚어가면서 자문하자. "이걸 실현하면 내 삶이 바뀔까? 나에게 어떤 일이 생길까? 또 다른 욕망이 생겨날까?"

잘 따져보고 앞에서 이야기한 욕망에 해당하면 제외한다. 끝까지 하면 진짜 원하는 것이 전부 정신적 혹은 심리적 만족임을 깨닫게 될 것이다. 구체적이지 않으며 당신에게 행복과 만족을 제공하는 '가치'다. 자동차나 집은 목표가 될 수 없으며 아주 실리적인 욕망에 불과하다. 우리에

게 행복과 만족을 안겨주는 것은 자동차나 집 자체가 아니라 그것이 제
공하는 편의성이나 안락함이다.

마지막까지 종이에 남아 있는 목표들이 바로 자신이 가장 실현하고픈
가치다. 이제 이 가치들을 실현하기 위해 필요한 세부사항을 생각한다.
이어서 각 목표의 우선순위를 정할 차례다. 가장 앞에 둘 목표와 뒤에 둘
목표는 무엇인가?

마지막으로 자신의 환경과 상황, 능력, 관심사, 사교, 인간관계 등을 종
합해서 목표를 실현할 구체적인 계획을 세워야 한다.

이 전체 과정에서 가장 어려운 부분은 진짜 목표를 찾아내는 것도 실
행 계획을 세우는 것도 아니다. 어떻게 해야 수많은 정보와 사교 환경 속
에서 흔들리지 않고 독립적인 사고를 유지할 수 있는가다. 모든 간섭을
벗어나 독립적으로 생각할 줄 아는 사람이야말로 성숙한 사람이다.

—— 고독이라는 공포에 ——
무너질 것인가?

　단 한 번도 '고독'을 느껴보지 않은 사람은 없다. 혼자 밥 먹기 싫고, 혼자 돌아다니기 무섭고, 혼자 기다리기 지루하고, 혼자 남겨질까 봐 두렵고……, 살면서 누구나 이럴 때가 있지 않은가? 고독은 일부 사람만 느끼는 감정이 아니라 늘 우리 곁에 존재하며 아주 쉽게 찾아왔다가 또 쉽게 해소되는 감정이다. 아무리 혼자 잘 살고, 친구가 많은 사람도 깊은 밤 조용한 시간에 자연스럽게 드는 고독을 밀어내기 힘들다. 정신없이 바쁜 와중에 문득 쓸쓸함이 들기도 하고, 곤경에 처했을 때 세상의 냉담함을 맛보기도 한다. 고독은 마치 그림자처럼 떼어낼 수도 지울 수도 없으며 문득 찾아오면 속수무책으로 당할 수밖에 없다.

　고독은 어디서 오는 걸까? 심리학자들은 이 감정이 생존에 대한 갈망과 안정감의 상실로 발생하는 심리 반응이라고 설명한다. 치열한 경쟁

중에 아무도 알아주는 이 없으면 마치 혼자 전투를 준비하는 것 같겠지만 누군가 어깨를 두드리며 "응원할게!"라고 말해준다면 긍정적인 에너지로 충만할 것이다. 시간이 흘러 가족들이 하나둘 세상을 떠나면 이제 혼자 살아가야 한다는 생각에 너무나 두렵다. 이때 곁을 지켜줄 사람이 있다면 외로움이 상대적으로 줄어들 것이다. 사실 고독의 본질은 인간의 이기성이며, 외로움을 느끼는 것은 무리에서 느끼는 안정을 갈망한다는 의미다. 가지고 싶은 것이 많은 사람일수록 더 큰 외로움을 느끼는 이유도 이런 까닭이다.

고독을 느끼고 두려워하는 사람은 많지만 담담하게 고독을 마주하는 사람은 드물다. 대부분 사람은 고독의 굴레에서 벗어나려고 할 때 사람들 속으로 들어가는 방법을 선택한다. 고독을 기꺼이 마주하고 받아들여 평안을 얻고자 하는 사람은 거의 없다. 복잡하고 실리를 추구하는 사회 환경 속에서 쏟아져 나오는 각종 이론과 책들이 좀 더 대담하게 인간관계를 맺어 사람들 속으로 들어가라고 부추기기 때문이다. 다들 수단과 방법을 가리지 말고 무리 속에 들어가 열심히 활약하고 어울리라고 재촉하니 견딜 재간이 없다. 아무리 둘러봐도 고독을 배우고 즐기라고 말하는 사람은 찾기 어렵다.

물론 사교 활동이 실리적인 행위인 것은 분명하다. 하지만 실리를 좇아 사교하기 전에 우선 스스로 자신의 고독을 다루는 능력부터 길러야 하지 않을까? 그런 능력이 있는 사람만이 무리 속에서도 자신을 잃지 않고 현명하게 사람을 사귈 수 있지 않을까?

⸙ 세상 모든 성공은 '고독의 시간'을 거쳤다 ⸙

모든 사람은 좋아하거나 잘하는 분야에서 탁월한 수준에 올라 크게 주목받기 바란다. 하지만 어떤 분야든 탁월한 수준에 도달하기 전에 한없이 두렵고 지루하며 고된 '고독의 시간'을 거쳐야 한다. 이 시간을 끝까지 버텨서 마침내 탁월함을 이루는 사람이 과연 몇이나 될까? 단순히 잘하는 사람은 많아도 최고의 경지에 올랐다고 일컬어지는 사람은 그리 많지 않다. 실패의 원인은 단순하다. 대부분 미래를 동경하면서도 현재 속에서 안일하게 살며, 기회가 오지 않는 환경과 평범한 인맥을 원망하기 때문이다.

세상의 모든 성공은 알아주는 사람 하나 없는 외로움, 참을 수 없는 지독한 고독에서 비롯된다. 사람들은 화려한 성공, 그리고 그에 따른 명예와 이익만 볼 뿐 이전에 그 사람이 고독과 싸우며 꾸준히 노력한 과정은 보지 않는다. 탁월함의 수준에 올라 마침내 성공을 거둔 사람들은 아무도 주목하지 않는 고통을 참았고, 그 인고의 시간은 성공을 향한 추진력이 되었다. 세상이 기억하는 성공을 거둔 사람들은 평범한 사람이 보기에 모두 '괴짜' 혹은 '골칫덩이'였다. 그들은 전통을 따르지 않았고, 거침없이 관습과 규범을 거슬렀다. 진부하고 상투적인 것을 배제하며 혼자만의 길을 걸으면서 길고 어두운 고독을 묵묵히 받아들였다.

스티브 잡스가 대표적인 예다. 그는 대마초를 피우는 히피족이었고 인도 불교에 심취했다. 겨우 열아홉 살에 다니던 리드 칼리지를 그만두고 일하기 시작했는데 이 역시 인도로 떠나기 위해서였다. 잡스는 인도의 작은 마을에서 7개월 정도 머물렀고, 이때의 경험은 그의 인생에 큰 영향을 미쳤다.

잡스는 인도 여행에서 무엇을 깨달았는지 말한 적 없다. 하지만 그가 인도에서 돌아온 후에 일에 매달리며 열심히 산 것을 보면 이 여행이 그를 내적으로 더 단단하고 강하게 만들었음이 틀림없다.

⋛ 고독은 강한 내면을 만든다 ⋚

고독이 무엇보다 중요하며 절대 없어서는 안 될 감정이라고 말할 수는 없다. 하지만 고독을 담담하게 마주하면서 자신의 에너지를 외부와 타인에 두지 않고 내면에 두었을 때, 마침내 삶에 대한 진실한 탐구를 시작할 수 있다. 이는 곧 성숙함과 성공을 향한 첫걸음이다. 고독은 말로 표현하기 힘들 정도의 커다란 공허함을 가져오지만 동시에 완전히 새롭고 흥미로운 깨달음도 가져다줄 것이다.

상하이의 한 명문대 대학원에 다니는 샤오천은 '시험광'이다. 주변 사람들의 눈에 비친 샤오천의 일상은 무척 단조롭고 무미건조하다. 공부 아니면 시험이라고 보면 된다. 이렇게 산 지 이미 1년이 다 되어가는데 그동안 사교 활동은 거의 없었다. 남들이 뭐라 하든 샤오천은 이런 생활에 이미 적응했으며 꽤 즐기고 있다.

"스스로 결정한 거예요. 나중에 취직해서 능력을 발휘해 인정받으려면 더 많이 공부하고 자격증을 따놓는 게 좋으니까요. 일단 지식이 많으면 뭘 해도 유리하다고 생각합니다. 저는 영어가 참 어려웠어요. 시험도 몇 번 떨어지고, 이상하게 영어는 아무리 노력해도 계속 발목을 잡더라고요. 그래서 마음을 독하게 먹고 이를 악물었어요. 언제까지 그럴 수는 없으니까요. 휴대폰을 한 달 동안 정지시키고 앉아서 눈만 뜨면 영어 공부를 했는데 처음에는 진짜 힘들었습니다. 혼자 기숙사, 도서관, 자습실을 돌며 공부했는데 그때마다 늘 옆에 휴대폰을 두었어요. 물론 켜지는 않고 가끔 손을 뻗어서 쓰다듬어 보기만 했습니다. 시간이 좀 흐르니까 괜찮아져서 나중에는 가지고 다니지도 않았고요. 불가능할 줄 알았는데 전화, 인터넷, SNS 없는 생활에 익숙해졌어요. 친구들 모임이나 부모님 잔소리에 방해받지 않고, 오로지 혼자 공부만 했더니 실력이 확 올랐어요. 그때 알았죠. 이전에 열중하던 SNS 사교가 결국 시간 낭비였다는 사실을요. 애초에 친구와 그렇게 자주 연락할 필요가 없습니다. SNS에 모여서 시답지 않은 이야기를 하느니 그 시간에 단어 몇 개라도 더 외우든가 책을 읽는 편이 더 나아요. 앞으로 필요할 지식을 쌓는 편이 훨씬 효율적이죠. 물론 아주 가끔 외로워서 친구랑 이야기를 하고 싶을 때도 있었어요. 하지만 막상 이야기를 시작하면 또 아무 의미 없는 말만 하고, 헤어지고 나면 오히려 기분만 더 안 좋았습니다. 이제는 시간을 할애해서 무의미한 사교를 하느니 차라리 그 시간에 자신을 더 알차게 만드는 생활이 좋습니다. 고독하지만, 고독이 만드는 단조로운 시간을 즐기면서 미래를 위해 준비하는 편이 훨씬 행복합니다."

고독을 느낄 때, 사람들은 본능적으로 함께할 사람을 찾아서 감정에서 빠져나오려고 한다. 하지만 이 방법은 임시방책일 뿐 근본적인 해결책이 아니다. 친구들과 만나 웃고 떠들면 분명히 어느 정도는 즐거울 것이다. 하지만 헤어지고 나면 어차피 다시 자기 생활로 돌아와서 잠시 잊었던 고독과 다시 싸워야 한다. 사교는 내면의 고독을 해결할 수 있는 방법이 아니다. 괜히 무의미한 사교로 더 지치기만 한다. 고독은 사람이 성장하는 과정에서 반드시 거쳐야 하는 '필수과목' 같은 것이다. 사람들과 어울리면서 와자지껄하게 시간을 보내봤자 일시적인 미봉책일 뿐이다. 인생은 혼자 걸어가는 것이다. 그 길 위에서 몰려오는 고독을 혼자 감당하려니 한없이 서글프고 고통스러울 수 있다. 하지만 끝까지 걸어갔을 때, 자신이 이전보다 훨씬 성장했음을 깨달을 것이다.

종종 너무 바빠서 고독할 틈도 없다고 말하는 사람들이 있다. 농담 같지만 사실 맞는 말이다. 항상 허무하고 공허한 느낌을 지울 수 없다면 지금 최선을 다하고 있지 않다는 의미일 수도 있다. 자기 분야에서 탁월한 수준에 올라 군계일학의 자태를 뽐내는 사람들은 이전에 모두 처절한 고독을 겪었다. 그들에게는 기계적이고 단조로운 삶이 계속 반복되는 시간, 무엇을 어떻게 해야 하는지 말해주는 사람 하나 없이 비난까지 들어야 했던 시간이 분명히 있었다. 하지만 그들은 개의치 않고 묵묵히 자기 길을 걸었다. 내가 하는 일을 꼭 다른 사람에게 이해받을 필요 있는가? 그들의 평가가 꼭 필요한가?

고독을 견디지 못하는 사람들은 대체로 성급하다. 예를 들어 아주 작은 오해라도 받으면 즉각 해명해서 결백을 증명하려고 한다. '아무 말도 하지 않으면 사람들이 나를 시시하게 여길 거야.' 그래서 어떤 목표가 있는지, 어떻게 이룰 건지 서둘러 이야기하는 것을 좋아한다. 목표가 아직 계획 단계에 있고 이제 겨우 구상하는 수준인데도 사방에 알리곤 한다. 이는 다시 스트레스로 돌아올 것이다. 내뱉은 말을 반드시 책임지지 않으면 '믿을 수 없는 사람'이라는 인상만 남기기 때문이다.

고독이 두렵고 자신을 알아주는 사람이 없을까 봐 성급하게 내뱉은 말을 실현하는 사람은 몇이나 될까? 대다수 사람은 인내, 의지, 실행력이 있다 해도 끝내 고독을 견디지 못해서 포기한다. 혼자 묵묵히 완성해야 하는 그 과정을 도저히 버티지 못하는 것이다. 그 과정은 알아봐주는 사람이 없고 지지와 응원을 보내는 사람이 없어서 한없이 외롭다. 또 사방에 시험과 유혹이 도사리고 있다. 그러다 보면 사람들과 어울리는 시간이 그리워 어느 순간 과잉 사교의 굴레에 빠진다.

고독을 이기지 못하고 '퇴각'을 선택해서 평범한 사람들처럼 웃고 떠들며 살기를 선택한다면 성공에서 한없이 멀어질 수밖에 없다. 오직 고독을 동반자로 삼겠다고 선택한 사람만이 더 탁월하고, 더 커다란 성공을 거두는 법이다.

세상이 기억하는 모든 위대한 발상과 성공은 고독에서 탄생했음을 기억하라. 고독이 무섭고 싫은 사람은 아직 자신이 원하는 것이 무엇인지, 무엇을 위해서 있는 힘을 다해 싸워야 하는지 확실히 모르는 것이다. 이를 알았을 때, 고독은 그의 의지를 시험하는 관문이 된다. 이 관문 앞에서 물러서거나 위축되지 말고, 용기를 내 전진해야 한다. 관문을 하나씩 통과할 때마다 무엇과도 비교할 수 없는 쾌락을 느낀다. 그 순간 고독은 당신의 둘도 없는 친구가 된다.

혼자에
익숙해지기

르넷은 지금 결혼을 앞두고 있다. 가족과 친구들이 어찌나 재촉하는 지 더는 못 버티고 그냥 빨리 해치우기로 마음먹었다. 하지만 결혼 소식을 알리고 나니 이번에는 새로운 '관심들'이 시작되었다.

"촬영은 언제 해?"

"식은 어디서 하기로 했어?"

"드레스는 골랐니?"

"신혼여행은 어디로 예약했어?"

"하객은 몇 명 정도야? 청첩장도 중요하니까 잘 골라야 해."

사실 르넷은 결혼 결정만 했을 뿐 아직 아무 생각이 없다. 결혼식까지 아직 4~5개월 남았으니 별로 급하지도 않다. 솔직히 말하면 '떠밀려서 하는' 결혼이나 다름없었다. 그녀는 결혼한다고 말하면 주변의 '공격'에서 벗어날 수 있다고 생각했다. 더 고달파질 거라고는 전혀 예상하지 못했다.

"내가 행복한지 묻는 사람은 한 명도 없었어요. 거꾸로 스트레스만 더 주더라고요. 마치 반드시 완성해야 하는 '과업'을 잘 수행하고 있는지 취조당하는 것 같았어요. 조금이라도 게으름을 피우는 것 같으면 사방에서 나를 설득하고 으름장을 놓고 심지어 위협하기까지 했죠. 제가 당장 과업을 달성하겠다고 투항할 때까지 그랬어요." 르넷은 거의 울음이 터질 것 같은 표정으로 말했다.

르넷은 맞선을 통해 약혼자를 만났다. 딸이 결혼하는 모습을 보고 싶은 부모님은 사흘이 멀다 하고 맞선을 주선했다. 계속 성사되지 않자 화까지 냈다. 그러면서도 고향과 LA를 전부 뒤져 딸의 맞선 상대를 계속 찾았다.

"부모님의 사주를 받은 고모와 이모 들이 저를 상대로 '사상 개조 작업'을 시작했어요. 하는 소리는 다 똑같았습니다. 여자는 나이가 많으면 남자가 선택해주기만 기다려야 한다, 여자에게 가장 중요한 건 일이 아니고 가정이다, 결혼이 늦어지면 출산할 때 위험하다……. 저를 유행이 지나서 싼값에 팔려나가는 '할인 품목' 같이 말하더라고요. 마음씨 좋은 고객이 나를 마음에 들어 하면 감히 따질 생각일랑 말고, 머리를 조아리며 감사해야 한다는 식이었어요. 저는 버티고 버티다가 지쳐버렸어요. 그래서 맞선을 보고 지금 남자 친구와 결혼하기로 했습니다. 부모님이 정말 좋아하시더라고요. 한 달 후에 결혼 날짜를 받아오셨어요."

르넷은 남의 이야기를 하는 것처럼 담담한 목소리로 이야기했다. 사실 주변 친구들도 모두 그녀와 비슷한 경험을 했다. 가족들이 결혼하라고 들들 볶는 통해 그냥 투항한 경우가 태반이었다.

"제가 친구 중에서 결혼이 늦은 편이기는 해요. 손자를 안고 있는 사람들을 보면 마음이 급해지는 부모님도 이해하고요. 두 분은 무척 신중하게 제 결혼 상대를 고르는 것 같지만 사실은 그렇지도 않았습니다. 너무 성급한 나머지 정작 중요한 부분은 소홀하죠. 가정환경, 소득 수준, 학력, 외모, 나이 같은 것만 보고 성격이나 관심사가 맞는지에 관해서는 모호한 태도를 보여요. 처음에는 좀 달라도 오래 살다 보면 맞아진다고만 말씀하세요. 한두 번 보고 결혼했는데 두 분처럼 평생 싸우지 않는 부부도 있다고요. 애초에 반박할 수 없는 구조에요. 사실 가장 서운한 사람은 저처럼 부모님 성화에 시달리다가 결혼한 친구들이에요. 그들은 부모님과 똑같이 저를 설득하려고 했어요. 제가 결정해야 할 문제란 사실을 인정하지 않고, 제 기분이 어떤지 신경도 쓰지 않더군요. 결혼해서 행복하냐고 물으면 빙빙 둘러서 다른 이야기를 하며 대답을 회피해요. 그러면서 누구와 살아도 똑같다, 어차피 결혼은 무덤이다, 세월이 약이다, 이런 이야기만 하더군요. 제가 보기에 그 친구들은 저를 자신과 똑같은 상태로 만들려는 것뿐이에요. 제 생각에는 관심도 없죠. 어쩌면 그렇게 하는 말이 다 똑같을까요? 이 나이가 되었으니 결혼해야 한다, 결혼하지 않으면 죄짓는 것과 마찬가지다……. 가족, 친척, 친구들이 모두 한목소리로 나를 압박하니 더는 버티기 힘들었어요."

결혼 소식이 발표되고 한 달 후 르넷은 직장을 그만두고 여행 모임에 가입했다. 지금 그녀는 모임 멤버들과 함께 배낭을 메고 티베트 여행을 떠날 준비를 하고 있다. 다른 이유는 없고, 그저 자신을 둘러싼 환경에서 벗어나고 싶어서다. 가족과 친구가 없는 지역에서 철저하게 혼자 조용히 시간을 보내고 싶었다. 자신이 정말 원하는 것이 무엇인지, 앞으로 어떻게 살아갈지 같은 중요한 문제를 오로지 혼자 생각해볼 요량이다.

﹛ 타인의 기준과 가치관에 휘둘릴 때 ﹜

나는 르넷과 비슷한 상황에 놓인 사람을 여러 명 만났다. 우리는 문제가 생겼을 때, 본능적으로 친구들에게 털어놓고 공감을 구하려고 한다. 그들의 지지와 인정을 받으면 외로워 보이지 않을 거라고 착각하기 때문이다. 이 단순한 패턴을 벗어나는 사람은 굉장히 드물다.

안타깝지만 대부분 고르고 고른 '지원병'은 이미 세속에 물들어 필요한 도움을 제공하지 못할 것이다. 오히려 당신이 자신의 내면을 의심하게 만든다.

그 순간 당신은 더 커다란 고독을 느낄 것이다. 아무도 내면의 진짜 목소리를 들어주지 않고, 어쩌면 들었으면서도 존중하지 않기 때문이다. 이런 상황에서 당신이 할 수 있는 일은 혼자 걷고, 혼자 버티고, 혼자 세상과 싸우는 것뿐이다. 물론 투항을 선택할 수도 있다. 다 포기하고 그들의 진영에 서기만 하면 더 이상 압박하지 않고 '동지'로 봐줄 테니까.

르넷이 결혼하기로 한 까닭도 이 때문이다. 하지만 이런 '타협'이 내면을 안정시키고 평온하게 만들 수 있을까? 더는 싸우지 않고 '적의 편에 서서' 순순히 따른다고 마음이 편할까? 그렇다면 세상에 왜 그렇게 괴로워하는 영혼이 많은가? 친구가 아무리 많아도 늘 외로운 이유는 무엇인가?

살면서 가장 중요한 것은 자신이 진짜 무엇을 원하는지 알고, 내면에서 들리는 진실한 소리를 경청하는 자세다. 타인과 사회의 가치관에 의존해서만 살다 보면 방향을 잃어 진정한 행복을 얻기 어렵다. 멀쩡히 잘 살다가도 타인, 특히 가까운 사람들에 휘둘리면 괜히 자기 삶이 지루하고 짜증스럽다. 저들은 어쩌면 저렇게 신나고 화려하게 살까? 이렇게 시작된 우울은 당신이 환경의 압박에 무릎을 꿇고 스스로 자신을 개조하도록 만든다.

나의 대학 동창 중 한 명은 졸업 후에 죽으나 사나 대도시에서 자리 잡겠다는 남자 친구와 헤어지고 귀향했다. 작은 고향마을에서 공무원과 결혼한 그녀는 지금 카페를 운영 중이다. 세 살짜리 아들과 부모님을 돌보며 꿈꾸던 평온한 삶을 누리고 있다. 지금도 그렇지만 그때는 대학을 졸업한 사람은 반드시 대도시에서 취직해 돈을 벌어야 한다는 일종의 '의무'가 있었다. 그녀는 그 의무를 과감하게 내려놓고 고향으로 돌아와서 살고 싶은 대로 살고 있다 하지만 최근 들어 그녀의 생각이 조금씩 바뀌기 시작했다. 만나지는 못해도 SNS로 끊임없이 들리는 도시 친구들의 소식 때문이다. 친구들이 사는 모습을 보니 잔잔한 강물 같은 자신의 생활이 너무 초라하고 지겹게 느껴졌다. 그녀는 내게 보낸 이메일에서 이렇게 이야기했다.

"정말 부러워. 매일 화려한 도시에서 멋진 곳에 가서 좋은 음식을 먹는 것 같더라고. 그들이 올린 여행 사진이나 모임 사진을 보면 나 혼자만 먼지 구덩이에서 사는 것 같아. 나도 가고 싶을 때 훌쩍 여행을 떠나고 싶어. 하지만 불가능해. 카페 문도 열어야 하고, 아들과 부모님을 돌봐야 하니까. 남편은 출근해야 하니까 도와줄 수도 없어……. 가고 싶어도 애초에 시간이 없어. 나는 너무 외롭고, 사는 게 무의미해."

사람들은 평온하고 안락한 삶을 꿈꾸면서도 한편으로는 타인의 멋진 삶을 부러워한다. 원래 인간은 비교, 특히 친구와 비교하기를 좋아한다. 친구가 자신과 비슷하거나 그 이하로 사는 것 같으면 심리적으로 큰 동요가 없고 오히려 우쭐해지는 느낌이다. 반대로 친구가 자신보다 잘사는 것 같으면 기분이 크게 가라앉는다. 부러움과 질투를 반복하다가 자기비하로 이어지는 일이 허다하다. 내게 이메일을 보낸 동창은 이미 행복하고 안락한 삶을 살고 있었다. 그녀는 세상의 기준을 과감히 버리고 자신의 내면이 원하는 삶을 선택했지만, 친구들의 영향을 받아 마음의 동요가 발생했다. 다음은 내가 그녀에게 보낸 답장의 내용이다.

　"너는 그들의 일면만 보았구나. 그 멋진 생활 뒤에 얼마나 많은 스트레스가 있는지 아니? 대도시의 혜택을 누리는 동시에 그곳에서 생존하기 위해서 발버둥 치고 있어. 비싼 생활비, 북적이는 사람들, 치열한 경쟁, 오염된 공기, 복잡한 인간관계……. 네가 사는 마을에는 절대 없는 것들이지. 그곳 생활은 단조롭게 보일 수 있지만 대도시와 감히 비교도할 수 없는 장점이 있잖아. 저렴한 생활비, 한적한 분위기, 인간관계가 복잡하지 않고 경쟁이나 스트레스도 없지. 부모와 형제가 늘 함께 있어서 서로 도와주고 말이야. 대도시의 고층건물과 화려한 모습이 멋있어 보이기는 할 거야. 하지만 그 뒤에 더 많은 모습이 숨어 있다는 걸 너도 알 거야. 너에게 다시 선택의 기회가 주어진다면 지금의 평화를 포기하고 그곳으로 돌아가겠니?"

　사실 그녀는 다시 기회가 온다고 해도 자신이 현재의 생활을 선택할 거란 걸 알고 있었다. 천성적으로 경쟁과 스트레스를 싫어하는 사람이었기 때문이다. 단지 잠시 잊었던 것뿐이다. 그녀가 느낀다는 '외로움'은 현재의 생활에 느끼는 물질적 혹은 정신적 불만족으로 발생했다. 무엇보다 불만스러운 현실을 바꿀 수 없다는 데 좌절감을 느꼈다. 미래를 생각하면 길을 잃은 것만 같았다.

누구나 그럴 때가 있다. 가족이나 친구와 오랫동안 함께 생활해 혼자 있는 시간이 거의 없는 사람들이 특히 그렇다. 그들은 혼자 문제를 대면하고 해결하거나 독립적으로 사고한 경험이 적다. 그러다가 어떤 사람이나 사건으로부터 영향을 받으면 느닷없이 자기 삶에 커다란 실망을 느끼고 불투명한 미래에 덜컥 겁을 먹는다. 세상에 자기 혼자인 것 같아 내면이 텅 빈 것 같은 외로움을 느낀다. 이처럼 스스로 고독을 느끼고 맛보는 과정은 매우 자연스러운 일이며 아주 중요한 단계다. 우리는 '혼자'의 의미를 사고하기 시작하면서 비로소 자아를 깨워 내면 깊은 곳에서 울리는 외침을 들을 수 있다. 내면에 더 집중해서 자신이 진짜 원하는 것을 발견해야 한다. 허황된 관계 거품 속에서 자신을 잃을 것이 아니라 자기 내면에 충실하게, 단단하게 생활하는 법을 깨우쳐야 한다.

어떤 사람은 고독을 느낄 때 물질이나 정신적 자극으로 외로움을 숨기려고 한다. 가장 흔한 방법은 친구 서너 명과 함께 술을 진탕 퍼마시고 노래방에 가서 고래고래 노래를 부른 후에 집에 와서 머리를 처박고 자는 것이다.

이는 매우 무의미한, 일종의 '마취'에 가까운 행동이다. 방종은 내면의 고통을 막을 수도, 없앨 수도 없다. 잠에서 깨면 다시 고독이 시작되고 불만과 불안은 훨씬 더 커져서 당신을 짓누를 것이다.

⸟ 혼자의 평온함, 시도하고 즐겨라 ⸟

나는 떼 지어 몰려다니면서 즐거움을 가장하는 행위야말로 고독의 또 다른 표현이라고 생각한다. 주변에 이런 사람이 있다면 그는 분명히 커다란 고독감에 시달리고 있을 것이다. 고독을 느낀다면 사람을 만나며 시간을 낭비하기보다 혼자 평온함을 즐기는 걸 권하고 싶다. 혼자가 주는 평온함은 삶을 더욱 의미 있게 만든다. 혼자 있을 때, 당신은 더 효과적으로 사고하며 내면의 진실한 목소리를 경청할 수 있다. 자신의 영혼과 깊은 대화를 나누면서 스스로 진짜 모습을 명확히 바라보고 마음을 다스리면서 좀 더 긍정적인 눈으로 세상을 바라볼 수 있다.

'혼자'에 중독되었다고 말하는 사람들도 있다. 그들은 고독을 통해 세상을 꿰뚫어 보면서 이전에는 과도하게 신경 썼던 것들이 사실은 크게 중요하지 않음을 발견했다. 온 힘을 다해 지키려고 했던 친구와 지인, 인간관계 등이 사실은 눈앞을 뿌옇게 가리는 존재였으며 자아를 찾는 데 오히려 방해만 되었다는 사실을 깨달았다.

혼자를 시도하면 천천히 이전에는 한 번도 없었던 즐거움을 누릴 수 있다. 누구의 간섭도 받지 않고 하고 싶은 일을 하면서 창조력과 상상력을 최대로 발휘해 내면을 풍부하게 만들기 때문이다. 우리는 혼자 있을 때 비로소 자신의 존재를 느낄 수 있고, '나는 누구인가?'라는 질문에 대답할 수 있으며 진정한 자유를 만끽할 수 있다.

⤜ 혼자의 발견 ⤛

여기서 한 가지, 고독과 괴팍함을 구분해야 하는 점을 짚고 넘어가야 겠다. 스스로 고독을 선택하는 행위는 삶에 대한 선택이며 인간관계의 수준을 높였을 때 따라오는 필연적인 결과다. 사교성이 부족해서가 아니라 번잡함을 싫어해서 너무 많은 친구를 사귀기 원치 않으며 안정과 평온을 더 좋아하기 때문이다. 반면에 괴팍한 사람들은 무리에 어울리기를 싫어하고 사교성이 부족한 편이다. 폐쇄적인 성격에 자기비하도 심하며 타인으로부터 상처받을까 봐 무서워서 혼자 처박혀 있는 것뿐이다.

고독을 동반자로 삼은 사람은 내면이 강하다. 그들은 자신을 낮추면서 남들에게 뭔가를 증명해 보이려는 생각이 없다. 보통 큰 성공을 거둔 사람들은 혼자를 즐기면서 타인과 물리적, 심리적 거리를 충분히 유지하고자 한다. 혼자를 통해 생각이 확대되고 창의성이 극대화하기 때문이다. 그러나 괴팍한 사람들은 성격에 어느 정도 문제가 있어서 사회 적응력이 약한 편이다. 타인과 평화롭게 어울리지 못하기 때문에 일부러 거리를 유지하는 것이다. 이는 일종의 자기 위안이며 심리적인 질병이다.

오늘날 이처럼 흐름이 빠르고 복잡한 환경에서 사는 우리는 반드시 혼자 지내며 독립적으로 사교해야 한다. 우리는 생활 속에서 다양한 낯선 사람과 소통하고 교류한다. 어쩌면 그들과 금방 친구가 될 수도 있다. 하지만 그를 정말 이해했고, 그도 나를 이해했다고 확신하는가? 혼자 있으려면 거절하는 법을 배워야 한다. 누군가 당신이 잘 모르는 혹은 좋아하지 않는 일에 끌어들인다면 어떻게 하겠는가? 정중하게, 그리고 단호하게 거절할 수 있는가?

가장 많이 듣는 대답은 "체면 때문에 거절하기 어려워요."다. 이는 그들이 절대 혼자가 되지 못하고 독립적인 인격을 가질 수 없는 이유이자, 분명히 외로운데 주말에 항상 약속이 꽉 차는 이유이기도 하다. 사람들과 어울리면 즐거워야 하는데 심신이 피폐해지고, 그 속에 깊이 잠식되어 도무지 헤어 나올 수가 없다. 체면 때문에 거절하기 어렵다지만 실은 무의식 중에서 거절하고 싶지 않은 것이다. 다른 사람들은 먹고 마시고 놀 텐데 혼자 있으면 고립된 섬처럼 스스로 자신이 너무 '처량하기' 때문이다.

혼자를 즐기는 사람들은 스스로 고독을 선택하고, 고독을 열렬히 사랑한다. 그들은 자신만의 시간을 소중하게 생각하고 유의미하게 이용하므로 모든 불필요한 초대를 거절한다. 혼자여야만 내면의 소리를 듣고 소통할 수 있음을 알기 때문이다. 대부분 사람이 혼자서 무엇을 해야 할지 모르는 것과는 전혀 다른 모습이다. 혼자란 멍하니 시간을 보내는 것도, 할 일이 없는 것도 아니다. 귀중한 시간을 충분히 이용해서 자신을 더 충실하게 만드는 일이다.

내가 이 책에서 이야기하려는 핵심은 하나다. 불필요한 관계를 줄이고 혼자의 시간을 만들어라. 혼자가 되어 깨달음을 얻고 행동해야 한다. 이야말로 고독의 가장 커다란 의미다.

혼자로
더 큰 세상을 만나다

인간은 생겨난 후로 줄곧 무리 지어 생활하면서 자신 외에는 누구에게도 의지할 수 없다는 깨달음을 얻었다. 우리는 분명히 무리 속에 있지만 이와 동시에 혼자가 되어 필요한 기능을 익히고, 과잉 사교의 위험, 고통, 불편에서 멀어져야 한다. 혼자로 자신에게 주어진 모든 시간을 이용해서 세상에 대한 인식을 완성할 수 있다.

무리와 사교는 생활을 더 편리하게 만들지만 정신적으로는 당신을 더 고통스럽게 할 수 있다. 무리 속에서 우리는 반드시 '타협해야' 한다. 내마음에 딱 들지 않아도 아쉬운 대로 참고 견디는 것이다. 무리에 모인 사람이 많을수록 타협의 횟수가 많아지고 정도는 더 커진다. 친구가 많은 사람일수록 다들 자기 마음 같지 않아 속상한 일이 많은 이유도 바로 이 때문이다. 타협은 사교에 반드시 따라오는 희생이다.

반면에 혼자가 익숙해진 사람은 개성을 포기하지 않고 실리나 투자를 위한 희생 따위는 고려하지 않는다. 물론 그들도 사교할 때는 어쩔 수 없이 어느 정도 자신을 포기하고 상대방의 평범함에 맞춰준다. 하지만 어울릴수록 뭔가 아귀가 맞지 않는 느낌을 받는다. 어쩌면 무리로부터 미움을 살 수도 있다. 사교에 목을 매는 사람들, 즉 한없이 평범하고 실리밖에 모르는 사람들은 모임, 재산, 유행, SNS 등에만 관심 있다. 철저하게 세상에 녹아든 모습이다. 고독을 즐기며 혼자를 사랑하는 사람이 이들과 사교하며 호감을 얻으려면 진짜 모습을 잠시 감추고 적절히 타협할 수밖에 없다.

한 토론에서 사일러는 이렇게 말했다. "사회에서 신분, 지위, 능력, 위치가 높은 사람일수록 더 고독합니다. 보통 고상한 사람일수록 사교에서 멀어지죠. 이미 본인이 가진 것이 많고 타인으로부터 얻을 수 있는 것은 보잘것없기 때문입니다. 쉽게 말해서 손해 보는 장사니까요. 반대로 보통 사람들은 사교를 좋아하죠. 내적으로 갖춘 것이 별로 없는데 사교를 통해서 이를 보충할 수 있으니까요. 자신보다 우수한 사람과 어울리면서 자기가 부족한 부분을 채우려는 욕구가 있는 겁니다. 그래서 역사 속 위대한 인물들은 대부분 은둔을 선택했어요. 조용한 곳에서 꼼짝 않고 처박혀서 사람들과 접촉을 최소화하며 사는 거죠. 현대에서는 버핏이 대표적인 예입니다. 세계적인 투자가인 그는 월스트리트가 아니라 고향의 작은 마을에 살고 있습니다. 그들은 혼자로서의 자유를 희생해서 타인으로부터 얻을 것이 없습니다. 그럴 필요가 없죠. 도리어 타인과의 접촉을 최소화해서 더 많은 자유를 얻고자 합니다."

사람들이 인맥을 넓히기를 간절히 바라는 이유는 간단하다. 고독 속에 있는 자신의 모습을 참을 수 없어서다. 그들은 거울 속에 비친 '자아'를 대면하기를 꺼리고 그때 발생하는 자기혐오를 숨기려고 일부러 친구를 불러내서 웃고 떠든다. 피로를 모르고 각종 무의미한 모임을 떠돌면서 내면의 부실을 잊을 수 있는 정신적인 자극을 멈추지 않는다. 그러다가 친구들과 헤어지면, 즉 자극이 멈추면 기분이 확 가라앉아서 멍해지고 커다란 공허감이 몰려온다.

내면이 부실한 사람은 타인과 분리되면 활력을 잃고 사고가 원활하지 않다. 문제는 이들이 만나는 친구의 수준도 큰 차이가 없어서 서로의 내면을 채울 수 없다는 사실이다. 이에 그들은 사교의 질이 아니라 양을 키우는 데 집중한다. 갖바치 세 명이 제갈량보다 낫다는 말을 철석같이 믿는 식이다. 반면에 내면이 풍부한 사람은 동등하게 서로의 가치를 주고받을 수 있는 친구, 많아야 두세 명과만 교류한다. 그들은 이 정도의 사교로도 충분히 만족할 수 있다.

고대 로마의 철학자 키케로는 "온전히 자신의 힘으로 살며, 모든 것이 자신에게 존재하는 사람이 어찌 행복하지 않을 수 있는가?"라고 말했다.

인간관계의 정수를 만끽하고 싶다면 '고독을 받아들이는 것'부터 시작해야 한다. 이는 더욱 충실하고 독립적인 인생을 사는 첫걸음이자 진정한 즐거움이 멈추지 않는 원천이다. 오직 자신에게 기대어 사고하고 행동해야 세상에 숨겨진 진정한 지혜를 얻고, 자신의 재능을 발견할 수 있다. 혼자에 적응한 사람만이 타인과 교류하면서도 약해지거나 상처받지 않을 수 있다.

모든 사람은 인간관계를 절제하는 법을 배워야 한다. 다양한 연구와 조사에 따르면 과하게 관계에 열중하는 태도는 좋지 않으며, 심지어 예측 불가능한 위험까지 도사리고 있다. 살면서 느끼는 대부분 고통은 모두 무의미한 관계에서 비롯된다. 이런 고통은 내면의 평온을 깨뜨리고, 스스로 향상하고 내면을 충실히 할 시간을 빼앗아간다. 최대한 일찍 혼자에 적응하고 혼자인 자신을 사랑할수록 사교를 효과적으로 제어해서 더 행복해질 수 있다.

물론 많은 인간관계를 차단하고 혼자를 선택하는 일은 절대 쉽지 않으며 한 번에 되지도 않는다. 갑자기 친구들과 거리를 두면서 사람한테 지치고 실망하느니 차라리 혼자가 되겠다고 선언하는 사람이 있다. 이는 스스로 선택했다기보다 떠밀려서 어쩔 수 없이 하는 거라 오래가지 못하고 무엇보다 긍정적인 효과를 일으키지 못한다. 시간이 흐르면 그는 혼자가 아니라 '겉돌기'의 양상을 보이면서 정상적인 사교가 어려워질 것이다. 이렇게 해서 악순환이 계속되며 고독을 즐기는 사람이 아니라 '괴팍한 사람'이 될 가능성이 크다.

나는 우선 '50%의 혼자를 즐기고, 50%의 관계를 유지하기'를 제안한다. 다시 말해 혼자의 비중을 늘리고, 인간관계의 비중을 줄이는 방법이다. "이제부터 불필요한 관계를 줄이기로 했다!"라고 사방에 공표할 필요는 없다. 혼자가 되는 건 타인에게 보이거나 허락을 구할 일도 아니고 오직 자신이 선택하고 실행해야 할 일이다. 담담한 마음으로 세상의 변화에 크게 휩쓸리지 않는 자세가 중요하다. 친구에게 너무 많은 기대도 하지 말고, 친구의 배신에 흥분할 필요도 없다. 감정을 잘 조절하는 법을 배우면 세상을 바라보는 태도가 훨씬 초연해질 수 있다. 산에 들어가서 은둔하지 않는 다음에야 현대에 사는 우리는 세상과 어느 정도는 연락을 유지해야 한다. 다만 과하게 긴밀한 관계로 발전해서 상처 입지 않도록 하자.

　나는 혼자와 사교의 비중에 관해서 이야기할 때, 주로 한겨울 밤의 모
닥불에 비유한다. 현명한 사람은 모닥불과 안전거리를 유지하면서 온기
를 얻지만, 멍청한 사람은 춥다고 무작정 모닥불에 달려든다. 그러다가
불티라도 튀어 화상을 입으면 다시는 모닥불 옆에 가지 않겠다고 중얼
거린다. 그동안 상담을 해오면서 사교 활동에 너무 집중하다가 상처 입
고서 혼자가 되겠다고 선언하는 사람을 많이 만났다. 그들은 혼자가 좋
아서라기보다 혹시라도 다시 상처 입을까 봐 무서운 것뿐이다. 내가 이
책에서 이야기하는 혼자는 그런 것이 아니다. '피동' 혹은 '두려움'이 조
금이라도 개입한 혼자는 무의미하다.

⸙ 혼자에도 '사랑'이 필요하다 ⸙

　우리가 혼자가 되어야 하는 이유는 내면을 충실하게 하고 과거보다
더 나은 사람이 되기 위함이다. 더불어 여기에는 감정과 영혼의 부족한
부분을 어루만져줄 사랑이 필요하다.

　심리학자 해리 할로우Harry Harlow는 유명한 '애착 실험'으로 영유아에게
배고픔이나 목마름 해소 같은 생리적 욕구 외에 따뜻하고 포근한 사물
과 접촉하려는 '애착 욕구'가 있음을 증명했다.

　할로우의 연구팀은 어미에게서 떼어낸 새끼 원숭이 여덟 마리를 두
그룹으로 나누어서 각각 가짜 어미가 있는 우리에 넣었다. 첫 번째 가짜
어미는 결이 부드러운 나무로 뼈대를 만들고 털과 스펀지로 두툼하게
감쌌다. 두 번째 가짜 어미는 철사로만 만들었다. 둘 다 따뜻함을 줄 수

있는 전구를 달고 몸통 앞에 젖병을 설치했다. 두 가짜 어미는 촉감만 다를 뿐 다른 부분은 전부 똑같았다.

우리마다 네 마리씩 나누어 넣기는 했지만 가운데 문을 열어놓아서 새끼 원숭이들이 양쪽을 마음대로 오갈 수 있도록 했다.

처음에 새끼 원숭이들은 각각의 어미와 모두 접촉했지만 며칠 적응 기간을 거친 후부터는 전부 첫 번째 어미 옆에만 붙어 있었다. 두 번째 어미의 젖을 먹고 자란 새끼 원숭이들 역시 마찬가지였다. 그들은 젖을 먹을 때만 할 수 없이 두 번째 어미에게 갔고, 다 먹고 나면 즉각 첫 번째 어미에게 돌아왔다.

연구팀은 공포에 대한 반응을 보기 위해 우리 옆에 북 치는 장난감 곰을 두고 태엽을 감았다. 잠시 뒤 곰이 북을 쳐서 둥둥 소리가 크게 울리자 깜짝 놀란 새끼 원숭이들은 첫 번째 어미 옆에 꼭 붙어 있었다. 새끼 원숭이들이 커갈수록 이런 경향은 더 심해졌다. 어느 쪽 젖을 먹고 자랐든 모두 공포를 느낄 때 첫 번째 어미 옆에서 안정감을 구했다.

할로우는 다시 양쪽 우리에 장난감 블록을 넣어서 새로운 환경을 만들었다. 첫 번째 어미의 새끼 원숭이들은 엄마가 보는 앞에서 호기심 어린 몸짓으로 조심스럽게 장난감을 만졌다. 그러다가 어미의 품에 돌아와서 잠시 안겨 있다가, 다시 장난감을 가지고 놀았다. 이 과정이 몇 번이나 반복되었다. 반대로 두 번째 어미의 새끼 원숭이들은 낯선 환경을 두려워하며 위축된 모습으로 계속 울기만 했다. 그들은 모두 불안해서 어쩔 줄 모르며 아예 장난감을 만져볼 생각도 하지 않았다.

이외에 할로우의 연구팀은 두 번째 어미의 새끼 원숭이들이 만성 소화불량과 설사에 시달린다는 사실을 발견했다. 애착 형성이 제대로 되지 않으면서 심리적으로 긴장했기 때문이었다.

인간의 애착 욕구도 새끼 원숭이보다 컸으면 컸지 덜하지 않다. 이는 사람과 사람 사이의 사교가 중요한 이유이자 혼자인 순간에도 사랑을 저버릴 수 없는 까닭이다.

우리는 혼자가 필요한 동시에 사랑도 필요하다. 사랑은 외부 세계와의 감정적 유대다. 아무에게도 사랑받지 않으면서 행복하게 살 수 있는 사람은 없다. 사랑이 있어야 심리적인 지지를 실감하고, 영혼 깊은 곳에서부터 우러나는 행복을 느낄 수 있다.

정신의학박사인 탐 옥스만Tom Oxman은 사랑이 심리적으로 강력한 에너지를 제공할 뿐 아니라 신체의 건강과도 큰 관계가 있음을 증명했다. 그의 연구대상은 심장병 수술을 마친 환자들이었다.

수술 후에 이어진 회복기 6개월 동안, 경과가 좋은 편에 드는 환자는 모두 타인과 사랑의 유대가 강하며 각자의 신앙으로부터 긍정적인 힘을 얻는 사람들이었다. 이들의 사망률은 3%에 불과했다. 반대로 원래 성격이 괴팍해서 찾아오는 사람이 극히 드물고 신앙도 없는 사람들은 회복 속도가 현저히 느렸다. 사망률도 21%에 달했다. 옥스만은 이 연구를 통해 사랑이 심리뿐 아니라 신체적으로도 에너지를 더하는 중요한 역할을 한다고 주장했다.

나는 강의 중에 이런 질문을 한 적 있다. "만약 건강한 인간관계와 건강한 음식 중 하나를 선택하라면 어느 쪽을 선택하겠습니까?" 그러면 대부분 사람은 좋은 친구들과 길거리에서 싸구려 음식을 먹을지언정 혼자 건강에 좋은 음식을 먹을 생각은 없다고 대답했다. 건강한 음식은 건강한 신체를 만들지만 사랑은 심신을 모두 건강하게 만든다.

생각해보자. 고난과 좌절에 부딪혔을 때, 혼자 벽을 보면서 눈물을 흘리는 것과 가족이나 친구의 위로를 받는 것 중 어느 쪽이 당신에게 다시 일어설 힘을 주겠는가?

혼자는 내면을 풍부하고 강하게 만드는 지름길이지만 인생에서 추구해야 할 대상이 아니다. 혼자가 되면 자신을 제대로 인식하고 사랑의 소중함을 깨달아서 효과적인 인간관계 전략으로 좋은 친구를 사귈 수 있다. 여기에서 이야기하는 혼자란 외톨이가 아니다. 가족과 친구의 사랑은 당신의 자신감을 크게 키워서 좌절을 두려워하지 않고 담담하게 나아갈 수 있게 한다. 설령 실패하더라도 사랑하는 가족과 친구가 있으니까 패배감이 크지 않다. 오직 사람의 힘만이 걱정을 사라지게 할 수 있다. 이런 이유로 우리는 혼자가 되는 법을 배우는 동시에 사랑을 지켜야 한다.

⟩ 혼자의 작은 일상에서 행복을 맛보다 ⟨

"혼자서 대체 무엇을 해야 하나요?

"어떻게 하면 모든 순간을 헛되이 보내지 않을 수 있을까요?"

혼자가 되는 것을 강연할 때 자주 질문이다. 나는 그들이 혼자가 된 시간을 너무 강박적으로 바라본다고 생각한다. 왜 꼭 무엇을 해야 하는가? 왜 모든 순간을 헛되이 보내면 안 되는가? 나는 업무 외 시간을 반드시 알차게 보내려고 하지 않는다. 1분 단위로 계획을 짜고 실행하는 사람도 아니다. 오히려 꼭 하지 않아도 되는 일을 하면서 시간을 보내기를 즐긴다. 재미있는 소설을 읽거나, 꽃에 물을 주고, 조용히 앉아서 명상하고,

낮잠을 자고, 산책하고, 영화를 보고……. 생활은 재미있어야 한다. 언제나 신경을 곤두세우면 어떻게 재미를 느낄 수 있겠는가?

큰 의미도 얻는 것도 없는 작은 일들에서도 행복을 느낄 수 있다. 생각해보자. 당신을 따뜻하고 편안하게 만드는 일들은 늘 작고 소소한 것이지 않은가? 경비원 아저씨와 나누는 짧은 인사, 이웃집 아이들의 웃음소리, 지하철의 자리 양보, 여행지에서 만난 낯선 사람의 친절…….

이런 일들은 어떠한 목적도 없고 보상을 기대하지도 않지만, 분명히 우리의 기분을 좋게 만든다. 한동안 잊고 살았던 내면의 선함, 우호, 행복을 불러내는 것 같다. 그러니 멈추지 않고 달리는 말처럼 너무 힘들게 애쓰고 노력할 필요 없다. 일상에서 자신을 기쁘게 하는 일, 흥미와 관심사를 찾자. 몰래 게으름을 피우는 법도 배우고, 아무 의미도 없는 일들을 시도하자. 그러면 삶은 더 재밌고 즐거울 것이다.

우리가 그림을 배우는 이유는 화가가 되기 위해서가 아니다. 사진작가가 되려고 사진 찍는 법을 배우는 것이 아니며, 작가가 되려고 SNS에 하루의 단상을 올리는 것이 아니다. 그저 좋아하는 일이어서 배우고 연습할 뿐이며 이를 통해 자유롭게 시간을 활용하고 삶의 즐거움을 누릴 수 있다. 이러한 관심사가 발전하면서 성취감과 희열을 느낄 수 있다.

LA에 그림 그리기를 좋아하는 친구가 한 명 있다. 혼자 있는 시간에 늘 그림을 그리면서 보내는 그는 내게 이렇게 말했다. "매일 그림을 그릴 때마다 항상 다른 생각과 경험을 해. 무슨 소리냐고? 똑같은 그림이어도 매번 볼 때마다 느끼는 게 달라. 색채, 구도, 서로 이어지는 관계, 그 속에 숨어 있는 감정과 이야기…… 전부 달라. 인생과 똑같지." 그는 그림 그리기라는 취미를 통해 삶을 바라보는 눈까지 바꾼 듯 보였다.

⸝ '나'와의 관계가 가장 중요하다 ⸜

핵심은 관계다. 혼자가 된다는 것 자체가 스스로 나와의 관계를 재정립하는 과정이다. 혼자인 중에 사랑이 필요한 이유는 타인과의 관계, 혼자의 작은 일상을 즐기라는 말은 생활과의 관계와 관련된 이야기다. 혼자는 이 모든 관계의 수준을 높일 수 있다. 이야말로 공자가 말한 '무위이치無爲而治'의 경지다. 크게 애쓰지 않고 특별한 목적이 없어도 모든 일이 순리에 따라 잘 되는 상태다.

예를 들어 우리는 혼자 명상하면서 주어진 기회와 시간을 이롭게 쓸 수 있다. 조용하고 방해받지 않는 곳에서 눈을 감고 마음을 가라앉혀 머릿속에서 잡생각을 내몰아본다. 온몸의 기를 집중해서 최근에 한 일들, 무심코 저질렀던 잘못들을 돌아보고 지금 부족한 것이 무엇인지 생각한다. 내면의 소리에 귀 기울이면서 더 깊은 곳으로 들어가다 보면 생각이 더 명확해질 것이다.

조용하고 담담하게 혼자를 맞이해서 자신 및 타인과의 관계를 생각하고 세상을 바라보는 방식을 조정하자. 꾸준히 하면 혼자가 되어 사랑을 나누면서 일상의 행복을 느낄 수 있다. 당신의 삶은 오직 당신의 리듬에 따라 즐겁게 춤추듯 흘러갈 것이다. 한없이 복잡하고 시끌벅적한 세상 속에서 자신만의 자리를 확보하고 스스로 더 풍부하고 화려해질 수 있다.

Chapter

7

내면에 귀 기울이기

나를 지키는
삶

≷ 스스로를 객관화하라 ≶

얼마 전 알게 된 그는 딱 봐도 거만한 사람이었다. 그는 누구를 만나든지 항상 '네가 뭐라고?' 식의 태도였다. 유명인사 이야기가 나오면 자기와 친하다고 했고, 새로 산 손목시계를 보여주면서 배우들도 차고 다니는 명품이라고 말했다. 회사 접대 자리에서도 고객과 사진을 찍어서 SNS에 올렸다. '○○ 대표님과 함께 즐거운 시간!'이라는 글과 함께. 그는 늘 반드시 자신보다 더 나은 사람과만 어울리고자 했다. 그러면서 늘 자신의 인맥이 얼마나 넓은지 세상에 자랑했다.

하지만 실제 그의 삶은 SNS만큼 화려하거나 행복하지 않았다. 한 중소기업의 팀장인 그는 평균 수준의 연봉을 받았다. 집도 월세가 부담스러워 다른 사람과 함께 살고 있다. BMW를 몰고 다니지만 빚을 내서 산 차다. 사람들을 대할 때 보이는 언행은 이처럼 궁핍한 생활을 숨기려는 노력에 불과했고 타인이 자신을 무시하는 일이 죽기보다 싫기 때문에 무슨 일이든 과장했다. 애써 잘난 척해서 열등감을 감추려는 심리다. 기본적으로 그는 자신감이 없는 사람이다. 그래서 항상 주변 사람이나 사물로 자신의 가치를 올리고자 하는 것이다.

잘난 척이나 열등감은 어차피 한 가지로 모두 자신감이 부족하다는 의미다. 이런 사람들은 자신을 객관적으로 보지 못하고 늘 너무 높거나 낮게 생각한다.

사교에 공포를 느끼는 사람들은 대체로 자신감이 부족하다. 자신은 이것도 별로고 저것도 별로여서 '사람들이 나를 무시할 거야.'라는 생각에 사로잡혀 있다. 열등감에 휩싸인 그들은 공공장소에 나서야 하거나 모임에 참석하는 일을 제일 싫어한다. 가능하다면 어떻게든 핑계를 찾아서 피하려고 한다.

이사벨이 바로 그런 사람이다. 외모에 자신감이 없는 그녀는 어지간해서는 외출하지 않는다. 어쩔 수 없이 나가야 할 때는 반드시 선글라스를 착용해서 타인과 눈을 마주치지 않으려고 한다. '이렇게 하면 사람들이 눈을 볼 수 없으니까 내가 무슨 생각을 하는지 모를 거야.' 그녀에게 선글라스는 일종의 '바리케이드'다.

그녀는 길에서 아는 사람을 보면 일부러 다른 곳을 보면서 못 본 것처럼 행동한다. 인사를 나누는 순간의 어색함을 피하기 위해서다. '내가 인사하지 않아도 뭐라고 하지는 않겠지. 선글라스 때문에 내가 자기를 못 본 줄 알 거야.'

이사벨의 행동은 사교에 자신감이 없는 사람들의 전형적인 모습이다. 그들은 상대방을 보고도 모른 척하지만 사실 이는 눈 가리고 아웅일 뿐이다. 처음 한두 번이라면 모를까, 몇 차례 반복되면 매우 예의 없고 거만하다는 부정적 인상만 생긴다.

이런 사람들은 자신감이 부족해서 타인의 반응에 매우 민감하다. 그들은 상대방이 늘 자신에 대해 생각하고 있으며 분명히 부정적으로 평가했을 거라는 이상한 착각 속에 산다. 사실 타인은 그에게 큰 관심이 없으며 그다지 많이 생각하지도 않는데도 말이다. 어쨌든 그들은 상대방의 작은 언행까지 모두 따지면서 혼자 상상의 나래를 펴고 자기 생각이 맞는다는 증거를 찾으려고 안간힘을 쓴다.

조이는 화장도 하지 않고 옷차림도 평범해서 스스로 매우 초라하다고 여긴다. 한번은 친구들과 만나 카페 한가운데 자리에 앉게 되었다. 눈에 잘 띄는 자리여서 조이는 은근히 신경이 쓰이고 불안했다. 얼마 지나지 않아 저쪽 자리에 앉은 세련된 젊은 여성 두 명의 웃음소리가 들렸다. 조이가 바라보자 그들은 입을 틀어막고 웃음을 참는 시늉을 했다. 조이는 얼굴이 빨개져서 고개를 숙이고 들지 못했다. '내가 너무 촌스럽다고 놀리는 거야. 틀림없어!' 너무 부끄러워서 눈물까지 뚝 떨어졌다.

놀란 친구들이 이유를 묻자 조이는 얼굴을 가리며 말했다. "갑자기 배가 아파서 그래. 미안한데 나는 먼저 들어갈 테니까 너희끼리 놀아."

결국 오랜만의 모임은 조이의 과민 반응과 근거 없는 의심 때문에 흐지부지되었다. 사실 아까 그 두 젊은 여성은 자기들끼리 이야기하다가 웃었고, 아무 생각 없이 눈길이 조이 쪽으로 온 것뿐이었다. 그녀들은 조이에 대한 이야기는 한마디도 하지 않았고 그녀가 거기에 있는지조차 몰랐다.

우리 주변에는 조이 같은 사람들이 꽤 있다. 그녀는 지금 다음과 같은 악순환을 반복하고 있다.

1단계: 조이는 자신이 촌스럽다고 여기고, 다른 사람이 그녀를 비웃는다고 생각한다.

2단계: 모든 공공장소에서 매우 민감하게 반응하는 그녀는 타인의 작은 동작 하나까지도 자신을 향한 조롱이라고 생각한다.

3단계: 그럴수록 점점 더 자신이 없어지고 불안해져서 사교할 용기가 없다.

4단계: 걱정이 커지면서 자신을 보호하려는 심리가 생겨 우울하고 방어적이며 은둔하는 행태를 보인다. 어떻게든 타인이 자신의 부족한 면을 보지 못하게 하려고 안간힘을 쓴다.

5단계: 하지만 의식적인 행동 탓에 더 이상하게 보인다. 사람들은 이전에는 전혀 몰랐는데 이제 보니까 조이가 약간 '이상한 사람'이라고 생각한다.

1단계에서 5단계까지 진행된 후, 다시 1단계부터 심리가 강화되어 반복한다. 조이의 머릿속은 '그들이 내 이야기를 하고 있어. 내가 너무 촌스럽다고. 아니라면 왜 저런 표정을 짓겠어?'로 가득 차서 사교에 공포를 느낀다.

조이의 열등감은 스스로 자신을 경시하게 만들었다. 그녀는 일상에서뿐 아니라 회사에서도 충분히 맡아서 해낼 수 있는 업무를 시도조차 하지 않는다. 그녀는 자신의 불완전함을 증오하지만 어떻게 해결하지도 못한다. 이 때문에 그녀는 한없이 슬프고 열등감만 점점 더 커졌다.

해결 방법은 하나뿐이다. 마음을 다잡고 자신을 새롭게 객관적으로 바라보아야 한다. 타인이 어떻게 보는가는 중요하지 않으며 스스로 자신을 객관적으로 바라볼 수 있는가가 중요하다. 타인이 아무리 좋은 평가를 내려도 그 또한 그들의 개인적인 견해일 뿐이다. 거듭 강조하건대 가장 중요한 부분은 스스로 자신을 어떻게 생각하는가다.

⸲ SNS는 편집된 삶일 뿐이다 ⸲

인터넷이 발전하면서 다양한 사교 플랫폼이 우리 생활 속으로 침투했다. SNS는 일상의 단편을 올려서 공유하던 초기와 달리 지금은 누가 더 화려한 삶을 사는가를 다투는 장이 된 느낌이다. 요트 여행을 하고, 슈퍼카를 타고, 명품 가방을 구매하고, 풀 빌라에서 휴가를 보내고, 유명인과 함께 식사하고…… 이제 남의 눈을 사로잡을 만한 무언가가 없으면 SNS에서조차 환영받지 못하고, 심지어 차단까지 당할 수 있다. 이는 현대인들의 새로운 스트레스다.

"SNS에 누가 프랑스식 만찬을 먹는 사진을 올리면 기분이 확 상해요. 나는 집에서 찐 감자나 먹는데 말이죠."

"다른 사람들이 올리는 일상은 전부 화려해요. 나는 매일 야근만 하고요. 그들과 비교하면 저는 일만 하는 노예 같아요."

SNS에서 보이는 타인의 생활과 비교하면 자신은 존재감이 전혀 없고 행복하지도 않은 것처럼 느껴진다. 지금 세상의 온갖 화려함으로 가득 찬 SNS는 '나눔과 소통'이라는 초심을 잃고, 서로의 삶을 비교하는 각축장으로 변질하고 말았다.

이런 보여주기성 사교는 보기만 해도 피로가 배로 늘어난다. 하지만 안타깝게도 여기서 재빨리 빠져나오는 사람은 극히 드물다. 오히려 SNS에서 자신의 즐거움을 공유하지 않으면 즐거움이 완성되지 않은 것 같은 느낌이다. 이 역시 사교에 대한 자신감이 부족하다는 의미다.

한 학생은 언제나 잠자기 전에 SNS를 업데이트한다고 말했다. 주로 낮에 찍은 풍경 사진이나 외식한 사진을 짧은 감상이나 유머러스한 글과 함께 올린다. 군이 밤에 잠자기 전에 하는 이유는 아침에 일어나서 '좋아요'와 댓글 수를 한꺼번에 확인하기 위해서다. 낮에 올리면 아마 계속 새로고침을 하면서 누가 좋아요를 누르고 댓글을 달았는지 확인할 것이다. 그러다가 10분 동안 아무도 관심을 보이지 않으면 매우 실망해서 우울해질 수 있다. SNS에서 인기가 없고 따돌림을 당하는 것 같은 부정적인 감정에 휩싸이기 쉽다.

지금 많은 현대인이 '좋아요 불안증'에 시달리고 있다. 그들은 좋아요 수가 많을수록 인기가 많고, 적으면 인간관계가 좋지 않다고 생각한다. 그래서 어떤 사람들은 머리를 굴려서 허구의 혹은 독특하고 자극적인 내용을 올린다. 오직 타인의 관심을 얻기 위해서다. 이 역시 사교 자신감이 부족한 심리를 반영한다. 이런 심리의 뒤에는 다시 사교에 대한 불안감이 숨어 있다.

나를 지치게 하는 인간관계와 이별하기

⸱⸳ 나는 감정 쓰레기통이 아니다 ⸲⸱

멜리사는 자신이 감정적으로 예민해서 늘 타인의 부정적인 감정에 끌려다닌다고 토로했다. 한 친구가 자주 부모님과 갈등을 빚고 스트레스를 받는데 그때마다 멜리사에게 쪼르르 쫓아와서 무슨 일이 있었는지 전부 말한다는 것이다. 멜리사는 항상 편을 들어주면서 친구가 화내면 같이 화내고 친구가 울면 같이 울었다. 잠시 후 속 시원하게 감정을 털어놓은 친구는 기분이 훨씬 나아졌지만, 정작 멜리사는 여전히 화가 난 채였다. 그녀는 자신이 왜 이러는지 몰라 답답했던 적이 한두 번이 아니었다고 한다.

"친구를 위로한답시고 바보같이 제 작은 비밀들을 '희생'했죠. 나도 비슷한 일을 겪었다고 이야기하면 위로가 될까 싶어서요. 그렇게라도 해서 친구가 빨리 기분이 나아졌으면 했거든요. 그래놓고는 매번 후회해요. 우리 둘 사이에 갈등이나 다툼이 생겼을 때 이런 비밀들은 친구가 저를 공격하는 수단이 되더라고요. 정말 너무 화가 났어요. 한번은 마음을 단단히 먹고 친구가 기분이 좋든 나쁘든 신경도 쓰지 않았어요. 기분 나빠 보였지만 관심 없는 척하니까 부정적 감정에 전염될 일도 없고 좋더라고요. 하지만 쓸데없이 좋은 공감 능력 때문에 결국 실패했어요. 그래도 친구인데, 우리 사이에 우정이 있는데 그렇게 내버려둘 수가 없었거든요. 말만 걸면 불쌍한 표정으로 눈물을 뚝 흘리니까요. 따지고 보면 제 발로 부정적 감정 속으로 걸어 들어간 거나 다름없어요. 제게 무슨 심리적인 문제가 있는 걸까요? 대체 어떻게 해야 타인의 감정에 영향을 받지 않을 수 있을까요?"

나와 동료들은 최근 1년만 해도 멜리사와 유사한 사례를 거의 수백 건 이상 상담했다. 타인의 감정에 끌려 다니는 문제는 사실 양쪽 다 문제가 있다. 누군가 부정적 감정을 전달했을 때, 상황을 제대로 통제하지 못하면 영향을 받을 수밖에 없다. 당신은 그에게 아주 좋은 경청자이자 튼튼한 '감정 쓰레기통'이다. 그는 자신의 감정 쓰레기를 최대한 당신에게 쏟아 붓고 산뜻한 기분으로 돌아가지만 당신은 그가 던지고 간 감정 쓰레기를 계속 껴안고 있어야 한다.

멜리사의 친구는 이른바 '쓰레기 투척꾼'이다. 그는 각종 '생활 쓰레기'로 몸살을 앓다가 온몸이 부정적 에너지로 가득 차면 멜리사라는 딱 좋은 쓰레기통을 찾아온다. 쓰레기 투척꾼이 던지는 쓰레기는 마치 악성 바이러스처럼 전염성이 강하다. 당신이 아무리 낙천적이어도 매일 그렇게 많은 쓰레기 공격을 퍼부으면 버틸 재간이 없다.

≳ 감정 쓰레기 투척꾼 대응법 ≲

우선 쓰레기 투척꾼을 저지하는 방법을 배워야 한다. 그들이 또 와서 쓰레기를 던지려고 하면 피하는 게 상책이다. 괜히 친구의 의무를 다한답시고 옆에 앉아서 이야기를 들어서는 안 된다.

얼마 전, 안타까운 뉴스 보도가 있었다. 술에 취한 사람이 식당에서 식사 중인 연인을 보고 여성을 희롱하는 말을 지껄였다. 남자 친구는 여자 친구에게 어차피 식사가 끝났으니까 그냥 무시하고 일어나자고 말했다. 여자 친구는 서운해하면서 "내가 이런 모욕을 당하는 데 가만히 있는 거야? 당신 남자 맞아? 설마 겁이 나서 그러는 거야?"라고 원망하듯이 말했다. 남자 친구는 술 취한 사람들과 시비가 붙어봤자 좋을 일 없다며 가자고 재촉했지만, 여자 친구는 크게 화를 내며 자신을 희롱한 사람들에게 달려가 욕을 하기 시작했다. 싸움이 시작되었고, 남자 친구는 상대방의 칼에 세 번이나 찔려 사망했다.

만약 그녀가 남자 친구와 함께 잠자코 돌아갔다면 이런 비극도 없었을 것이다. 하지만 그녀는 술에 취한 사람의 부정적 감정에 휩쓸려서 자신조차 쓰레기 투척꾼이 되었다.

감정 쓰레기 투척꾼은 어디에나 있는데 특히 차도 위에서 흔히 볼 수 있다. 운전 스트레스, 일상의 불안과 초조가 결합한 분노를 애꿏은 행인이나 동승자에게 쏟아 붓는 운전자들이다. 이들 때문에 공격적인 행동이나 욕설, 위험한 주행, 고의 사고 등이 발생할 수도 있다. 만약 자신의 감정을 제어하는 데 미숙한 사람이라면 자칫 대형 사고가 일어날 수도 있다.

한번은 내가 친구를 차에 태우고 함께 포럼에 가는데 사거리 신호등이 고장 나서 모든 방향에서 차들이 얽히는 상황이 발생했다. 서로 눈치를 보며 조심스럽게 전진하는데 갑자기 옆에서 차 한 대가 비스듬하게 끼어 들어왔다. 급브레이크를 세게 밟아서 다행히 접촉 사고는 면했지만, 끼어든 차는 사과하기는커녕 창문으로 머리를 빼고 우리를 향해 고래고래 소리를 질렀다. 옆에 탄 친구는 매우 화를 냈지만, 나는 차분하게 말했다. "저 사람이 차를 거의 망가뜨릴 뻔했지만 맞대응해봤자 상황만 더 나빠져. 아까 신호등 고장 때문에 화가 많이 났고, 그 화를 풀 대상을 찾고 있거든. 우리가 쫓아가서 말싸움을 해봤자 얻는 것보다 잃는 것이 더 많지. 이런 일이 있을 때, 가장 좋은 방법은 상대하지 않는 거야."

감정 쓰레기 투척꾼을 만나면 대응할 필요 없다. 그저 살짝 미소 지으며 몸을 돌려 그 자리를 떠나면 된다. 그들을 상대할수록 당신은 짜증만 더 나고, 결과는 늘 우리의 통제권을 벗어나기 때문이다. 남의 부정적 감정 때문에 나의 아름다운 하루를 망친다면 너무 아깝지 않은가?

피할 수 없다면 단호하게 거절해야 한다. 상대방이 당신을 찾아와 누군가를 원망하거나 분노한다면 친구로서 위로하자. 하지만 그가 이쯤에서 멈출 의사가 없다면 더 이상 피동적으로 경청하고 있을 것이 아니라 주동적으로 화제를 전환해야 한다. 그의 말을 과감하게 끊고 양측 모두 아는 가벼운 화제를 꺼내어서 조금 전의 부정적 감정을 없앨 수 있다. 이는 감정 쓰레기 투척을 효과적으로 막는 동시에 친구가 부정적인 감정에서 벗어나도록 돕는 방법이다. 그가 너무 자기중심적인 사람이 아닌 다음에야 당신이 화제를 전환하면 이제 그만하라는 소리인 줄 안다. 아마 자신도 약간 부끄러움을 느끼면서 자연스럽게 새로운 화제 속으로 들어갈 것이다. 하지만 불행하게도 그가 자기감정만 중요한 쓰레기 투척꾼이라면 나중에 어색해질까 봐 걱정하지 말고 무슨 이유라도 대고 그 자리를 벗어나야 한다.

절박한 마음으로
사람을 만나지 마라

UC버클리에서 인간관계를 연구하는 로저는 이렇게 말했다.

"친구란 무엇일까? 나는 친구가 남자에게는 담배, 여자에게는 군것질거리라고 생각해. 삶이 더 즐거워지고 인생을 더 완벽하게 만드는 것들이지. 하지만 없어도 무슨 큰일이 나지는 않아."

로저는 인생에서 인간관계가 분명 중요하지만, 필수불가결한 것은 아니라고 이야기했다. 특히 이른바 '절친'이 없으면 없지, 섣불리 아무나 그렇게 불러서는 안 된다. 고독이 두려워서 맹목적으로 친구 사귀기에 열중해봤자 결과가 좋을 리 없다. 또 조금 친해졌다고 물색없이 둘도 없는 친구인 양해서는 더더욱 안 된다.

로저는 자신의 이웃 이야기를 들려주었다. 타지에서 이사 온 부부였는데 그들에게는 안나라는 고등학생 딸이 하나 있었다. 워낙 내성적이어서 친구가 거의 없는 아이였는데 전학까지 하는 바람에 한 학기가 지나도록 새 친구를 사귀지 못했다. 안나는 집에서도 다른 아이들과 달랐다. 매일 제시간에 등하교했지만 집에 오면 방에 틀어박혀 꼼짝하지 않았다. 부모와도 대화가 거의 없었다.

사실 부모는 안나가 어려서부터 그랬으므로 특별한 이상을 느끼지 못했다. 그들은 딸이 혼자 있기를 좋아하고 사람들과 어울리는 걸 싫어하는 것뿐이라고 생각했다. 몇 번 같이 외출하자고 말했지만 싫다고 하니 더 이상 말하지 않았다. 경찰의 전화를 받은 그날까지 그들은 착한 딸이 길거리의 '비행 청소년'인 줄은 상상도 못 했다.

안나는 SNS를 통해 한 커뮤니티에 가입했다. '고독에 중독된 사람들'이라는 이름에 끌렸다고 한다. 이곳에서 회원들은 모두 솔직하게 나이, 지역, 직업, 성격 등의 개인정보를 공개하고 있었다. 그들은 '신입'인 안나를 크게 환영했고, 용기를 얻은 그녀는 차츰 자신의 성격, 인간관계에서 느끼는 문제를 이야기하면서 친구가 하나도 없어서 속상하다고 고백했다. 그러자 회원들은 모두 마찬가지라며 안나에게 어서 절친이 생기기를 바란다고 댓글을 달아주었다.

크게 감동한 안나는 이 커뮤니티에서 천천히 마음의 빗장을 열었다. 말이 잘 통하는 회원들과 특별히 친해졌고, 마침 근처에 사는 사람들끼리 만나기로 했다. 그중 한 명은 학교에서 몰래 나오는 방법까지 알려주었다. 처음에 안나는 무척 망설였다. 친구는 없어도 교칙을 함부로 어기는 학생은 아니었기 때문이다. 하지만 커뮤니티 친구들을 꼭 만나러 가고 싶었다. 그들은 갈등하는 안나를 끊임없이 꼬드겼다. "젊을 때 미친 짓을 해봐야지! 평생 땡땡이 한 번 치지 않으면 인생이 너무 재미없잖

아. 우리가 진짜 자유를 알려줄게." 안나는 마치 세뇌당한 것처럼 생각이 바뀌었다. 커뮤니티 친구들의 말은 하나같이 옳았고, 자신은 그동안 너무 '한심하게' 산 것 같았다. '그래, 지금이라도 미친 짓을 해봐야지!'

사실 그녀가 '절친'이라고 여긴 그들은 질이 나쁜 사람들이었다. 고등학교를 중퇴하고 제대로 일하지도 않으면서 온종일 클럽에서 놀거나 길거리에서 행패를 부리며 살았다. 그중 남자 두 명은 경찰에 체포된 전적도 있었다. 안나는 그들과 '미친 인생'을 시작했다. 부모님 몰래 문신을 하고, 거짓말로 조퇴하거나 몸이 안 좋아서 보건실에 간다고 하고 학교 담장을 넘었다. 그래도 운이 좋았는지 한 번도 발각되지 않았다. 그날 밤까지는.

경찰은 부모에게 안나가 절도 사건에 연루되었다고 말했다. 경찰에 따르면 얼마 전에 학교에서 몰래 나온 안나는 친구 두 명과 만나 음료수를 사러 편의점에 들어갔다. 그런데 한 친구가 편의점 안에 나이 든 여주인밖에 없는 것을 보고 나쁜 마음을 먹었다. 두 친구는 안나에게 잠깐 문밖에서 기다리라고 한 후 가게에서 물건을 훔쳤다. 그들은 나오면서 안나에게 빨리 뛰어서 택시를 잡으라고 재촉했다. 순식간에 벌어진 일에 정신이 멍해진 안나는 무슨 일인지 알지도 못하고 하라는 대로 했다.

그날 저녁, 편의점 여주인의 신고를 받은 경찰이 안나와 친구들을 찾아 체포했다. 처음에 안나는 자신이 절도와 무관하다고 생각했다. 하지만 두 친구는 모두 안나가 밖에서 망을 봤다고 진술했고, 안나는 이 절도 사건의 '공범'이 되었다.

경찰은 안나에게 왜 잘 알지도 못하는 질 나쁜 사람들과 어울렸냐고 물었다. 그러자 안나는 학교에 친구가 없어서 너무 외로웠는데 그들이 이야기를 잘 들어줬다고 했다. 그녀는 이 기회를 놓치지 말고 자신도 꼭 절친을 만들고 싶었다고 말했다. 이 친구들까지 놓치면 자기 인생이 너무 불쌍해질까 봐 두려웠다고 울먹였다.

실제로 안나와 같은 사람이 꽤 많다. 현실에서 친구를 사귀지 못해 외로움을 느낀 나머지 모든 희망을 인터넷과 SNS에 걸고 너무 쉽게 사람을 믿는 경우다. 사람은 급할수록 멍청해진다. 믿을 수 없겠지만 인터넷에서 몇 마디 나누었다고 둘도 없는 친구로 여길 만큼 멍청해질 수 있다.

현실 속 지인들끼리도 나쁜 면을 숨기고 상대방에게 좋은 면만 보이려고 한다. 하물며 인터넷에서 만난 사람들이 진짜 모습을 공개하겠는가? 백이면 백 '위장'이라고 보면 된다. 그들은 자신의 음흉하고 악한 면을 철저히 숨기고 선한 모습만 드러내서 포장하고 확대한다. 위장술이 얼마나 대단한지 조금만 방심하면 절대 알아차릴 수 없다. 설마 싶겠지만 위장에 속아 완벽한 친구를 찾았다고 착각하는 사람이 생각보다 많다. 어떻게든 이 '위장의 고수'와 친해지고 싶어서 안달이다.

⟩ 고독은 친구를 사귀는 이유가 아니다 ⟨

나이가 어릴수록 감정적이고 충동적으로 행동하기 쉽다. 사교할 때도 상대방이 보여주는 모습을 그대로 믿고 실제로는 어떤 사람인지, 무슨 일을 하는지도 모르면서 겁도 없이 친구가 된다. 안나는 친구들의 결점(고교 중퇴, 우울증, 거리 생활 등)을 눈감아 줘야 절친이 될 수 있다고 생각했다. 정작 그 뒤에 숨은 '도덕적 결함'이 자신의 눈을 가리고 귀를 막는 줄은 전혀 알지 못했다.

성인들 역시 안나와 같은 실수를 저지른다. 고독을 참지 못하고 적막을 견디지 못해서 상대방이 어떤 사람인지 제대로 알지도 못하고 맹목적으로 사교에 집중한다. 이런 맹목적인 사교는 그들의 인간관계를 개선하지 못하고 생활에도 전혀 도움이 안 된다. 오히려 그들을 더 고독하게 만들 뿐이다.

고독하다고 아무나 막 사귀는 것처럼 어리석은 행동은 없다. 누구도 당신의 고독을 해결해줄 수 없다. 친구와 함께 있을 때 잠시 기분이 좋아질 수는 있어도 그와 헤어지면 다시 원래의 감정으로 돌아올 것이다. 당신이 고독을 느낄 틈이 없게 종일 곁에 붙어 있는 사람은 없다. 태어나면서부터 죽는 순간까지 모두 혼자 대면해야 한다. 더 강인하고 단단해져서 고독을 받아들일 수 있게 되었을 때 비로소 지혜로운 자아를 형성하고 수준 높은 사교를 할 수 있다.

⸂ 아무리 힘들어도 원칙을 포기하지 마라 ⸃

어쩌면 이미 많은 친구가 있지만 절친, 즉 '지기'라고 부를 만한 사람은 없어서 서운할 수 있다. 지기란 무엇인가? 그들은 말하지 않아도 속마음을 아는 친구다. 진심으로 나를 이해하고 지지하며 무엇이든 함께할 수 있는 사람이다. 나를 어떻게 생각할지 걱정하지 않아도 된다.

지기는 낮이나 밤이나 붙어 지낼 필요 없다. 그 또는 그녀는 다른 도시에 살 수 있고 자주 연락하지 않을 수도 있다. 앞서 말했던 라오와 나의 관계처럼. 살면서 도무지 해결할 수 없을 것 같은 난관에 부딪혔을 때, 가장 먼저 생각나고 아무 걱정 없이 전화할 수 있는 사람이다. 그들은 언제나 가장 좋은 처방을 내려준다.

일반적인 친구가 아니라 지기가 되려면 정신적으로 교감해야 한다. 서로 눈길 하나, 손짓 한 번이면 무슨 뜻인지 알 수 있을 정도여야 지기라 할 수 있다. 가치관, 지식 수준과 인지 수준이 엇비슷해야지 한쪽이 다른 한쪽의 기준에 못 미치면 지기가 되기 어렵다.

이상의 내용을 종합하면 살면서 지기를 얻기는 대단히 어렵다는 결론이 나온다. 그렇기에 우리는 반드시 인간관계의 원칙을 고수해야 한다. 원칙과 기준을 하향해 맹목적으로 사람을 사귀면 어찌 지기를 얻겠는가? 지기가 될 수 있는 사람을 더 멀어지게 할 뿐이다.

절제하는 관계가
필요한 이유

베이징에서 일하는 리카이는 올해 초에 사교 활동을 절제하기로 결심했다. 필요한 업무 약속을 제외하고 개인적으로는 어떠한 모임에도 참석하지 않기로 했다. 그동안 음주와 가무로 지친 심신을 회복하고 좀 더 의미 있는 일에 시간과 에너지를 투자하고 싶었기 때문이다. 이는 무척 대담한 결정으로 처음에는 각종 초대를 거절하기가 무척 어려웠다. 하지만 몇 번 모임에 안 나갔더니 친구들도 리카이의 결심이 확고한 걸 알고 더 이상 부르지 않았다. 이렇게 해서 전화, 문자 메시지, SNS 등이 전부 리카이의 세상에서 종적을 감췄다. 얼마 후 리카이에게 새로운 문제가 발생했다.

이전에는 퇴근 후에 친구들과 함께 식사하고 술 마시며 즐겁게 보냈다. 힘이 없어서 더는 못 하겠다 싶으면 집에 돌아가서 쓰러져 자고, 아침에 출근했다가 퇴근하면 다시 어제처럼 신나게 놀았다. 하지만 지금은 퇴근하고 혼자 시간을 보내야 한다. 리카이는 아직 이렇게 많은 시간을 효율적으로 이용할 준비가 되어 있지 않았다. 하는 수 없이 개인 시간을 잘 보내는 친구 몇 명에게 물었더니 독서나 운동을 하라는 대답이 돌아왔다.

다음 날부터 리카이는 퇴근 후에 매일 헬스장에 가서 운동하고 집에 돌아오면 책을 읽었다. 하지만 여전히 시간이 남아돌았고 재미있을 만한 일을 찾지 못했다. 이렇게 시간이 남으면 꼭 휴대폰을 들고 친구들에게 연락하고 싶었다. 사실 리카이는 운동과 독서를 하면서도 틈틈이 SNS를 확인했으며, 댓글을 달고 싶은 마음을 꾹 누르고 있었다. 얼마 후 리카이의 계획은 실패로 돌아갔다.

⸢ 인간관계의 '핵심화' 전략 ⸥

사실 실패는 당연한 결과였다. 리카이의 사교 절제 계획에는 애초부터 두 가지 문제가 존재했다.

첫째, 인식의 문제다. 리카이는 '관계 절제'를 완전히 잘못 이해했다. 이는 모든 인간관계를 단절하는 것이 아니라 '핵심화'를 의미한다. 무의미한 인간관계를 멈추고 수준 높고 유익한 관계만 남겨 정상적으로 진행해야 한다.

둘째, 시간 계획의 문제다. 관계를 절제하려면 남는 시간을 이용하는 문제를 함께 고민해야 한다. 이 부분을 제대로 준비하지 않으면 적막으로 가득한 시간을 견디지 못하고 얼마 못 가 실패하기에 십상이다.

리카이는 이 두 가지 문제를 전혀 고려하지 않았다. 사교 활동을 절제하겠다고 마음먹고 충동적으로 모든 관계를 단절하고는 아무런 준비를 하지 않았다. 이렇게 해서 그는 고독의 쓴맛만 보고 과거의 패턴에 투항하고 말았다. 아마 앞으로도 '제어 불가능한 인간관계'에서 빠져나오기 힘들 것이다.

리카이가 한 모든 노력은 '피동적인' 관계 절제에 해당한다. 그는 과감했던 처음의 결정 외에 전체 과정에서 줄곧 주도권을 쥐지 못하고 피동적으로 움직였다. 시간을 맥없이 허비하고 시키는 대로 운동과 독서를 했으며 SNS 활동을 억지로 꾹 참았다. 그나마 버틴 이유는 체면 때문이었다. 너무 일찍 포기하고 친구들에게 돌아가면 놀림을 받을 것이 분명했다.

반면에 '능동적인' 관계 절제는 리카이가 한 방식과 완전히 다르다. 과잉 사교 탓에 피곤하고 진절머리가 난 사람은 문제를 정확하게 보고 스스로 합리적인 계획을 세워 불필요하다고 판단한 초대를 전부 거절한다. 이 과정에서 자신을 옥죄던 굴레에서 해방되어 행복과 자유를 느낀다. 리카이는 전혀 달랐다. 그는 사교 활동을 끊었지만 고통스럽기만 했고 이는 해방이 아니라 일종의 징벌에 가까웠다.

능동적인 관계 절제는 건강한 관계를 유지하는 동시에 최대한 혼자의 시간을 만드는 것이다. 남는 시간을 합리적이고 효율적으로 이용하면 삶의 질이 더 상승할 수 있다.

우리 연구팀은 인터넷으로 '수준 높은 사교관'에 관한 설문조사로 세계 20여 개 국가의 도시에서 답변을 받았다.

나는 상하이 지역의 조사에서 '90년대생'의 사교관이 70년대생이나

80년대생과 극명한 차이가 있음을 발견했다. 1990년 이전에 태어난 사람들은 여전히 전통적인 사교관, 예컨대 '먼 친척보다 가까운 이웃이 낫다'나 '친구가 많으면 길이 여러 개다' 같은 정서가 남아 있었다. 반면에 1990년 이후에 태어난 사람들은 실리와 효율에 더 주목하며 사교를 업무와 관련한 인맥을 확장하는 수단으로 보았다. 그들이 SNS에서 활동하는 이유도 새 친구를 사귀기 위해서라기보다 승진이나 발전을 도와줄 수 있는 인생의 '귀인'을 만나기 위해서였다.

LA에 사는 스물네 살의 톰은 건강 관련 커뮤니티 열두 곳에 동시에 가입하고, 매일 들어가서 동향을 살피고 글을 올렸다. 한 친구가 그에게 물었다. "그냥 한두 개만 들어가지 왜 그렇게 많이 가입했어? 내용도 거의 비슷한데 너무 시간 낭비 아니야?"

톰은 이렇게 대답했다. "모르는 소리야. 각 커뮤니티에서 나는 다양한 사람을 만날 수 있어. 열두 개의 커뮤니티에 가입한다는 건 내게 열두 번의 기회가 있다는 의미지. 하나에만 가입하면 얻을 기회도 하나뿐이지 않겠어?"

톰이 건강 관련 커뮤니티에 가입한 이유는 건강 때문이라기보다 다양한 사람을 만나서 많은 기회를 얻기 위해서였다. 그는 그곳에서 만난 사람 중에 자신에게 미래의 문을 열어줄 사람이 있을지도 모른다고 여겼다. 이는 톰뿐 아니라 많은 젊은 사람이 SNS에 몰두하는 이유다.

한 인간관계 전문가는 이렇게 말했다. "젊은 층의 사교에서 게임의 규칙은 끊임없이 바뀌지만, 실리적 색채는 여전합니다. 아니, 더 진해지고 있죠. 스마트폰과 함께 출생한 이들의 몸에는 '인터넷 유전자'가 삽입되어 있습니다. 그들은 인터넷을 이용한 사교에 의존하면서 그 안에서 즐거움을 맛봅니다. 이런 태도는 아마 죽는 순간까지 계속될 겁니다."

90년대생들은 '수준 높은 사교'에 대해서도 참신한 해석을 내놓았다. 베이징에 사는 웨이웨이는 홍보업계에서 3년째 일하고 있다. 한때 관계 공포증에 가까웠던 그녀는 직장생활 3년 만에 '관계의 달인'이 되었다. 그녀는 자신의 사교 원칙으로 '구분하기'를 꼽았다.

"예를 들어서 설명할게요. 오늘 기분이 안 좋으면 나는 친구가 만나자고 해도 거절할 거예요. 친구 사이니까 괜찮아요. 기분을 감추고 약속 장소에 나가도 아마 친구들이 먼저 알아차릴 거예요. 그러면 만난 의미가 사라지는 거죠. 반대로 오늘 기분이 안 좋은데 업무상 꼭 접대해야 할 고객이 있다면 어떻게든 할 일을 합니다. 직장인으로서 당연한 태도고, 여기에 감정을 끌어들이면 안 되죠. 이게 사적인 관계와 업무상 관계의 차이점이에요. 전자는 진정성, 후자는 프로의 자세가 필요합니다. 친구를 접대하지 않고, 고객과 영화관에 가지 않잖아요. 보통 업무상 관계는 최단 시간 안에 목표를 달성하기 위한 거라 이야기할 것이 있으면 공개된 장소에서 해요. 하지만 사적인 관계는 좀 더 개인적인 공간에서 사생활과 감정을 교류하죠."

사적인 관계든 업무상 관계든 '수준 높은'에 대한 정의는 기존의 목표를 완성할 수 있는가에 초점을 맞추어야 한다. 사교를 절제하는 동시에 높은 수준을 유지하려면 반드시 완성해야 하는 목표를 정리, 선별해야 한다. 전혀 절제하지 않는 사교는 핵심에서 먼 부차적인 세부 목표까지 달성하느라 시간과 에너지가 끝도 없이 들어간다. 그러고도 얻는 것은 별로 없다. 수준 높은 관계는 각 관계의 목표를 정리하는 작업만으로도 어느 정도 가능하다.

언젠가 한 학생이 내게 질문했다. "그렇게 관계를 절제하면 인맥을 어떻게 관리하죠? 시간과 에너지를 투자하지 않고도 수준 높은 관계를 건립할 수 있을까요?"

그의 반박은 논리적으로 문제가 없어 보인다. 인맥이 좋아지려면 어느 정도 아는 사람을 유지해야 하고, 수준 높은 인간관계는 공을 들여야 유지할 수 있기 때문이다. 하지만 거꾸로 생각해보면 논리적 허점을 찾을 수 있다.

⇟ 무엇이든 정도를 유지하라 ⇟

그렇다면 '사교광'들은 인맥이 좋은가? 하루 24시간 SNS만 붙잡고 있거나 매일 음주와 가무를 즐기는 사람은 수준 높은 인간관계를 유지하고 있는가?

인간관계는 우리 삶에 무척 중요한 부분이지만 반드시 스스로 절제해서 알맞게 조절할 줄 알아야 한다. 인맥이 필요하다는 이유로 사람을 만나서도 안 되고, 도움이 필요 없다고 리카이처럼 전부 단절할 일도 아니다. 절제의 핵심은 '정도에 넘지 않도록 알맞게 조절하는 것'을 의미한다. 좋은 인간관계는 우리의 일과 생활을 편리하게 도와주지만 사교 활동에 할애하는 시간과 에너지도 정도를 지켜야 한다. 예를 들어 나는 사람을 만나는 시간이 일하는 시간의 50% 미만이 되어야 한다고 생각한다. 이보다 길면 인간관계에 휩쓸려 정작 자기 일은 제대로 못하는 상황이 될 것이다. 이야말로 깨를 집으려다 수박을 떨어뜨리는 꼴이다.

또 인간관계에서 정도를 지키려면 금기를 깨지 않아야 한다. 대표적인 예로 선물의 크기에 관한 문제를 들 수 있다.

한 여성이 SNS에 글을 올렸다. 그녀는 해외여행을 다녀온 친구에게 화장품 샘플을 선물로 받았다. '증정품'이라는 스티커가 그대로 붙은 채였다. 다음 날 이 글에 달린 좋아요와 댓글수를 보고 깜짝 놀랐다. 개인 SNS에 가볍게 쓴 글인데 밤사이에 댓글이 500개도 더 달려 있었다. 사람들은 각자 선물로 '모욕당한' 경험을 공유했는데 그중에는 문방구에서 파는 머리핀을 받은 사람이나 구호 물품으로 받은 옷을 받은 사람도 있었다. 선물한 사람은 무슨 뜻이나 마음이 있어서 줬는지 모르나 받은 사람은 모두 '그가 나를 무시하는' 행위로 해석했다. 반대로 너무 큰 선물을 받았는데 보답할 능력이 안 되어 고민이라는 사람도 있었다.

이런 문제들은 사람들이 관계의 정도를 고민하지 않고, 관계를 똑바로 보지 못한 탓에 발생한다. 상대방을 존중하는 수준 높은 관계를 유지하려면 선물을 고를 때, 다양한 방면을 고려해서 관계에 적합한 것으로 해야 한다. 아무리 생각해도 적합한 선물이 없다면 아예 구매하지 말고 다른 걸로 대체하면 된다. 예를 들어 진심을 담은 카드나 편지, 맛있는 음식을 대접하는 방법도 있다. 괜히 서로 불편한 선물을 주고받아서 관계가 더 어색해지는 일을 피해야 한다.

아부나 과찬같이 과도한 친근감 표현, 미리 약속하지 않고 불쑥 찾아가 불편하게 하는 행위, 약속 장소에 너무 일찍 혹은 너무 늦게 도착하는 일, 약속 시각 한참 전부터 재촉하거나 확인하는 습관 등의 일들이 모두 인간관계의 정도를 지키기 위해 고려해야 할 금기에 해당한다.

이런 일들을 제대로 처리하지 않으면 상대방에게 나쁜 인상을 남기고 폐를 끼칠 수 있다. 이렇게 해서는 아무리 노력해도 좋은 인맥을 얻거나 수준 높은 관계를 유지할 수 없다.

　나중에라도 상대방에게 폐를 끼친 것을 알았다면 즉각 진정성 있는 사과를 건네는 태도가 중요하다. 관계를 잘 유지하고 싶다면 체면이나 자존심을 앞세워서는 안 된다. 사과한다고 해서 인상이 나빠질 리 없다. 끝까지 자존심을 세우다가 오히려 예상하지 못한 커다란 손해를 입을 수도 있다.

　종종 너무 고자세로 나오는 사람들이 있다. 분명히 자기 잘못인데도 상대방 탓을 하면서 그가 속 좁고 배려심이 없다고 탓한다. 또 어떤 사람은 자신이 무엇이든 잘하고 옳으며 타인은 머리가 나쁘고 예의도 없다고 생각한다. 어떤 식이든 관계에 좋을 리 없다. 사람을 만나면서 자신을 잃지 않는 것도 중요하지만 무조건 도도하게 자기를 세워서도 안 된다. 이것이 바로 정도를 지키는 것이며, 능동적이고 효과적으로 인간관계를 절제하는 자세다.

옮긴이 | 송은진

한국외국어대학교 중국어과를 졸업하고 동 대학원에서 중국 정치학 석사 학위를 취득했다. 상하이 복단대학과 베이징 대외경제무역대학에서 수학했다. 책임질 수 있는 번역을 위해 모든 작품에 최선을 다한다. 현재 중국어 통역가, 강사로 일하는 동시에 번역 에이전시 엔터스코리아에서 출판기획 및 중국어 전문 번역가로 활동하고 있다.

옮긴 책으로는 《CEO의 코스요리》, 《퇴근길 심리학 공부》, 《하버드 협상 강의》, 《당신이 만나는 기적》, 《위기를 경영하라》, 《하버드 인생특강》, 《논어로 리드하라》, 《하버드 감정 수업》 등이 있다.

모두에게 좋은 사람일 수 없다

초판 1쇄 인쇄 2020년 1월 20일
초판 1쇄 발행 2020년 1월 25일

지은이 | 가오위안
옮긴이 | 송은진

발행인 : 유영준
편집팀 : 오향림
디자인 : 김윤남디자인
인쇄 : 두성P&L
발행처 : 와이즈맵
출판신고 : 제2017-000130호(2017년 1월 11일)

주소 | 서울 강남구 봉은사로16길 14, 나우빌딩 4층 쉐어원오피스(우편번호 06124)
전화 | (02)554-2948
팩스 | (02)554-2949
홈페이지 | www.wisemap.co.kr

ISBN 979-11-89328-25-2 (03190)

이 도서의 국립중앙도서관 출판예정도서목록(CIP)은 서지정보유통지원시스템 홈페이지 (seoji.nl.go.kr)와 국가자료 공동목록시스템(www.nl.go.kr/kolisnet)에서 이용하실 수 있습니다. (CIP제어번호 : CIP2020000457)